DISEÑO DE
logotipos

Título original: *Letterhead & logo design 6*
Versión castellana de Eugeni Rosell

Diseño: Stoltze Design

ISBN: 968-887-373-X

Impreso en China

Ediciones G. Gili, SA de CV

México, Naucalpan 53050 Valle de Bravo, 21. Tel. 560 60 11
08029 Barcelona Rosselló, 87-89. Tel. 93 322 81 61

DISEÑO DE
logotipos

GG®/México

conte

nido

DISEÑO DE
logotipos

intro ducción

Un logotipo efectivo habla de forma directa e instantánea. Un logotipo, a diferencia de un folleto de varias páginas o incluso de un cartel, debe entregar su mercancía con un significado mínimo. Los logotipos bien diseñados transmiten el mensaje y la esencia de la empresa a la que representan. Un juego de membretes le permite al diseñador una mayor amplitud de posibilidades: técnicas de impresión inteligentes y el uso del papel distinguen a los sistemas más exclusivos y dinámicos.

Al confeccionar este libro, abrimos centenares de sobres y seleccionamos entre incontables materiales recibidos: en ellos descubrimos la diversa gama de logotipos, membretes, sobres, tarjetas comerciales, pegatinas de disco y etiquetas de embalaje que llenan este libro con trabajos concienzudos y sofisticados.

Probablemente podríamos haber llenado todo el libro con los logotipos artesanales y de aspecto callejero de Art Chantry. Evitando por completo los medios digitales, Chantry demuestra una vez más que el buen diseño se basa en las buenas ideas, no en el último programa informático.

Carlos Segura integra la tipografía actual y artística de [T-26] con técnicas tradicionales de prensa tipográfica para crear ejemplares de membretes.

Hornall Anderson Design Works nos proporcionó una colección de trabajos para servicios creativos y profesionales que incorporaban un uso clásico y refinado de la tipografía y las imágenes.

Recibimos muestras de todo el mundo, y sacamos la conclusión de que una tipografía sensible, más que cualquier otra cosa, distingue un buen logotipo o membrete de uno malo. En el material original impreso, los diferentes gramajes y ricas texturas satisfacían el sentido del tacto, a la vez que los desafíos del diseño. Por medio del grabado en relieve, el troquelado y la impresión tipográfica, los diseñadores presentados realzaban el membrete como un objeto que va de persona a persona.

Esperamos que encuentren inspiración en esta colección de recientes trabajos de muchos de los mejores creativos de la actualidad.

– Chris Reese & Clifford Stoltze
Stoltze Design

STOLTZE DESIGN, INC.

Stoltze Design fue fundado en 1984 en Boston por Clifford Stoltze. A lo largo de los últimos quince años, este estudio multidimensional ha evolucionado hasta un equipo de diez personas de personal creativo y empresarial. Prefiriendo no especializarse, este estudio ha trabajado con un grupo de clientes diversificado, que van desde los sectores del software al del entretenimiento, incluyendo a Fidelity Investments, Lotus, Nokia, Houghton Mifflin, Capitol Records y juguetes Lego. Ávido entusiasta de la música, Clif Stoltze es también socio de la etiqueta discográfica independiente de Boston Castle von Buhler, de la que diseña todo el packaging y también coproduce algunos de los proyectos. Esto le ha llevado a encargos para etiquetas discográficas tan diversas como Matador y Windham Hill. El trabajo de Stoltze Design incluye el diseño de identidades, sus derivados, publicaciones, packaging y sitios web.

Apreciado por sus innovadoras soluciones de diseño y expresiva tipografía, Stoltze ha recibido numerosos galardones de organizaciones de diseño estadounidenses, entre las que se incluyen el Instituto Americano de Artes Gráficas (AIGA), Centro Americano para el Diseño, la Sociedad de Diseñadores de Publicaciones (SPD) y el Club de Directores de Tipografía.

Su obra ha aparecido publicada em **Graphic Design America, Graphis Annual Reports, Typographies 2 Cybertype** y más recientemente en **Communication Arts**, la revista **Print**, en el artículo de la revista **How** de junio de 1998 y en **CD Design: Breaking the Sound Barrier**. La obra de Stoltze ha sido exhibida internacionalmente en exposiciones y está en la colección permanente del Museo Nacional de Diseño Cooper Hewitt.

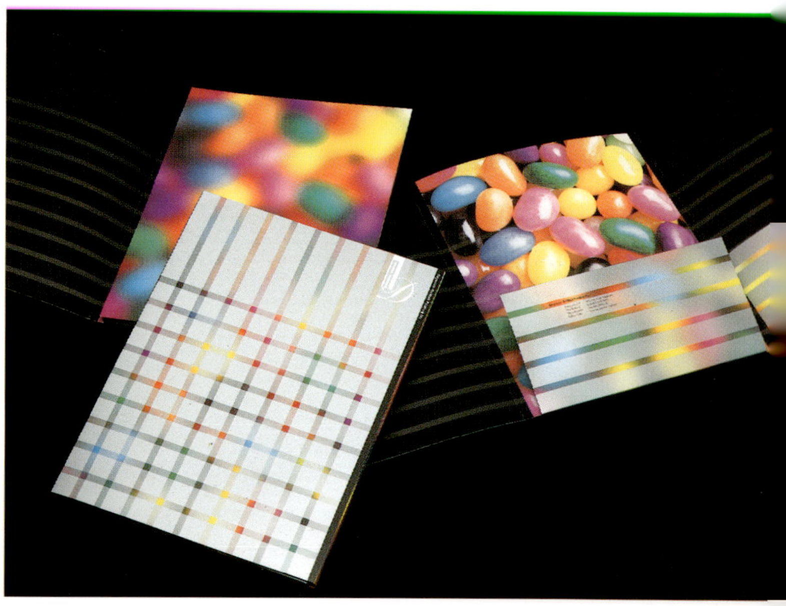

logotipo y carpeta promocional
REYNOLDS DEWALT
impresor

PLANETINTERACTIVE

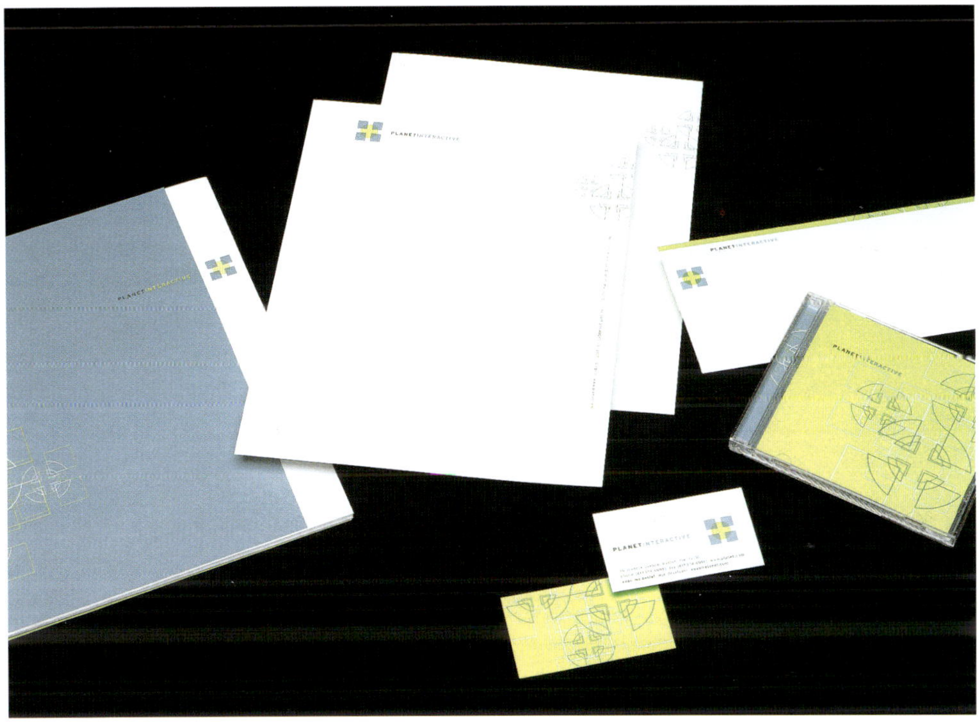

juego de identidad
PLANET INTERACTIVE
grupo de diseño de nuevos medios

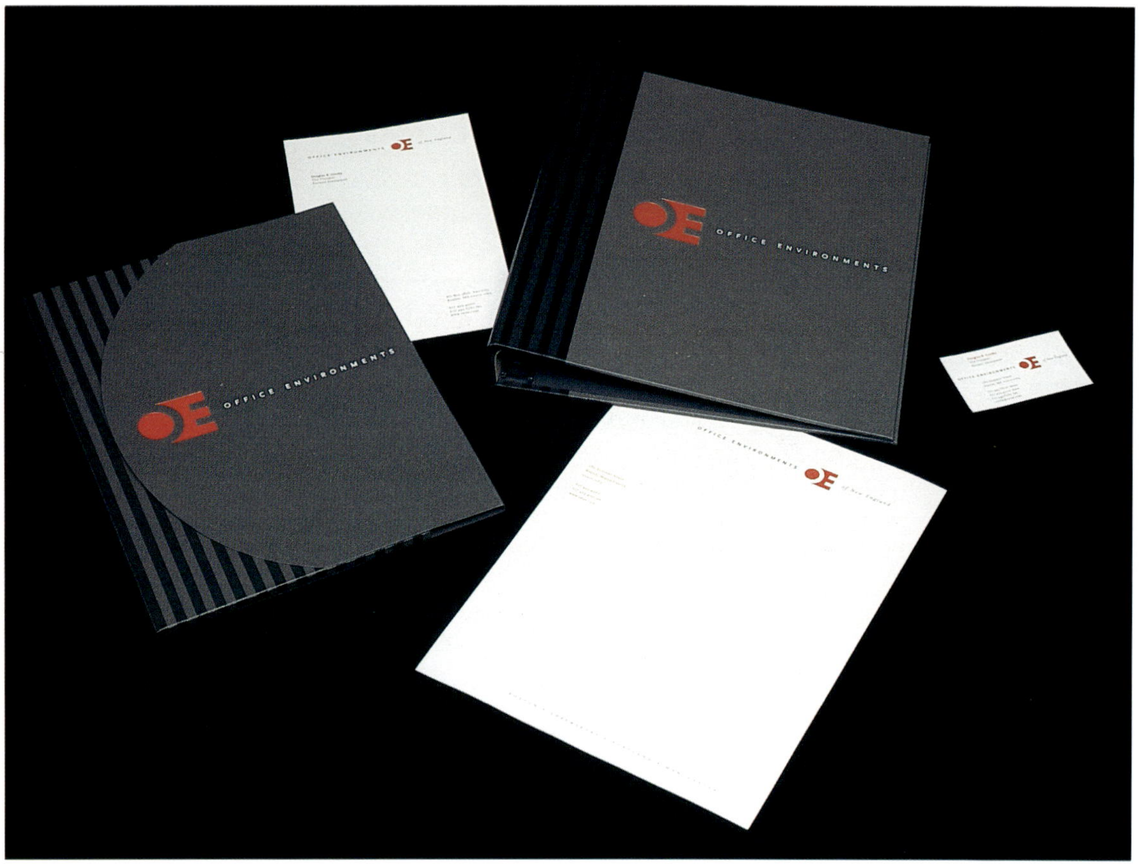

juego de identidad
OFFICE ENVIRONMENTS
mayorista de mobiliario de oficina

logotipo
CASTLE VON BUEHLER RECORDS
Splashdown (conjunto de electro-pop)

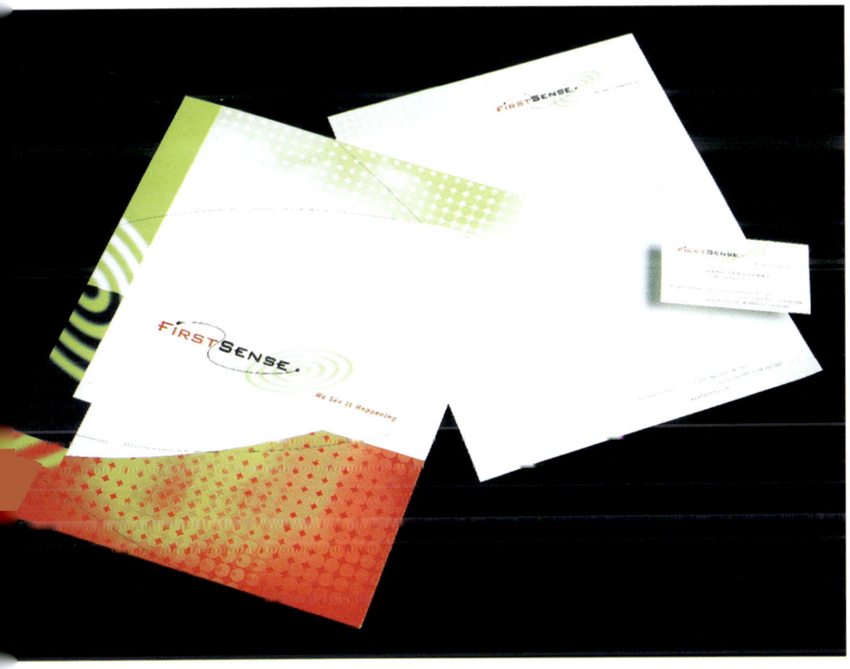

juego de identidad
FIRST SENSE
empresa de software informático

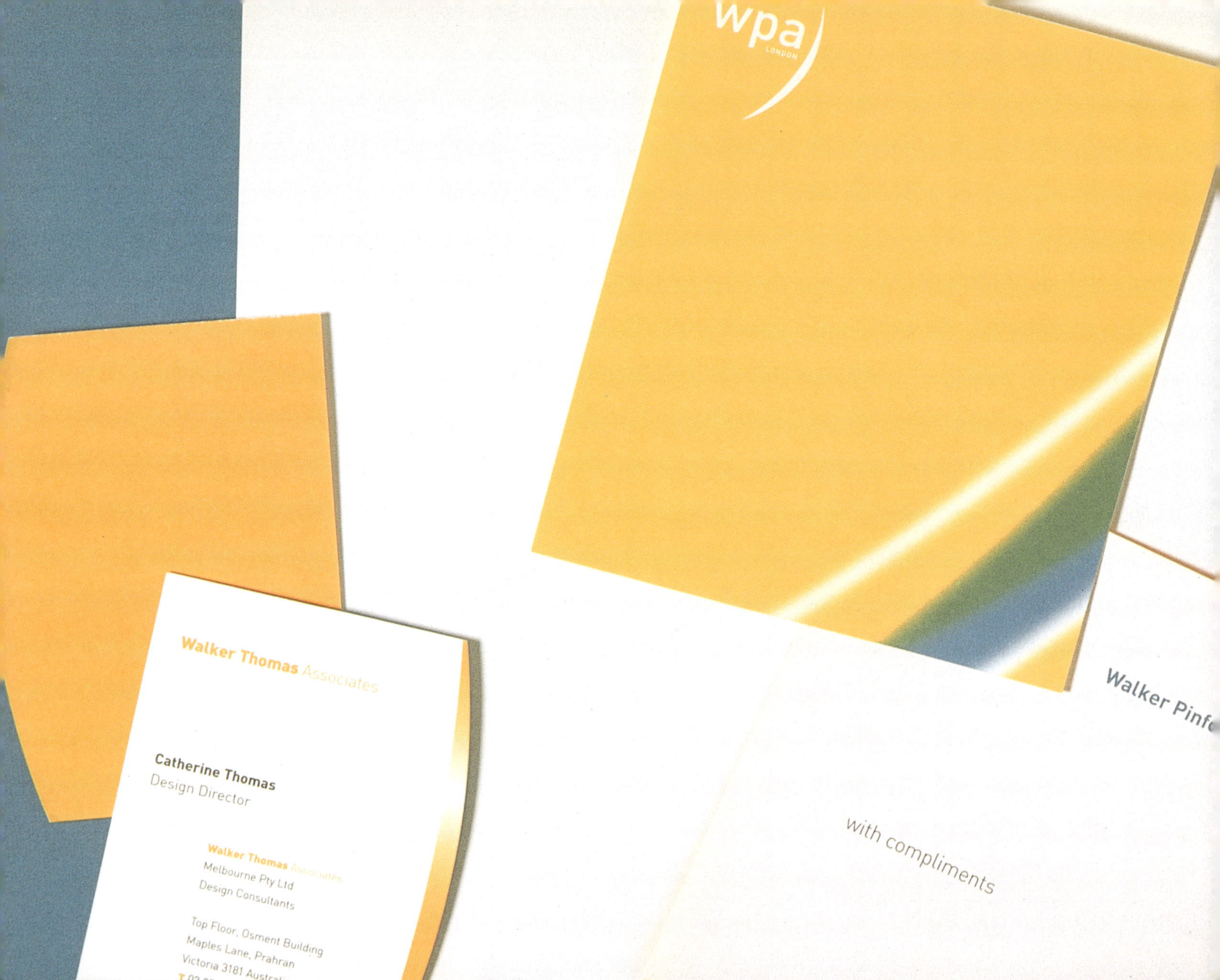

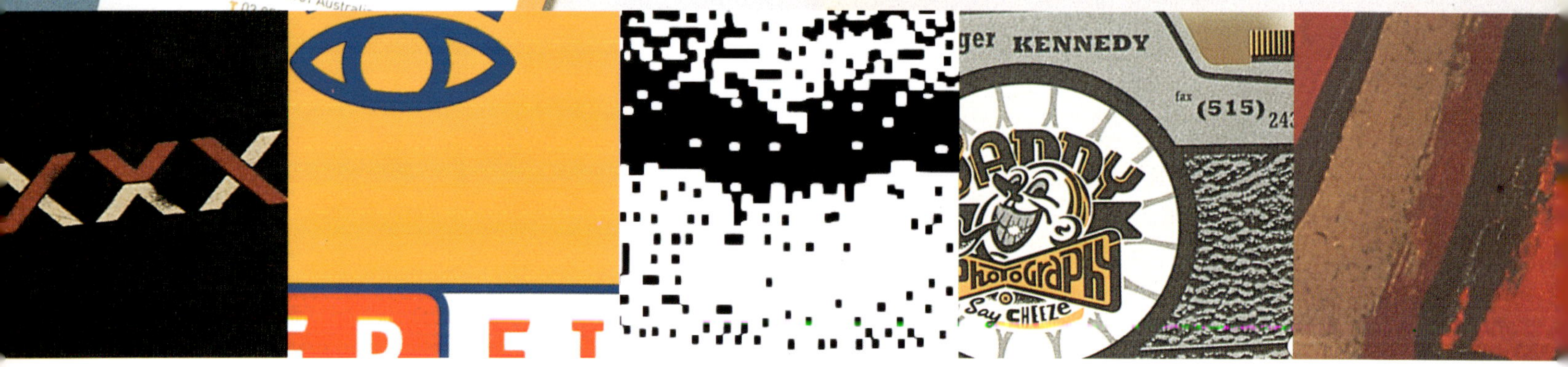

servicios profesionales

estudio de diseño	Plum Notion Design Laboratory
diseño	Damion Silver, Jeff Piazza
cliente	Steep Tea

estudio de diseño	**Studio Hill**
dirección artística	**Sandy Hill**
diseño	**Sandy Hill, Emma Roberts-Wilson**
cliente	**Meyners + Co.**
medios informáticos	**Quark XPress, Macintosh**
papel/impresión	**Strathmore Elements/negro + Zhits opaque blanco y tinta metálica Temboss y esquinas redondeadas**

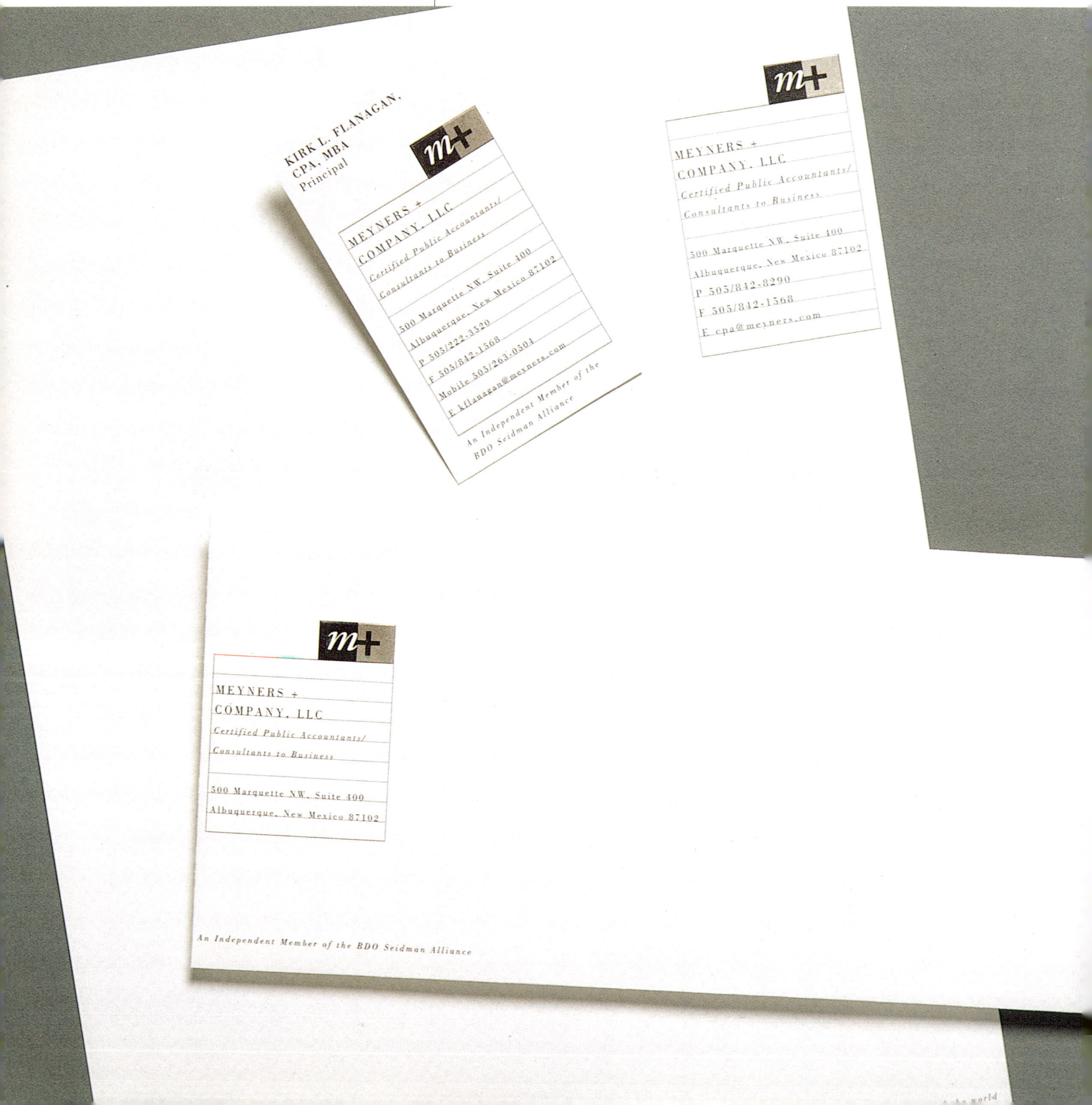

estudio de diseño	Hornall Anderson Design Works, Inc.
dirección artística	Jack Anderson
diseño	Jack Anderson, Debra McCloskey, Holly Finlayson
cliente	Personify
medios informáticos	Macromedia FreeHand

estudio de diseño	Studio Hill
dirección artística	Sandy Hill
diseño	Emma Roberts-Wilson
cliente	Tech 2 Me
medios informáticos	Adobe Illustrator, Macintosh

estudio de diseño | **After Hours Creative**
dirección artística | **After Hours Creative**
diseño | **After Hours Creative**
cliente | **Strategic Change Management**

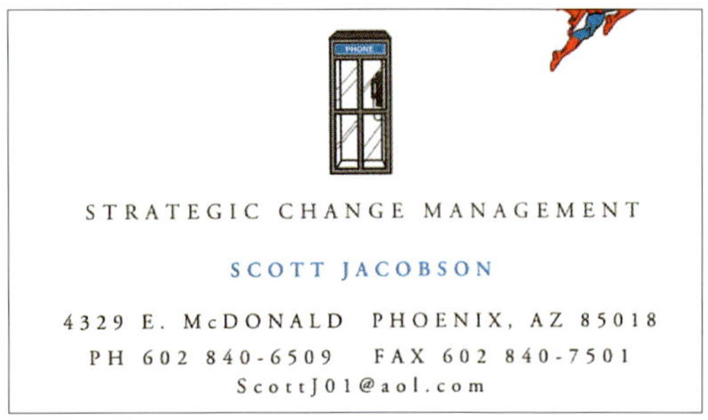

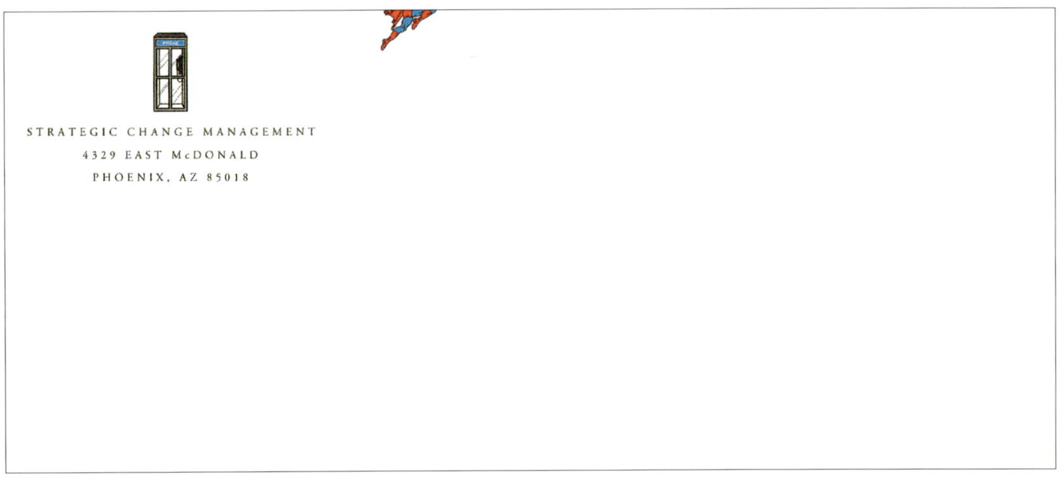

estudio de diseño	**Bob Dahlquist**
diseño	**Bruce Whitelam, Whitelam + Whitelam**
cliente	**Macromedia FreeHand 5.5, Macintosh Quadra 800**
medios informáticos	**Classic Crest/Lithography**
papel/impresión	

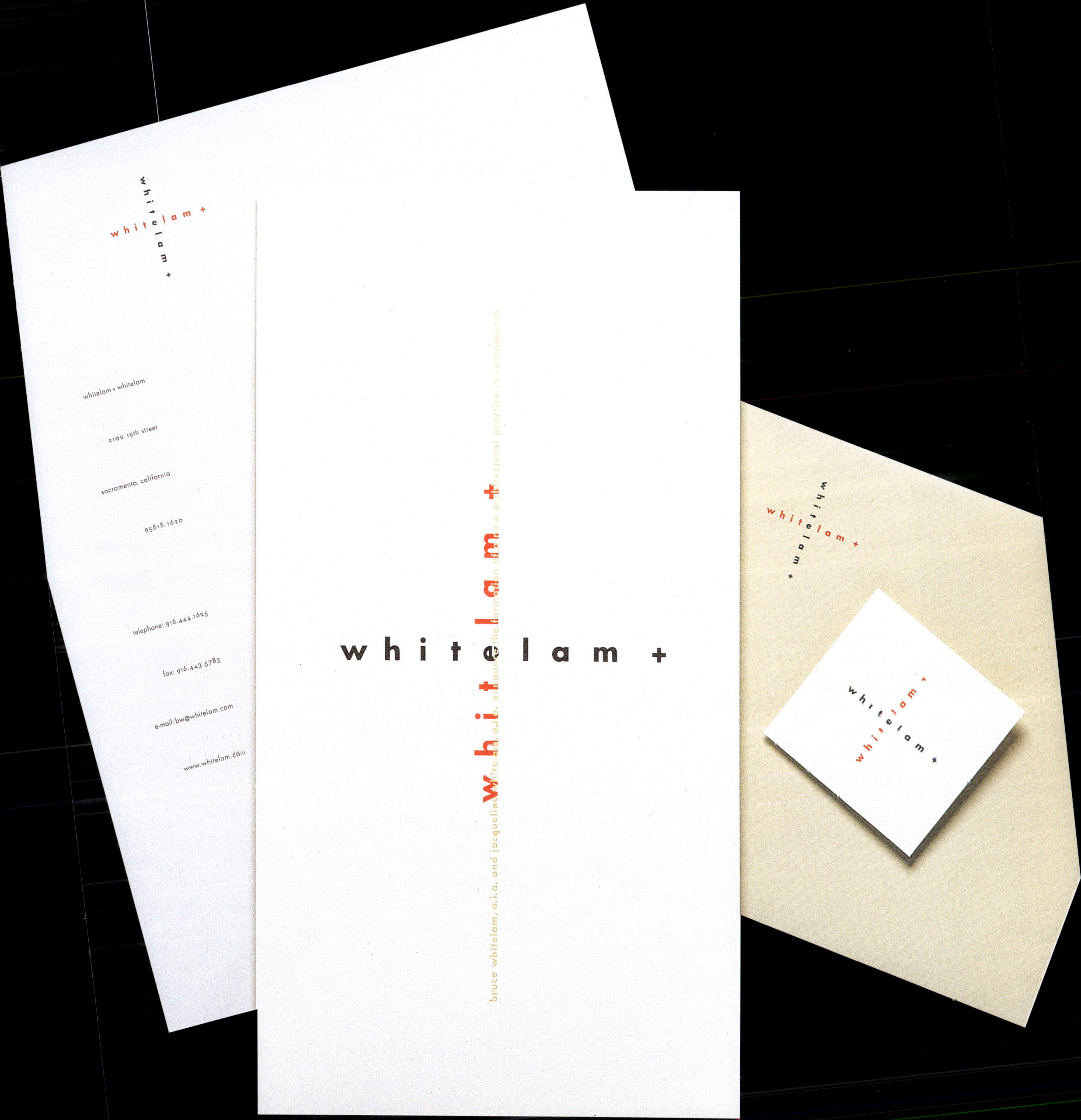

estudio de diseño Bob's Haus
diseño Bob Dahlquist
cliente Bruce Benning
medios informáticos Macromedia FreeHand 5.5, Adobe Photoshop 4, Macintosh G3
papel/impresión Classic Crest/Lithography

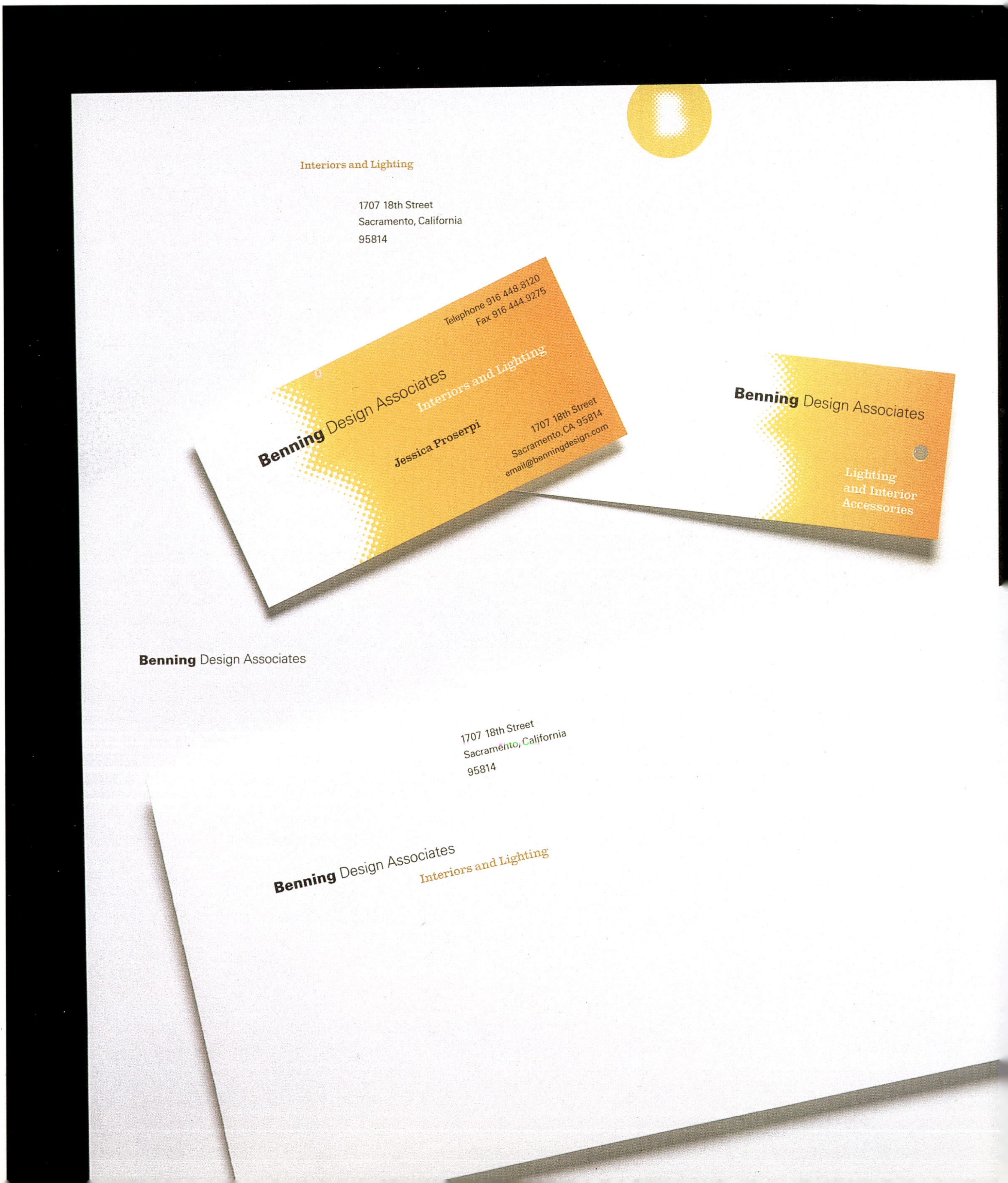

innoVisions™

estudio de diseño	Hornall Anderson Design Works, Inc.
dirección artística	Jack Anderson
diseño	Jack Anderson, Kathy Saito, Alan Copeland
cliente	Wells Fargo
medios informáticos	Macromedia FreeHand

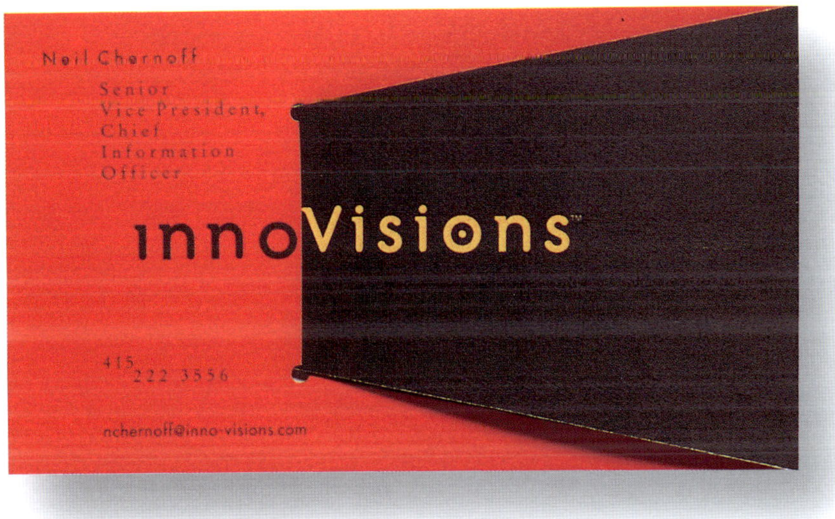

estudio de diseño	Hornall Anderson Design Works, Inc.
dirección artística	Jack Anderson
diseño	Jack Anderson, Kathy Saito, Alan Copeland
cliente	Wells Fargo
medios informáticos	Macromedia FreeHand
papel/impresión	Mohawk Superfine 70 lb., blanco satinado texto

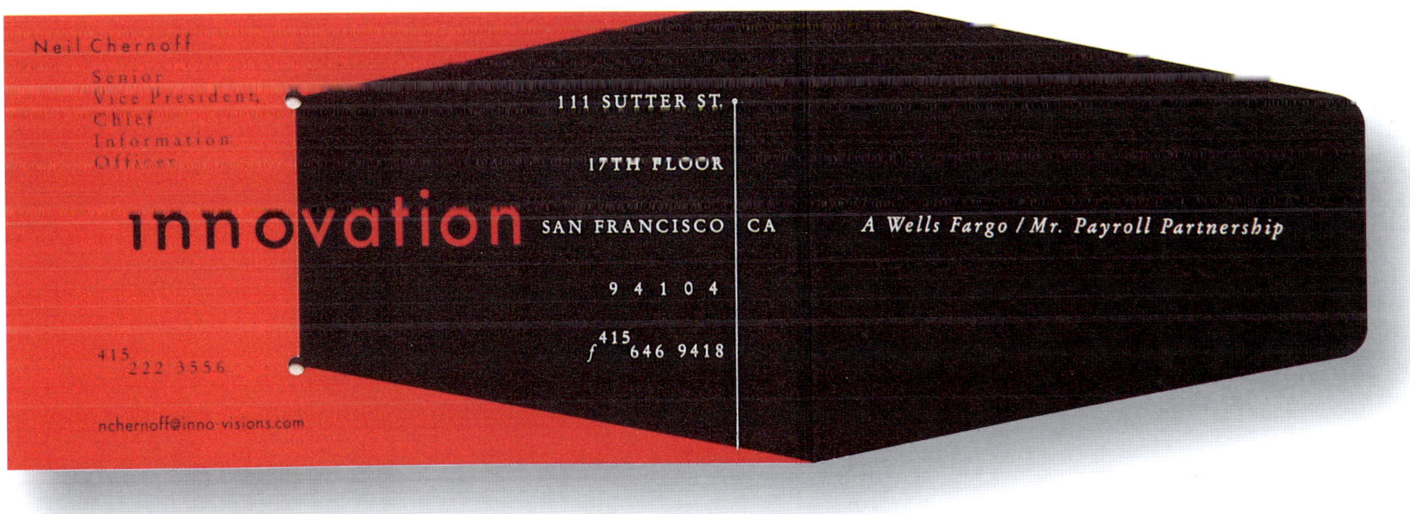

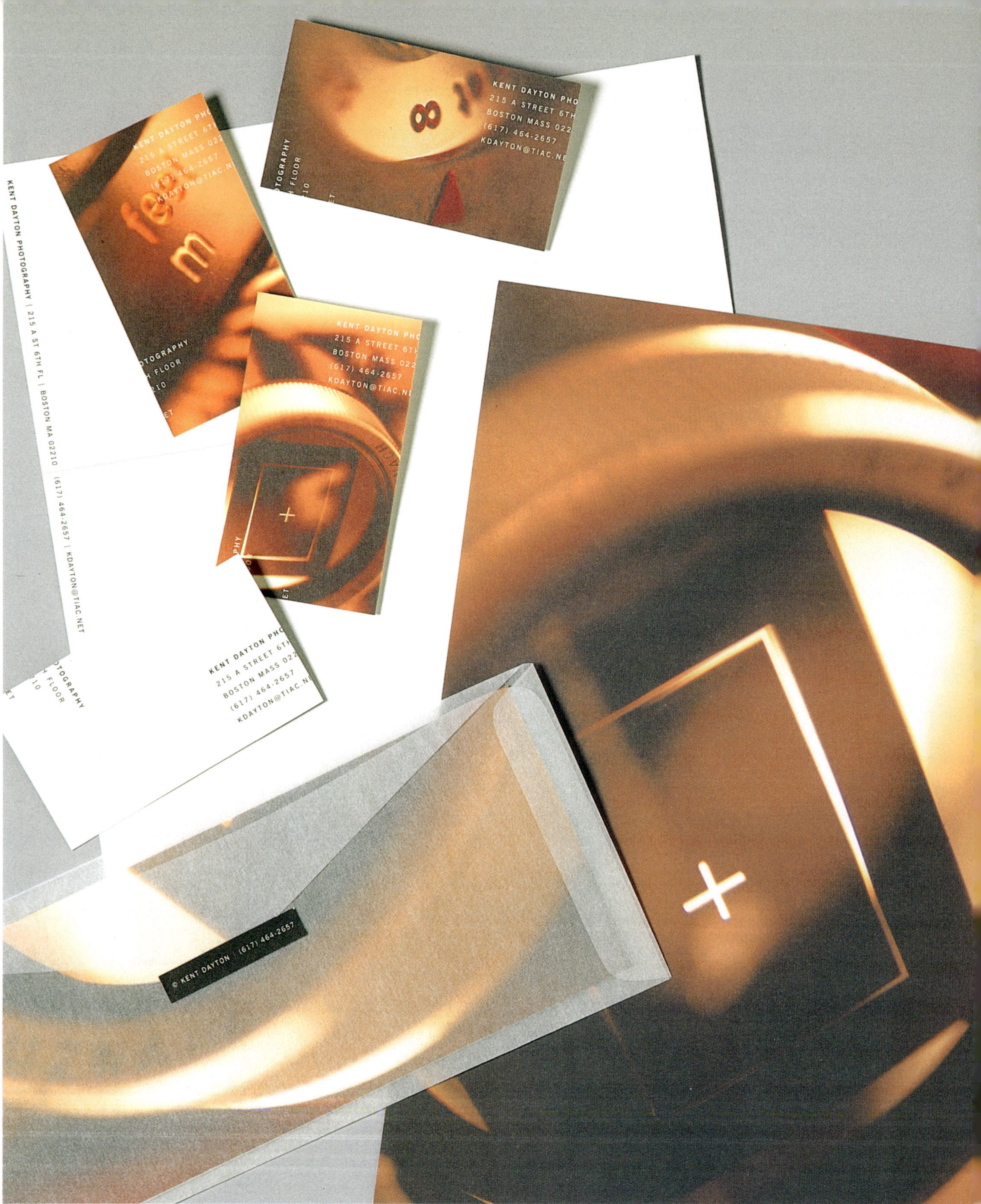

estudio de diseño	**Visual Dialogue**
dirección artística	**Fritz Klaetke**
diseño	**Fritz Klaetke**
cliente	**Kent Dayton**
medios informáticos	**Quark XPress, Adobe Photoshop, Macintosh Power PC**
papel/impresión	**Mohawk/Shear, impresión en color**

estudio de diseño	Vrontikis Design Office
dirección artística	Petrula Vrontikis
diseño	Logotipo y juego escritura: Susan Carter
cliente	Levene, Neale, Bender and Rankin, L.L.P.
medios informáticos	Adobe Illustrator, Quark XPress
papel/impresión	Neenah Classic Crest/Coast Lithographics

estudio de diseño	Studio Bubblan
dirección artística	Kari Palmquist
diseño	Jeanette Palmquist, Kari Palmquist
cliente	MA Arkitekter
medios informáticos	Macromedia FreeHand, Quark XPress
papel/impresión	Storafine/Etcetera Offset

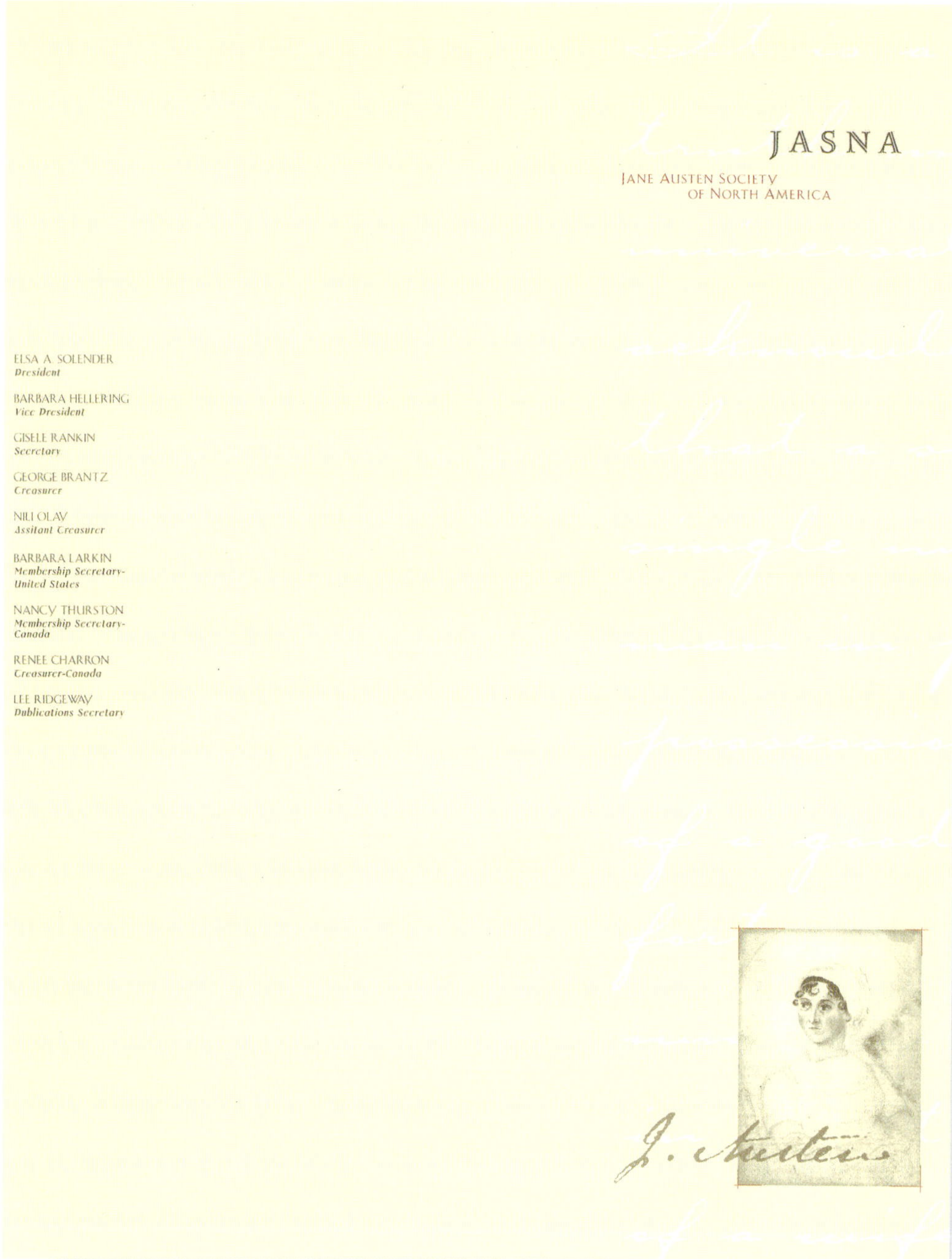

estudio de diseño **Grafik Communications, Ltd.**
diseño **Kristin Moore, Richard Hamilton, Judy Kirpich**
cliente **Jasna**
medios informáticos **Quark XPress 3.3**

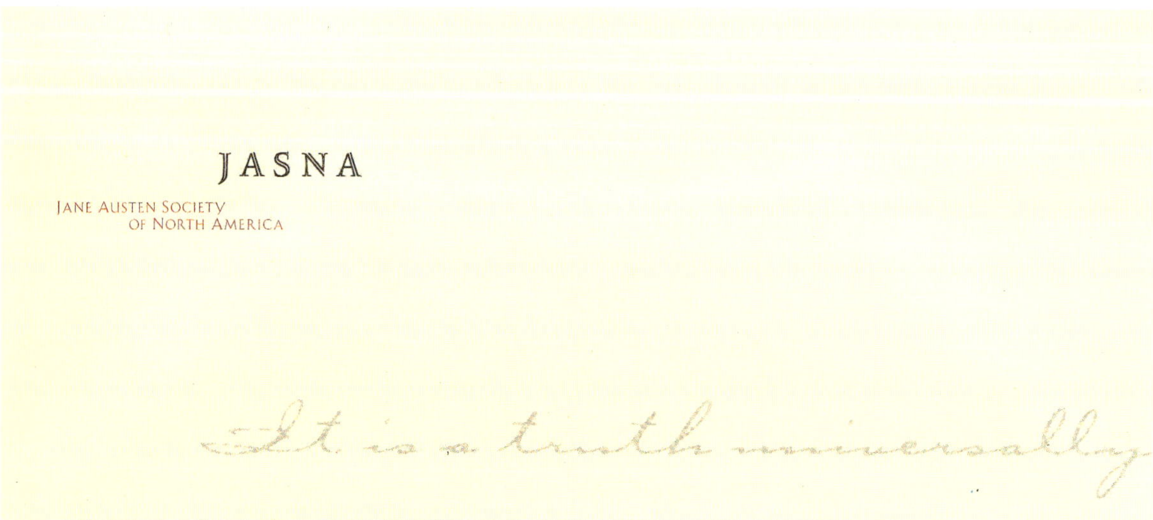

estudio de diseño	**Nielinger Kommunikations design**
dirección artística	**Nielinger Kommunikations design**
diseño	**Christian Nielinger**
papel/impresión	**Gohrsurühle, Zanders/Dos colores**

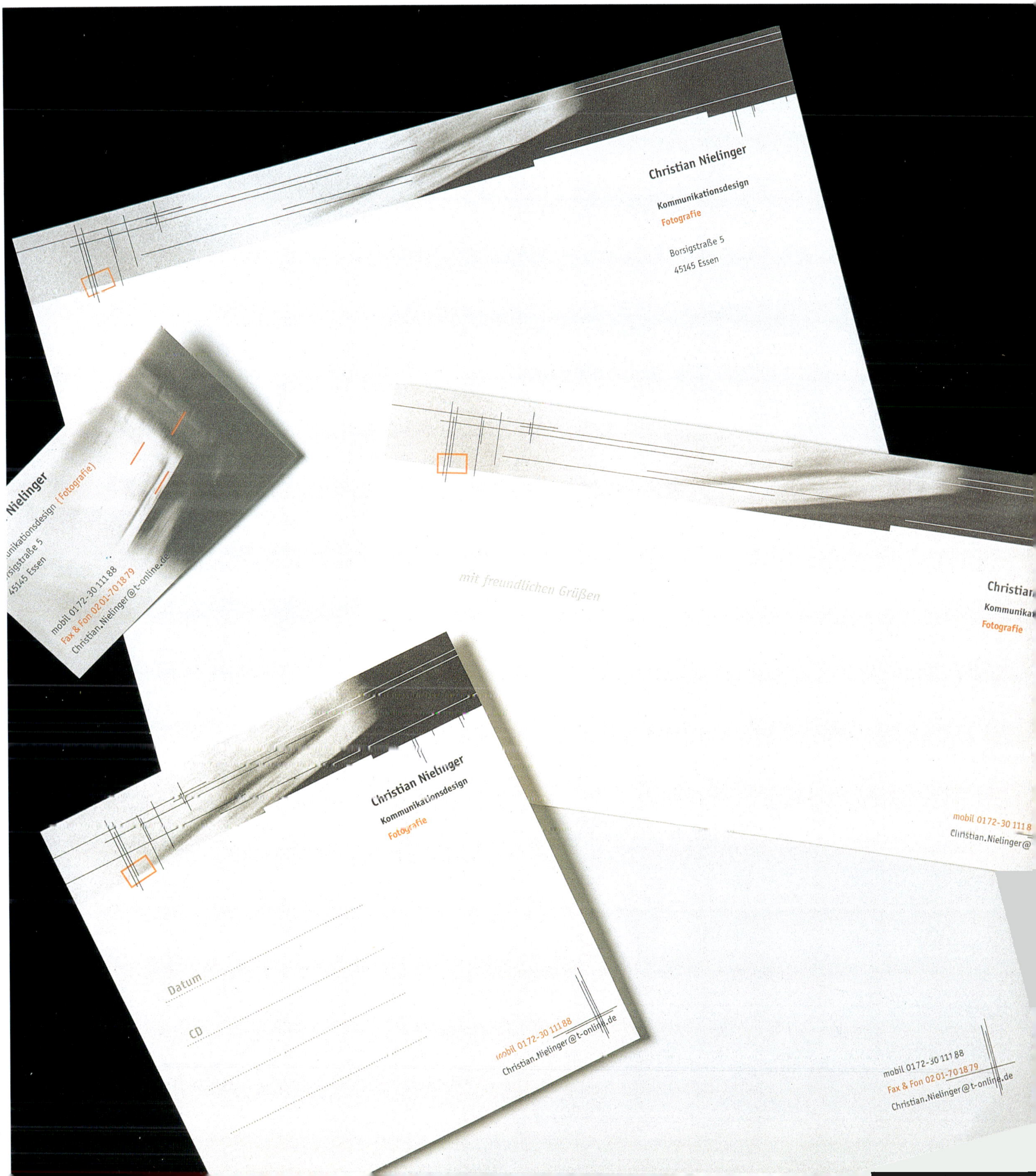

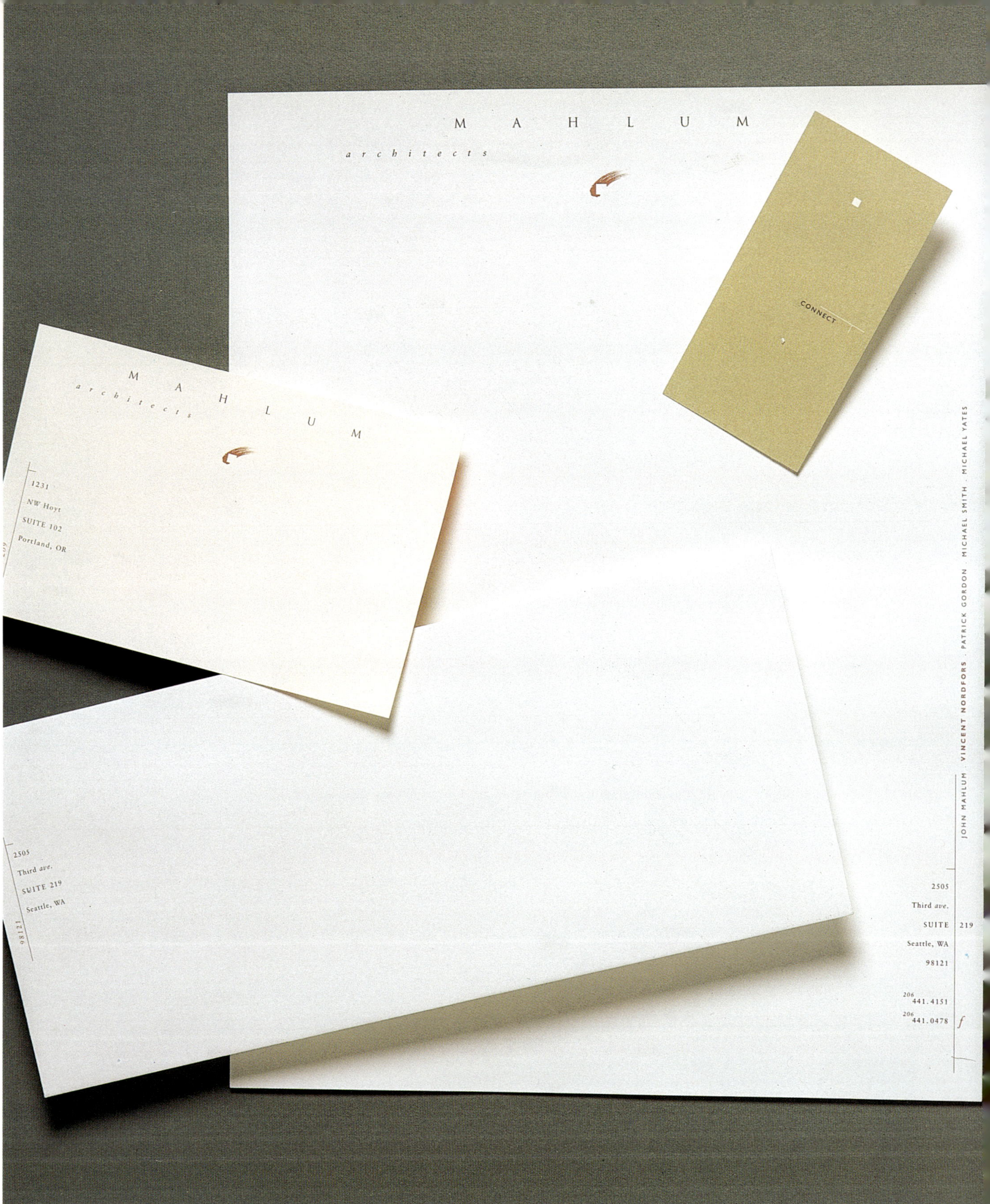

estudio de diseño	**Hornall Anderson Design Works, Inc.**
dirección artística	**Jack Anderson**
diseño	**Jack Anderson, Heidi Favour, Margaret Long**
cliente	**Mahlum**
medios informáticos	**Macromedia FreeHand**
papel/impresión	**Mohawk Superfine reciclado blanco**

estudio de diseño	**Vanderbyl Design**
dirección artística	**Michael Vanderbyl**
diseño	**Michael Vanderbyl, Amanda Fisher**
cliente	**Rocket Science**
medios informáticos	**Adobe Illustrator 7**
papel/impresión	**Vicksburg/Litografía Expressions**

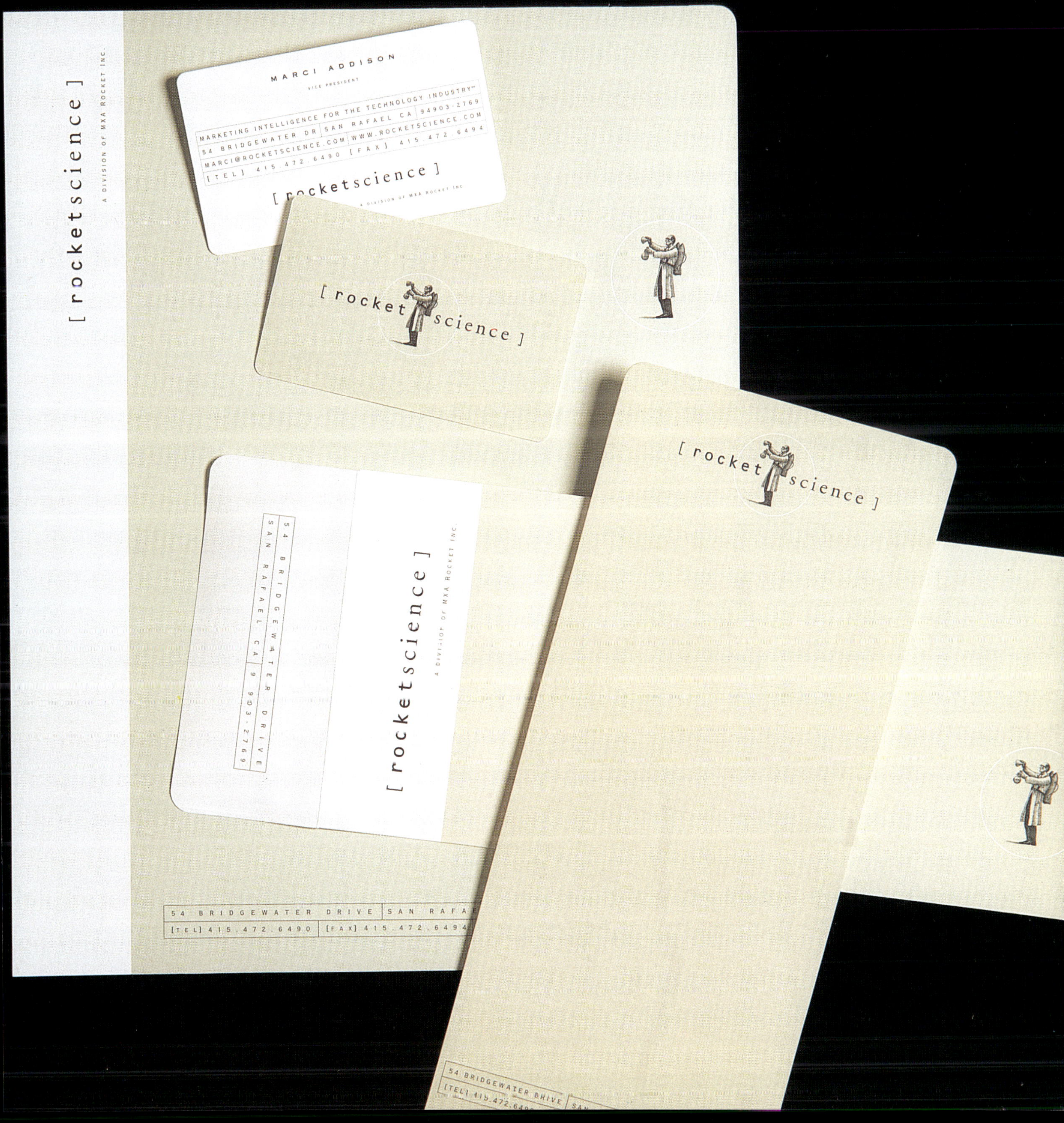

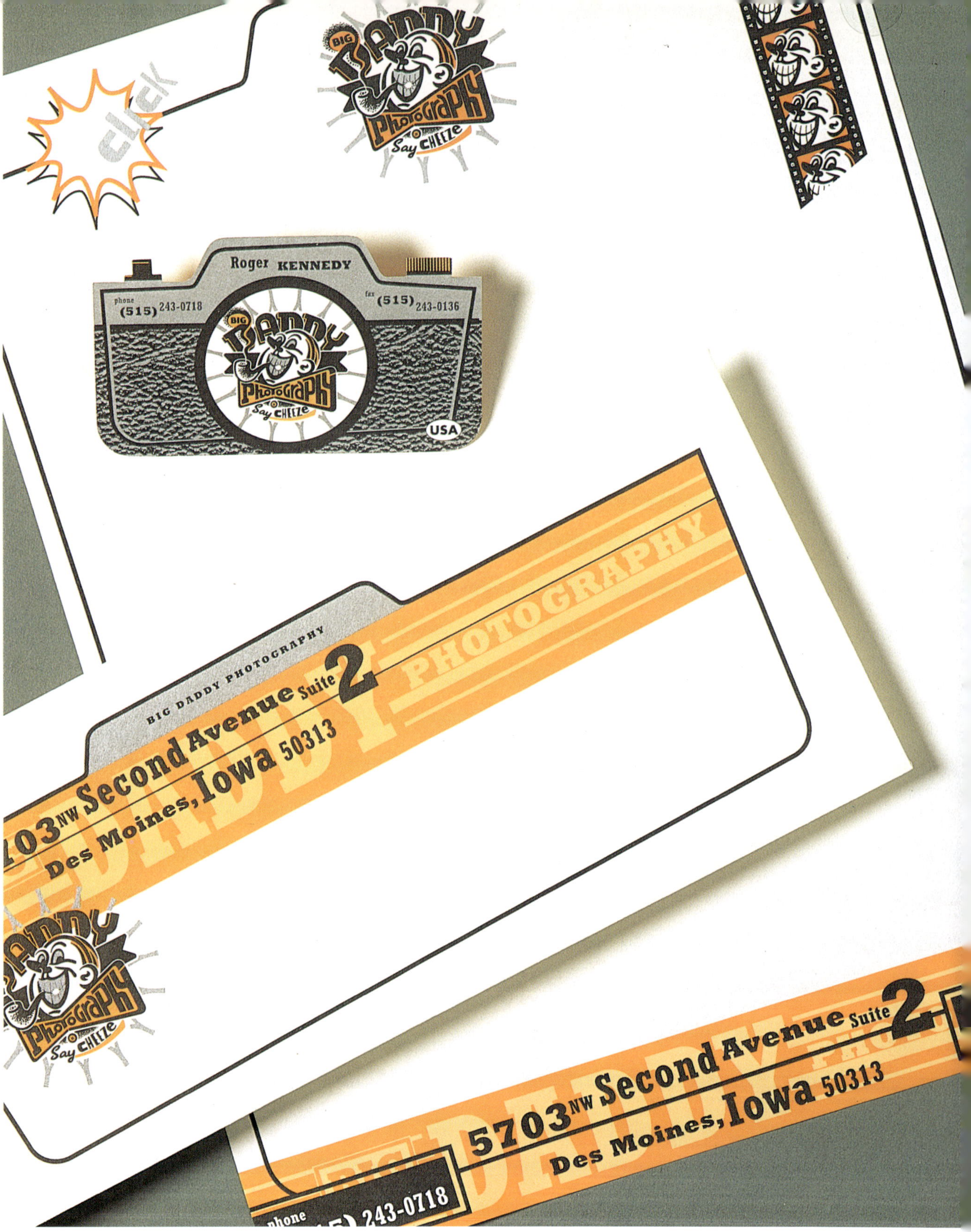

estudio de diseño	Sayles Graphic Design
dirección artística	John Sayles
diseño	John Sayles
cliente	Big Daddy Photography
medios informáticos	Macintosh
papel/impresión	Classic Crest Natural blanco/Offset

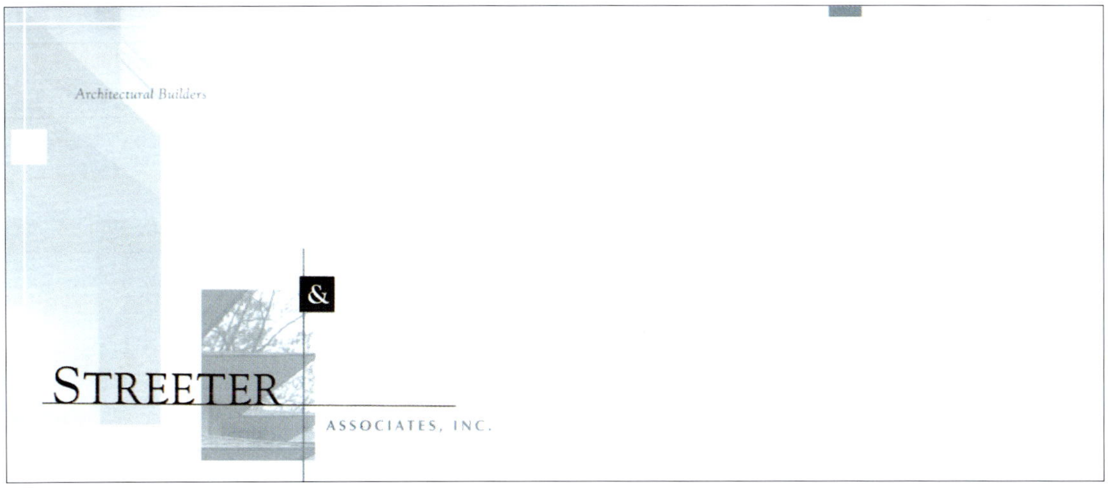

estudio de diseño	Design Center
dirección artística	John Reger
diseño	Sherwin Schwartzrock
cliente	Streeter & Associates, Inc.
medios informáticos	Macromedia FreeHand, Macintosh
papel/impresión	Classic Crest/Pro Craft

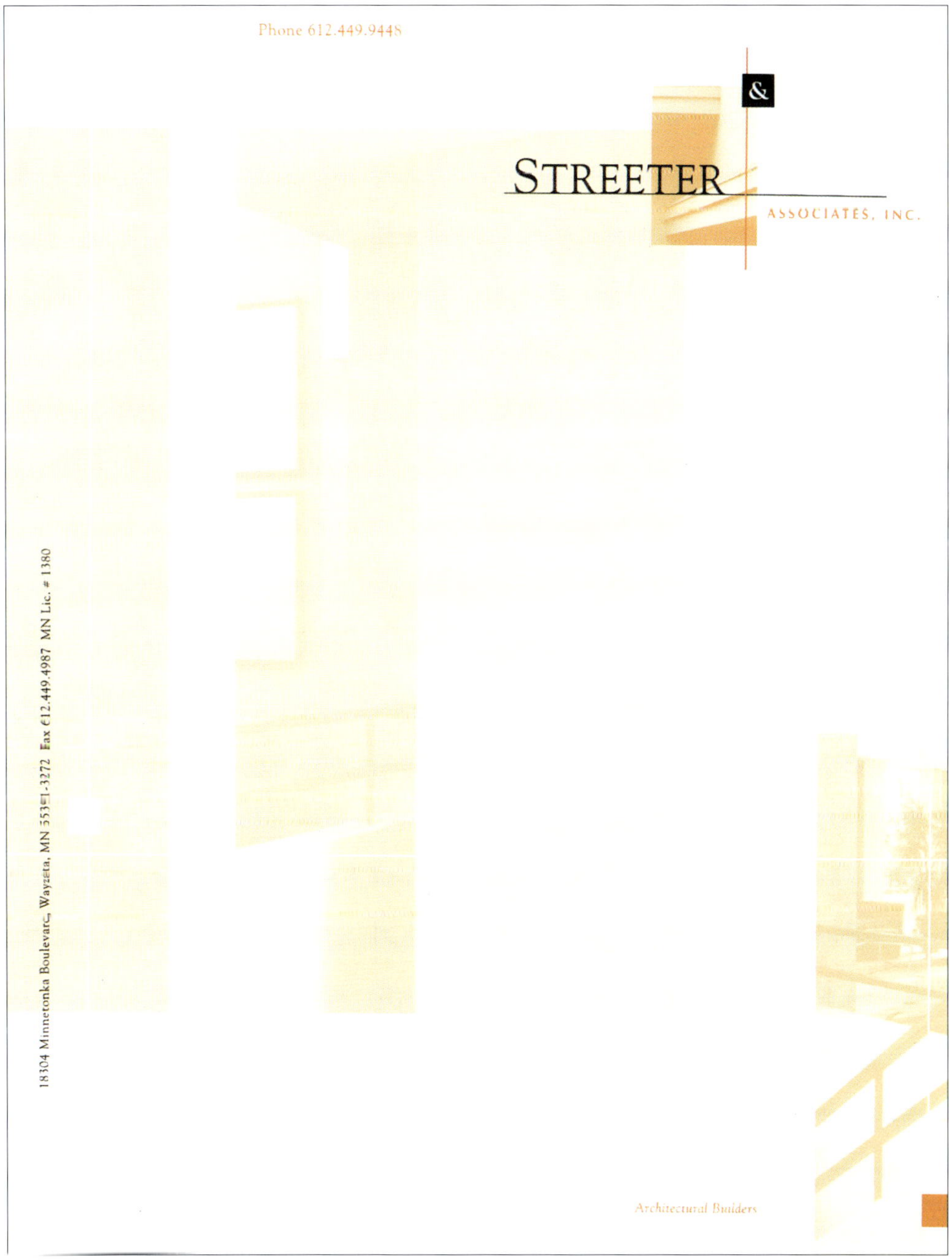

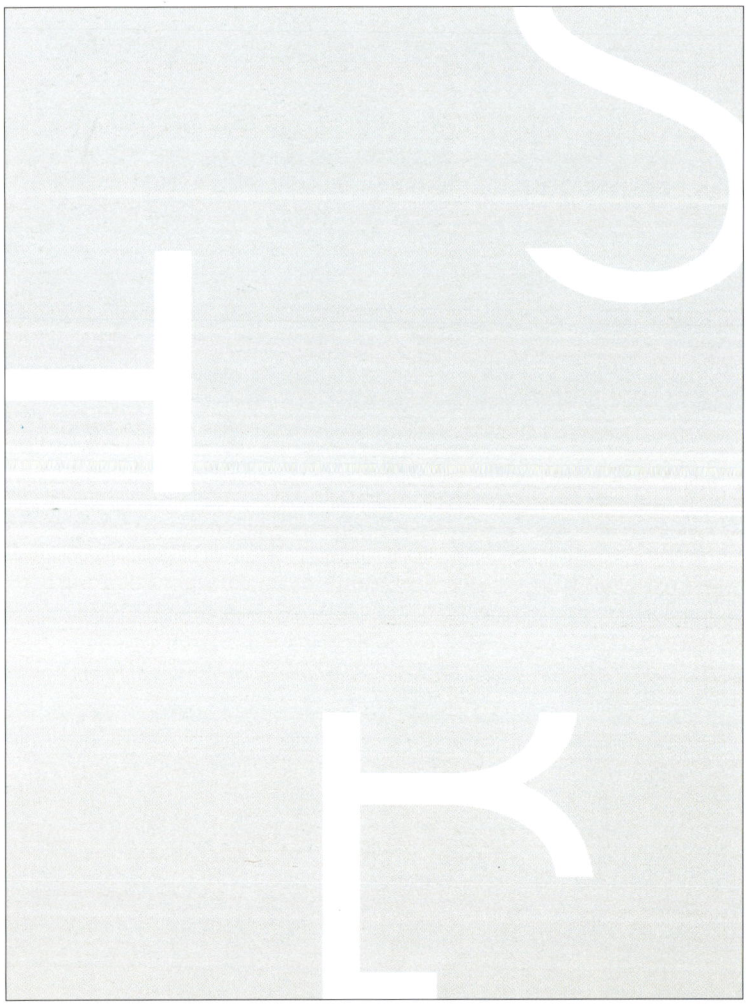

estudio de diseño	**Nesnadny + Schwartz**
dirección artística	**Timothy Lachina, Michelle Moehler, Gregory Oznowich**
diseño	**Timothy Lachina, Michelle Moehler, Gregory Oznowich**
cliente	**Hengst Stregg Bajko Architects**
medios informáticos	**Quark XPress**
papel/impresión	**Mohawk Superfine Eggshell blanco 80 lb. y 70 lb./Master Printing**

estudio de diseño	**Vanderbyl Design**
dirección artística	**Michael Vanderbyl**
diseño	**Michael Vanderbyl**
cliente	**Archetype**
medios informáticos	**Quark XPress**
papel/impresión	**Starwhite Vicksburg/Archetype**

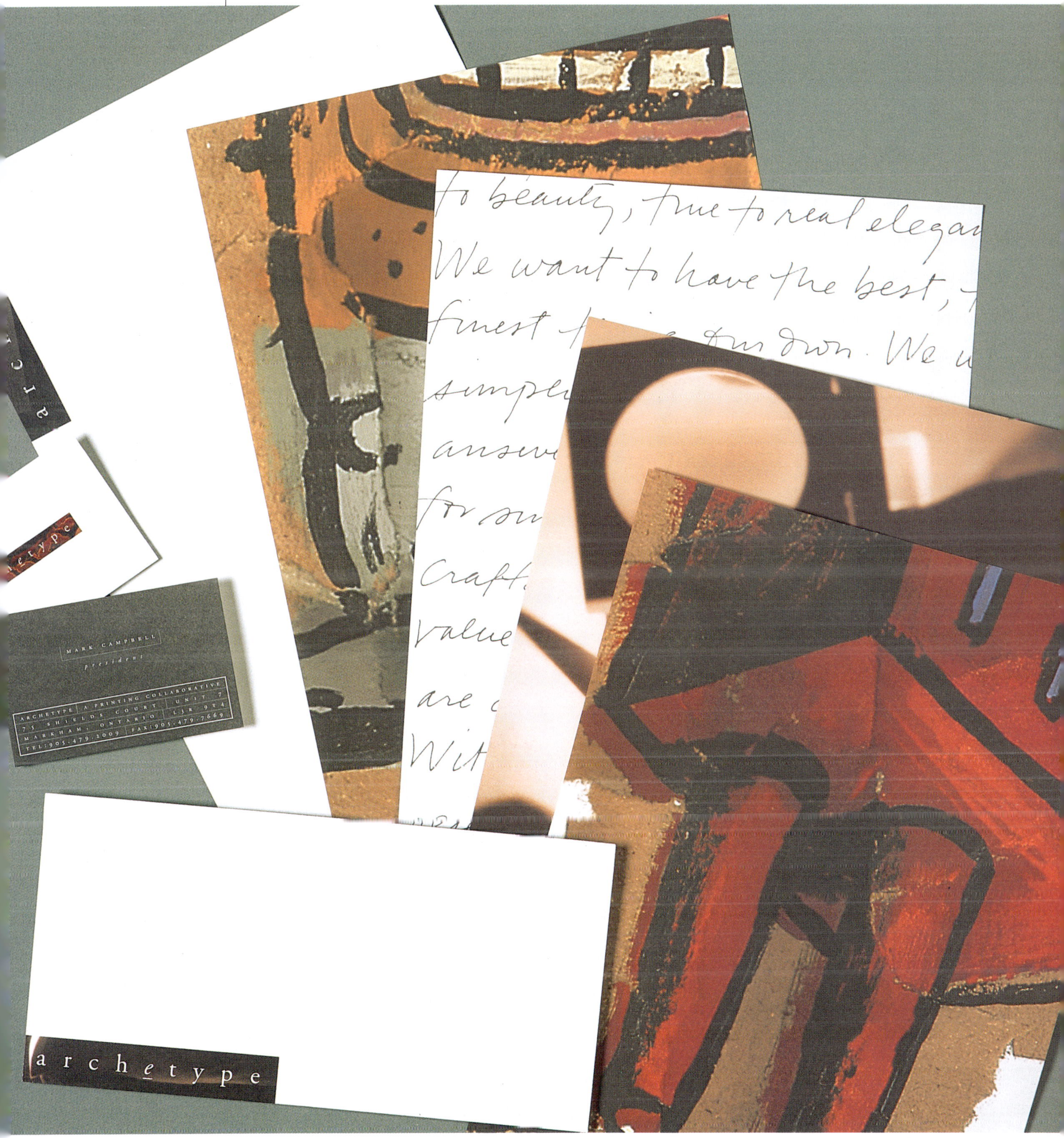

estudio de diseño | **Walker Thomas Associates Melbourne**
dirección artística | **Peter Walker**
diseño | **Catherine Thomas, Neil Stockwell**
cliente | **Walker Thomas/Walker Pinfold Associates**
medios informáticos | **Quark XPress, Adobe Photoshop**
papel/impresión | **Dalton Clipper Corporate/litografía en cuatricromía**

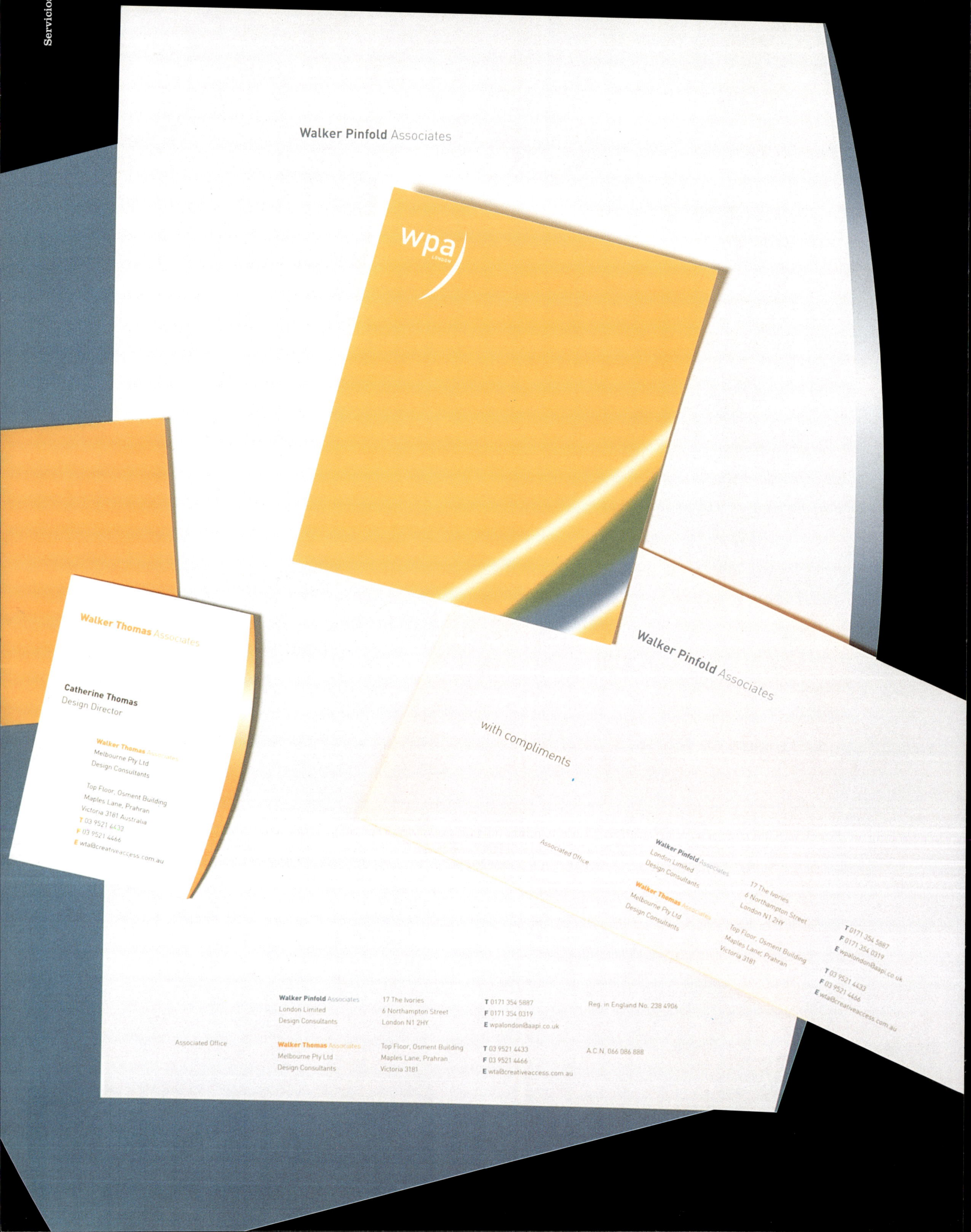

estudio de diseño	**After Hours Creative**
dirección artística	**After Hours Creative**
diseño	**After Hours Creative**
cliente	**enx**

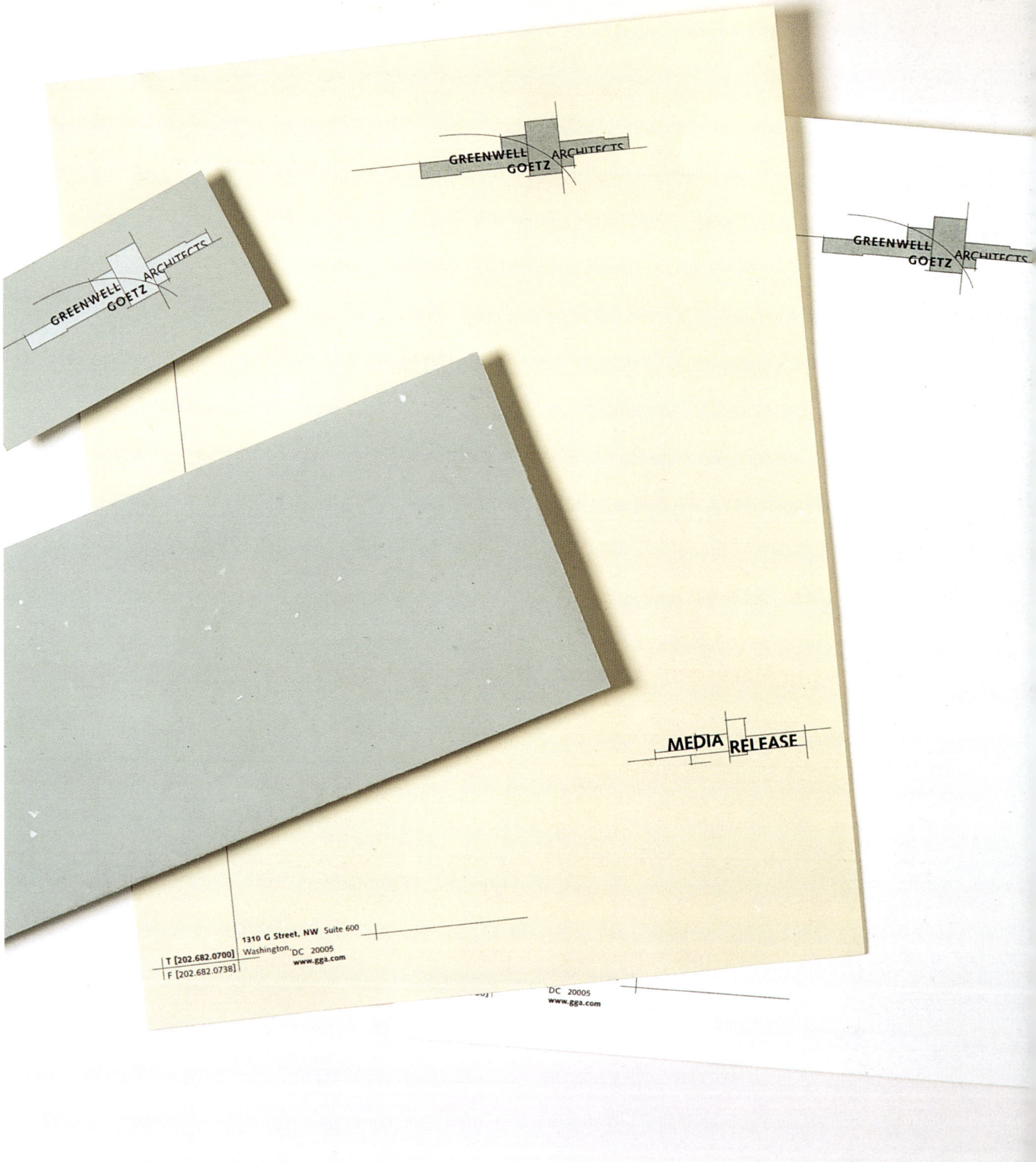

estudio de diseño Grafik Communications, Ltd.
diseño Jonathan Amen, Regina Esposito, Gregg Glaviano, Judy Kirpich
cliente Greenwell Goetz Architects
medios informáticos Macromedia FreeHand, Quark XPress
papel/impresión French Frostone Frostbite y Tundra, Gilbert Neutech

GREENWELL GOETZ ARCHITECTS

estudio de diseño	Modelhart Grafik-Design DA
dirección artística	Herbert O. Modelhart
diseño	Herbert O. Modelhart
cliente	Optik Mayr
medios informáticos	Quark XPress, Adobe Illustrator, Adobe Photoshop
papel/impresión	Olin/dos colores, tarjeta comercial: celofán

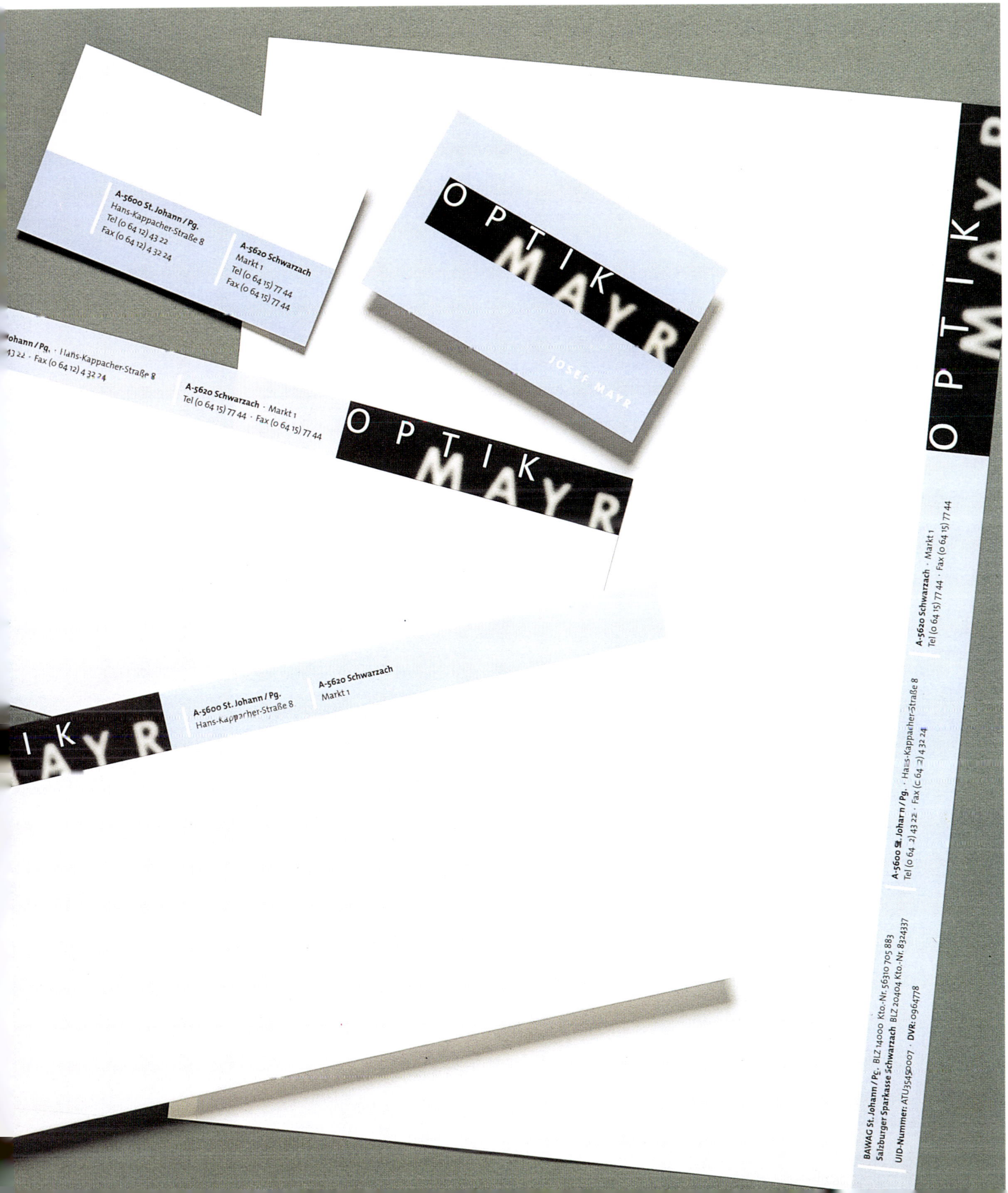

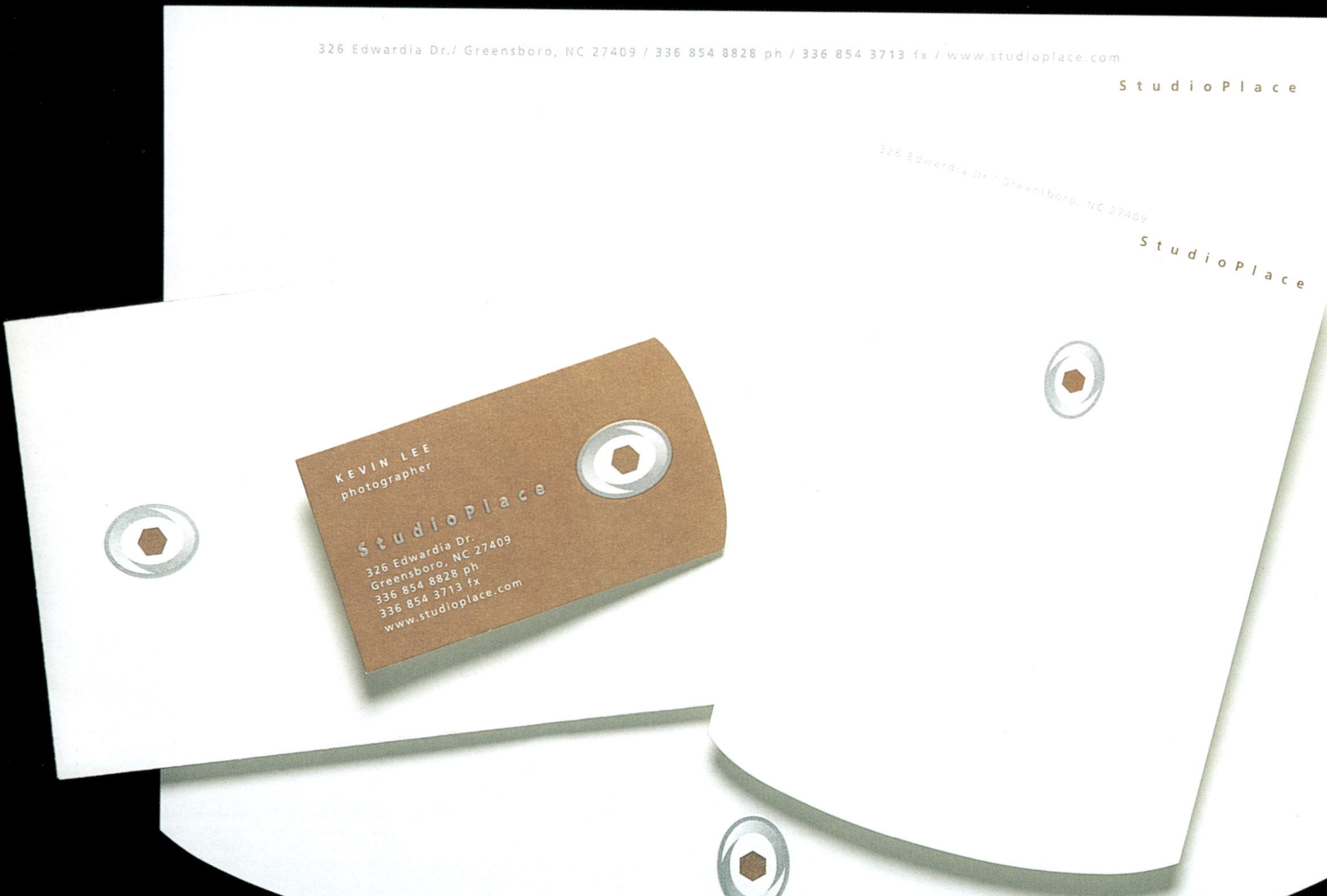

estudio de diseño	Henderson Tyner Art Co.
dirección artística	Troy Tyner
diseño	Troy Tyner, Amanda Love
cliente	Place Photography
medios informáticos	Macromedia FreeHand
papel/impresión	Stathmore escritura/Dicksons Printing Co.

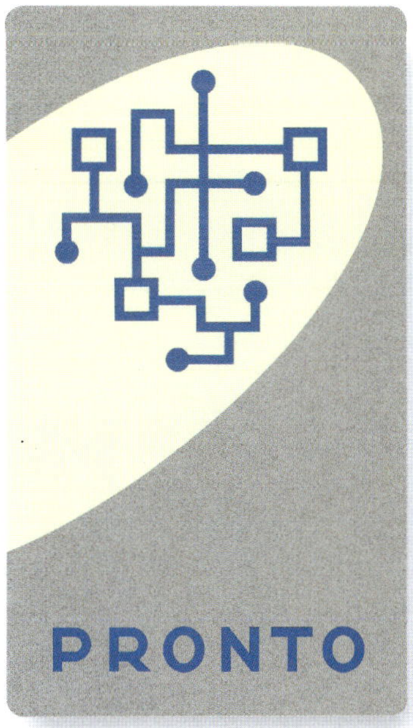

estudio de diseño **Korn Design**
dirección artística **Denise Korn**
diseño **Javier Cortés**
cliente **Pronto Product Development**
medios informáticos **Adobe Illustrator 7.0, Power Macintosh**
papel/impresión **Alpha Press**

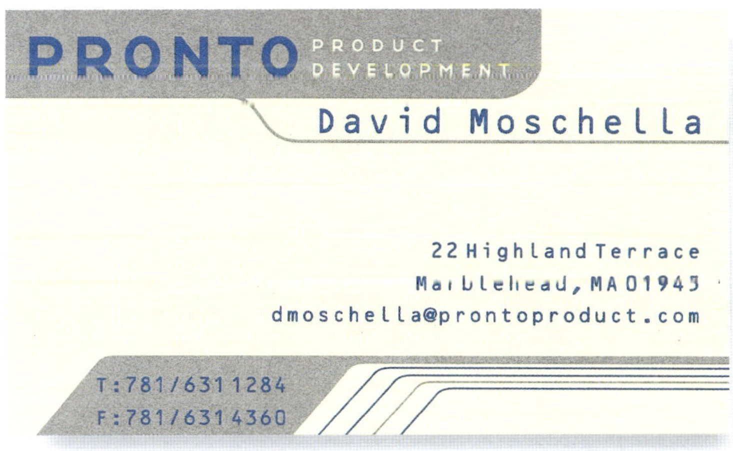

estudio de diseño	**Focus Design & Marketing Solutions**
dirección artística	**Aram Youssefian**
diseño	**Aram Youssefian**
cliente	**Kogei, America**
medios informáticos	**Quark XPress 4.0, Adobe Illustrator 7.0 Adobe Photoshop 4.0**

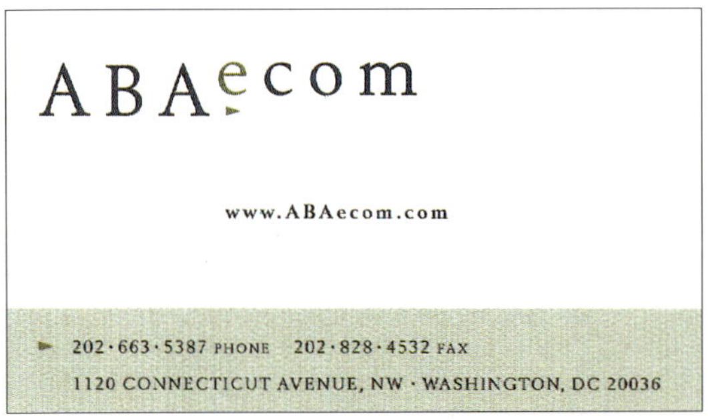

estudio de diseño	**Woodworth Associates**
dirección artística	**Brad Woodworth**
diseño	**Steve Westfal**
cliente	**Landmark Builders**
medios informáticos	**Adobe Pagemaker, Macromedia FreeHand**
papel/impresión	**Strathmore escritura/Offset**

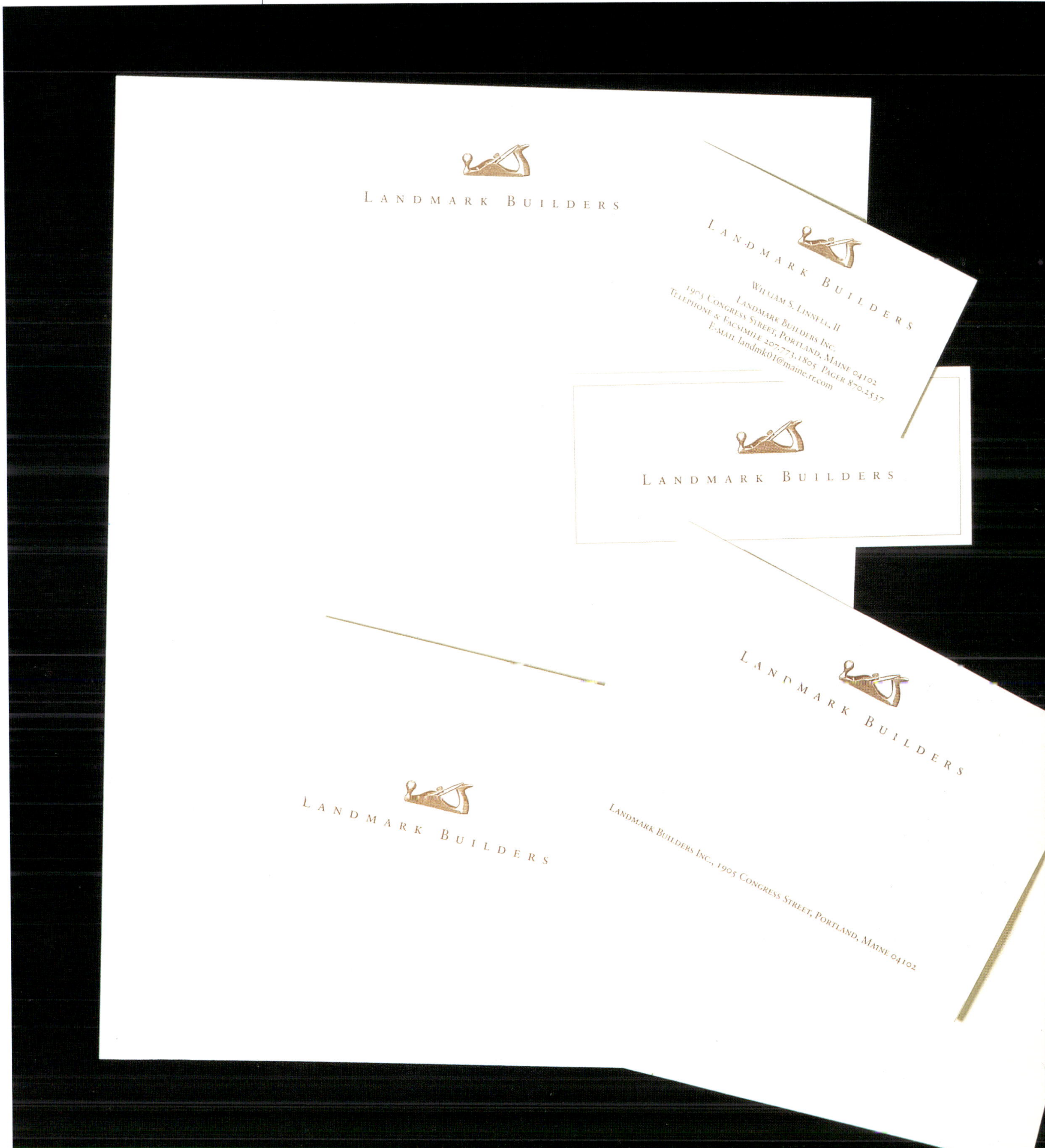

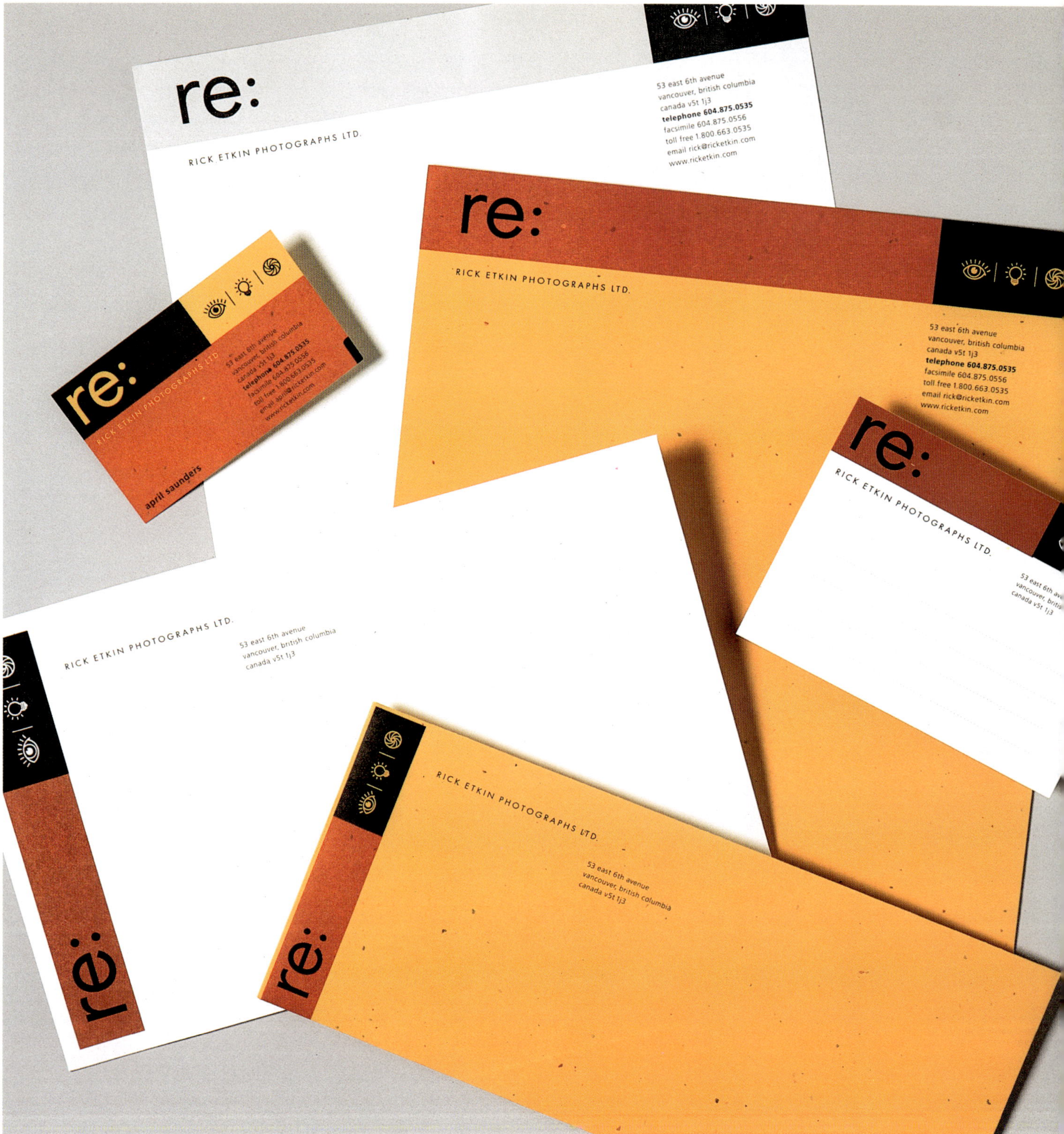

estudio de diseño | **Karacters Design Group**
dirección creativa | **Maria Kennedy**
diseño | **Matthew Clark**
cliente | **Rick Etkin Photography**
medios informáticos | **Adobe Illustrator, Macintosh**
papel/impresión | **Confetti/Broadway Printers**

estudio de diseño	Greteman Group
dirección artística	Sonia Greteman, James Strange
diseño	James Strange
cliente	Austin Miller
medios informáticos	Macintosh, Macromedia FreeHand

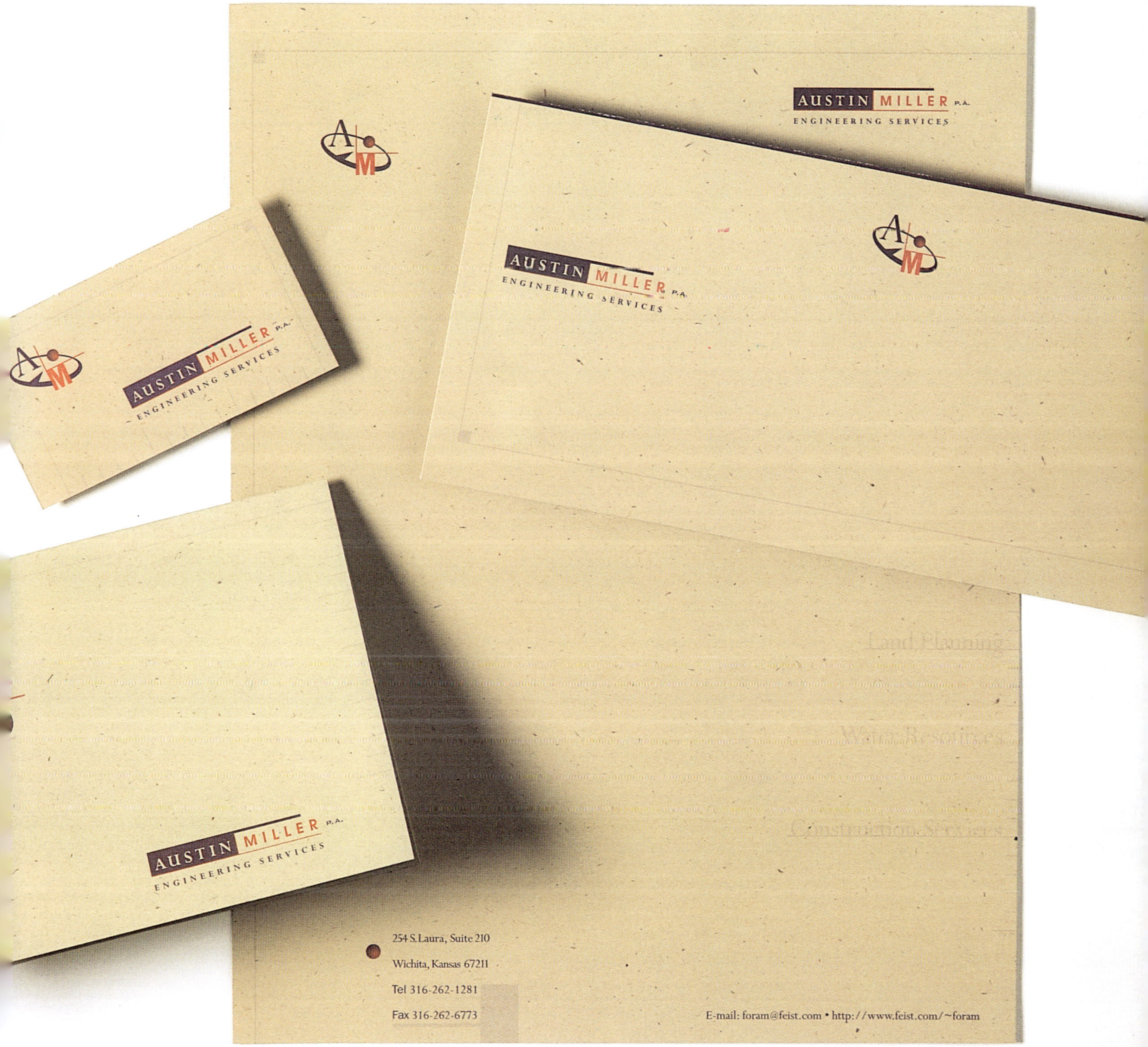

estudio de diseño	**Seltzer Design**
dirección artística	**Rochelle Seltzer**
diseño	**Louise Magni**
cliente	**Career Investment Strategies, Inc.**
medios informáticos	**Quark XPress 3.32, Macintosh 8600 Power PC**
papel/impresión	**Classic Crest/A dos colores**

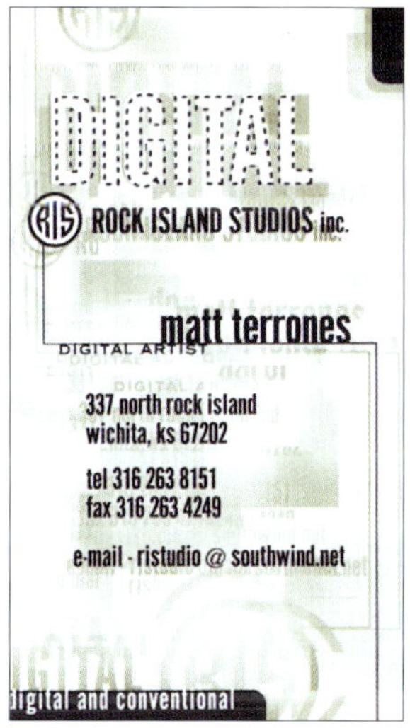

tudio de diseño	Insight Design Communications
ección artística	Tracy Holdeman, Sherrie Holdeman
diseño	Tracy Holdeman, Sherrie Holdeman
cliente	Rock Island Studios, Inc.
os informáticos	Adobe Photoshop, Macromedia FreeHand, Macintosh

estudio de diseño	**Vestígio, Lda.**
dirección artística	**Emanuel Barbosa**
diseño	**Emanuel Barbosa**
cliente	**Vector XXI**
medios informáticos	**Macromedia FreeHand, Adobe Photoshop, Macintosh**

estudio de diseño	Nesnadny + Schwartz
diseño	Mark Schwartz, Joyce Nesnadny
cliente	Fortran Printing, Inc.
medios informáticos	Quark XPress, Adobe Illustrator, Adobe Photoshop
papel/impresión	70 lb. Champion Benefit Cream/Fortran Printing, Inc.

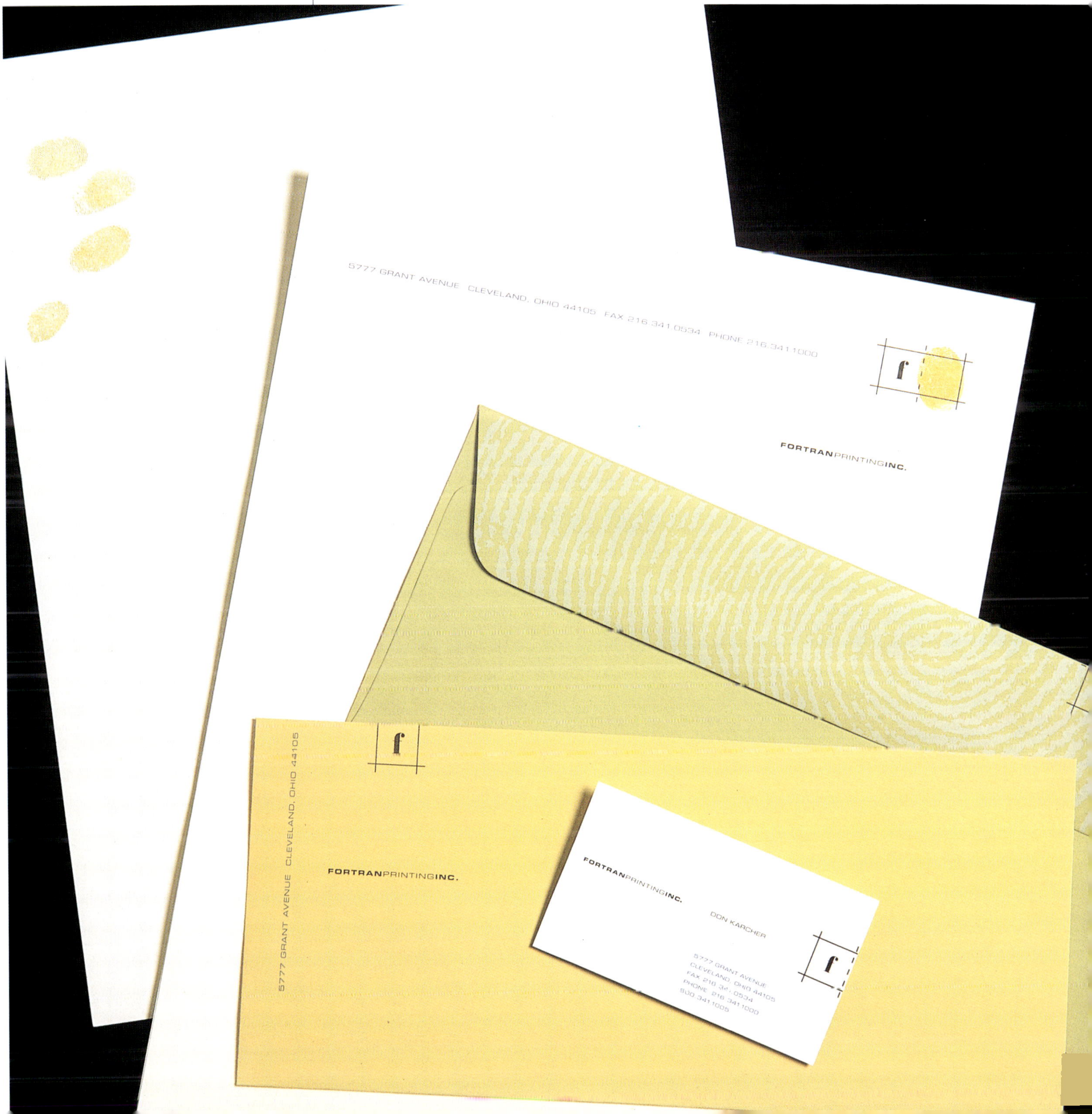

estudio de diseño	**Warren Group**
dirección artística	**Linda Warren**
diseño	**Annette Hanzer Pfau**
cliente	**Candace Pearson**
medios informáticos	**Quark XPress, Adobe Illustrator**
papel/impresión	**Strathmore Writing/Barbara's Place**

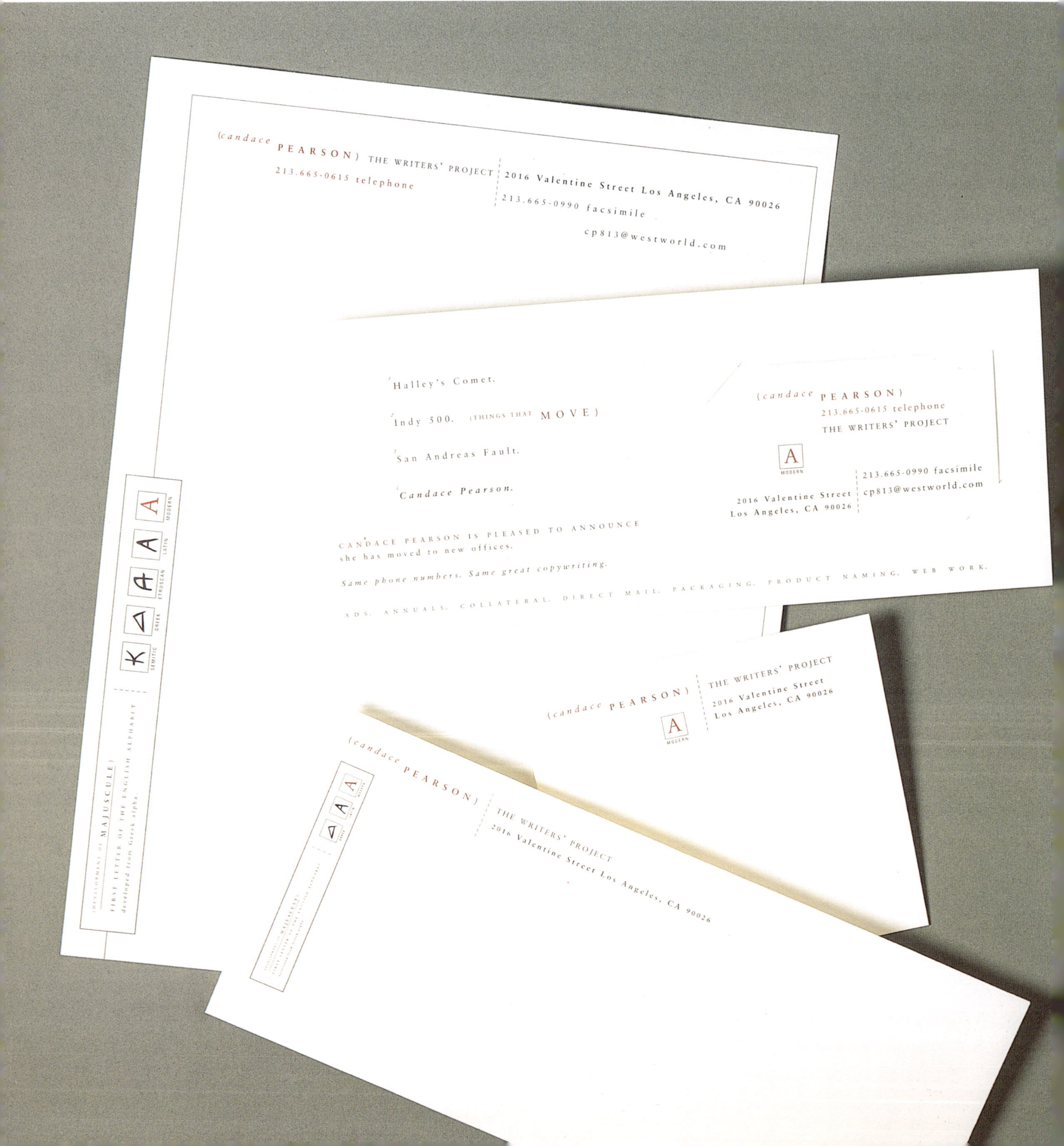

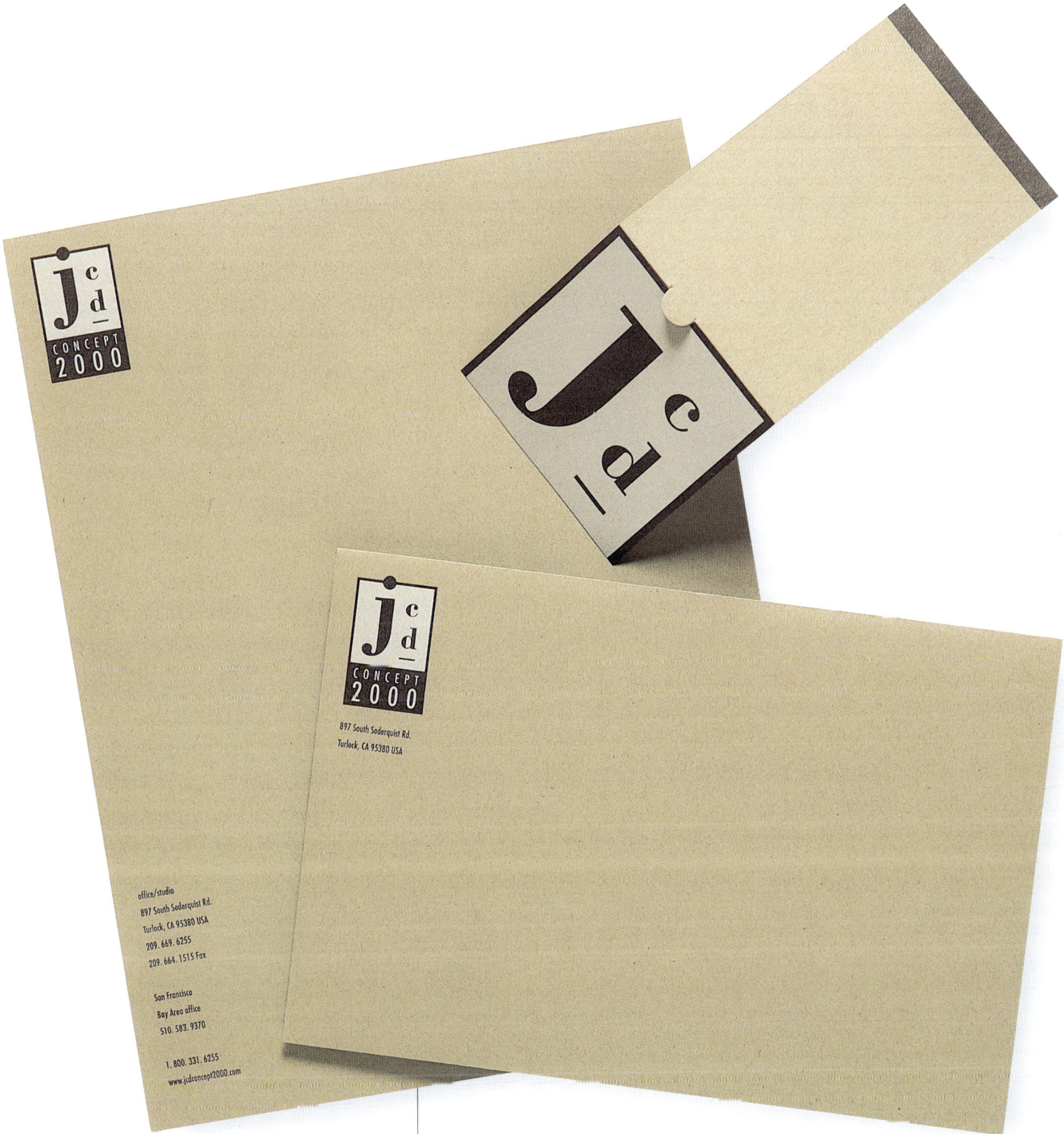

estudio de diseño	**Never Boring Design Associates**
dirección artística	**David Boring**
diseño	**Alexander Hillmer**
cliente	**JCD Concept**
medios informáticos	**Adobe Illustrator, Macintosh**
papel/impresión	**A dos colores**

estudio de diseño | **Fusion**
dirección artística | **Barbara Chan**
diseño | **Barbara Chan**
cliente | **Public Engineering Services, Inc.**
medios informáticos | **Adobe Illustrator 7.0, Macintosh G3**

estudio de diseño | **X Design Company**
dirección artística | **Alex Valderrama**
diseño | **Alex Valderrama**
cliente | **Rep File, Inc.**

estudio de diseño	**Earthlink Creative Services**
dirección artística	**Aram Youssefian**
diseño	**Barbara Chan**
cliente	**Earthlink Creative Services**
medios informáticos	**Adobe Illustrator 7.0, Quark XPress 4.0, Macintosh G3**
papel/impresión	**Fox River Select/Costello Brothers Lithographers**

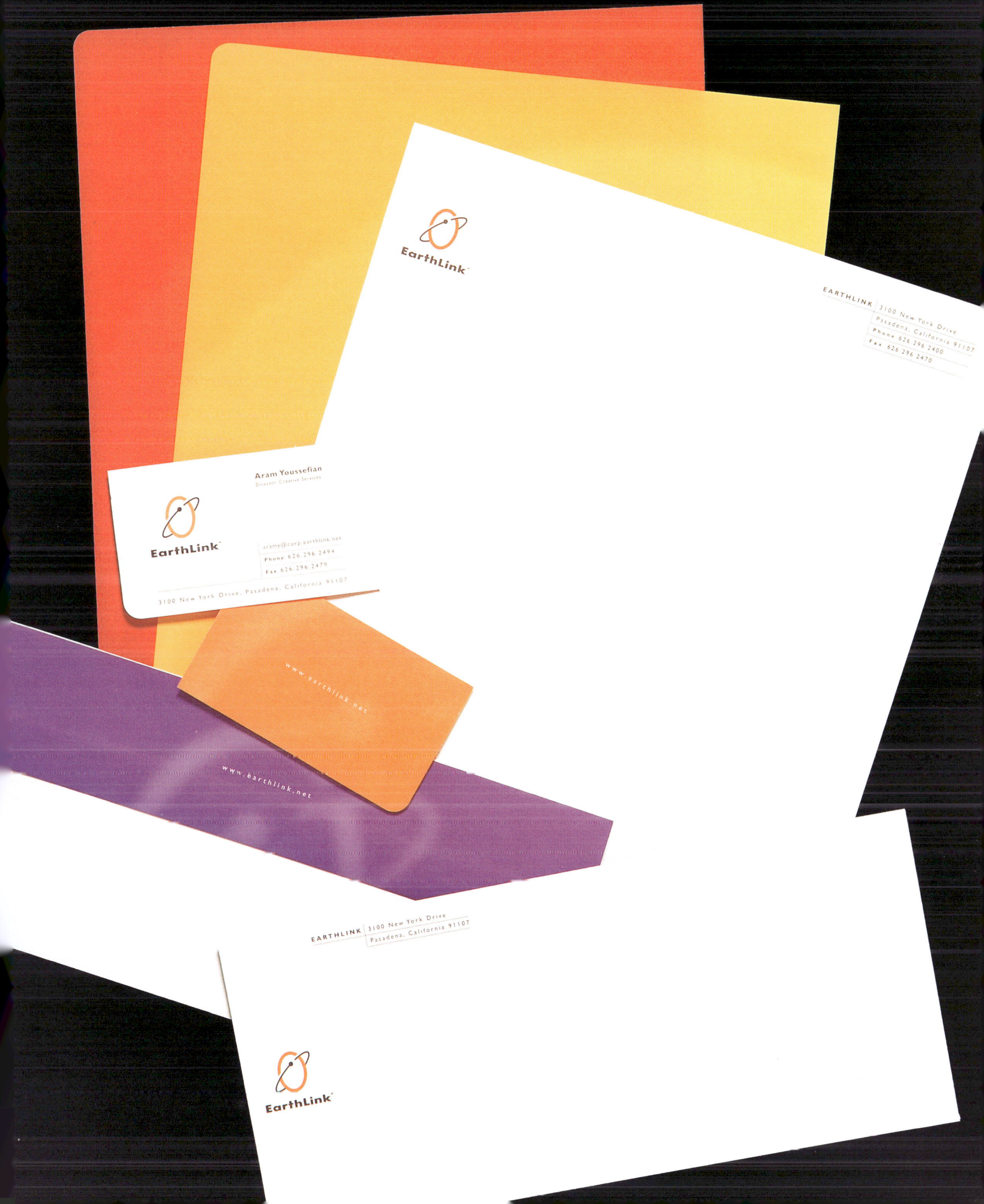

estudio de diseño	**Becker Design**
dirección artística	**Neil Becker**
diseño	**Neil Becker**
cliente	**Lance A. Lichter**
medios informáticos	**Quark XPress**

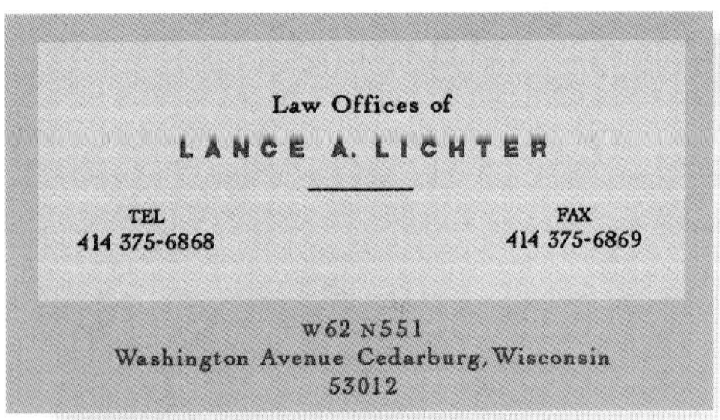

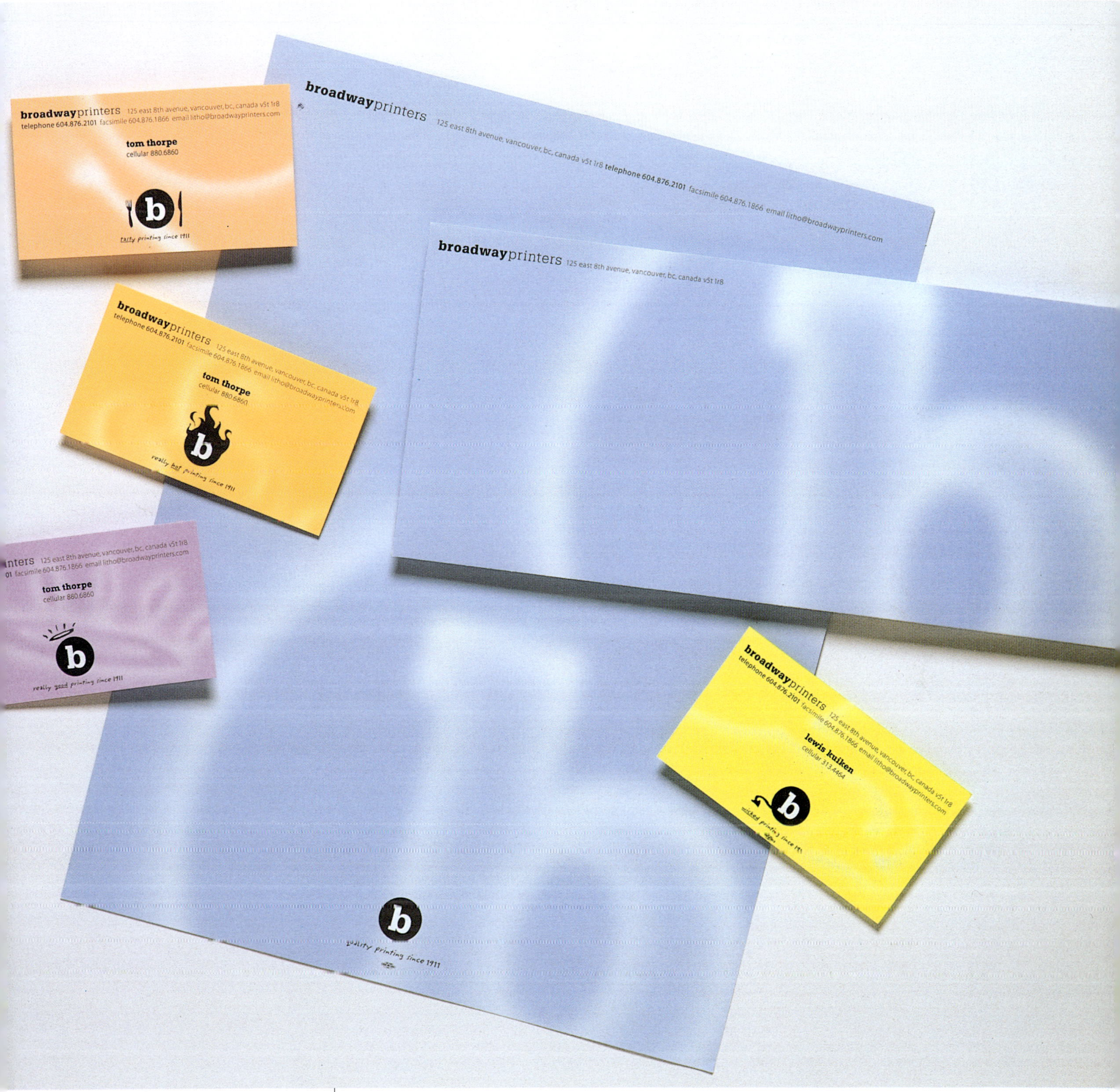

estudio de diseño | Karacters Design Group
diseño | Matthew Clark
cliente | Broadway Printers
medios informáticos | Adobe Illustrator, Adobe Photoshop, Quark XPress, Macintosh
papel/impresión | Starwhite Vicksburg/Broadway Printers

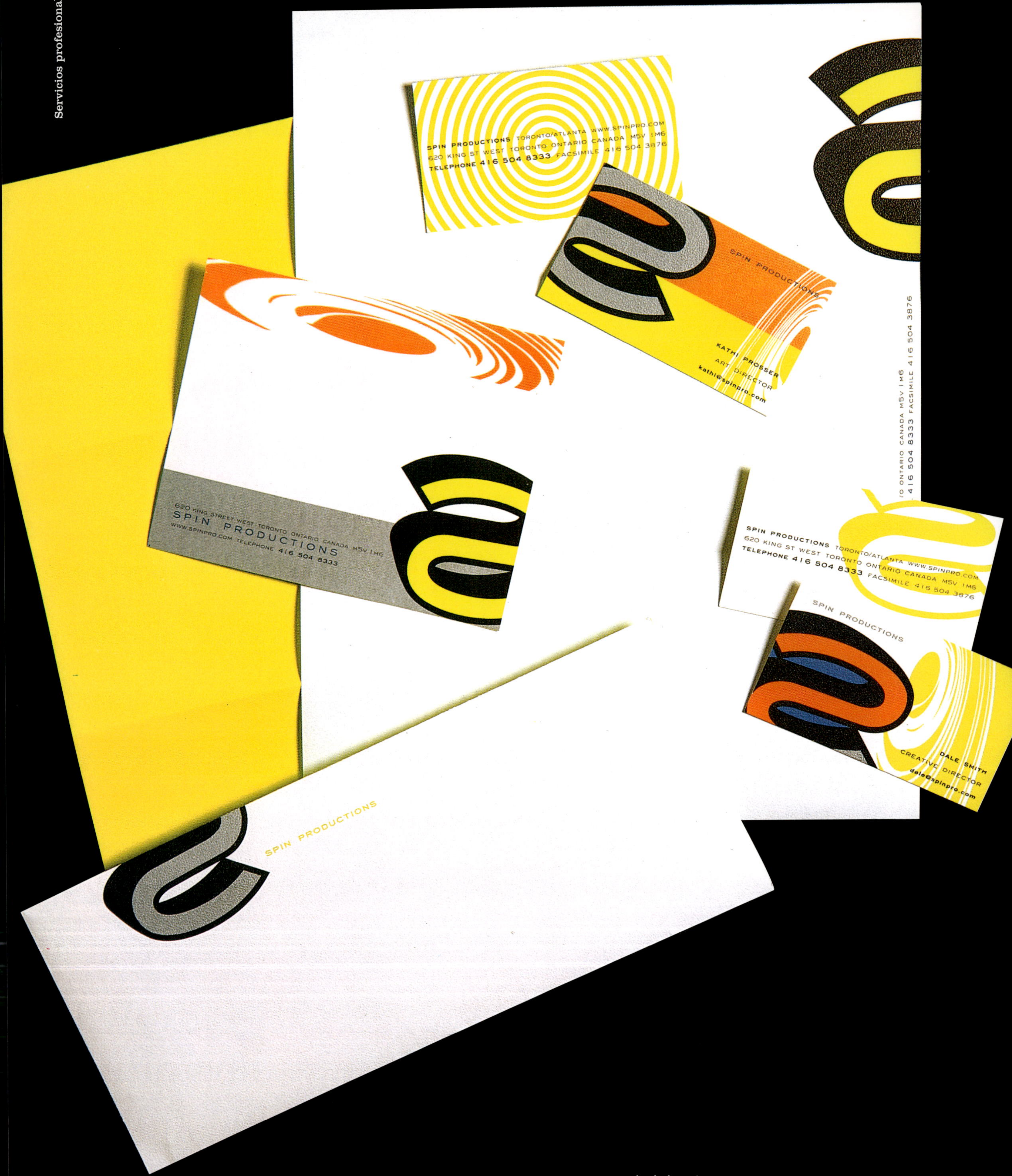

estudio de diseño	**Spin Productions**
dirección artística	**Dale Smith, Kathi Prosser**
diseño	**Dale Smith, Kathi Prosser**
cliente	**Spin Productions**
medios informáticos	**Adobe Illustrator, Adobe Photoshop**
papel/impresión	**Plainfield Pinweave/CJ Graphics**

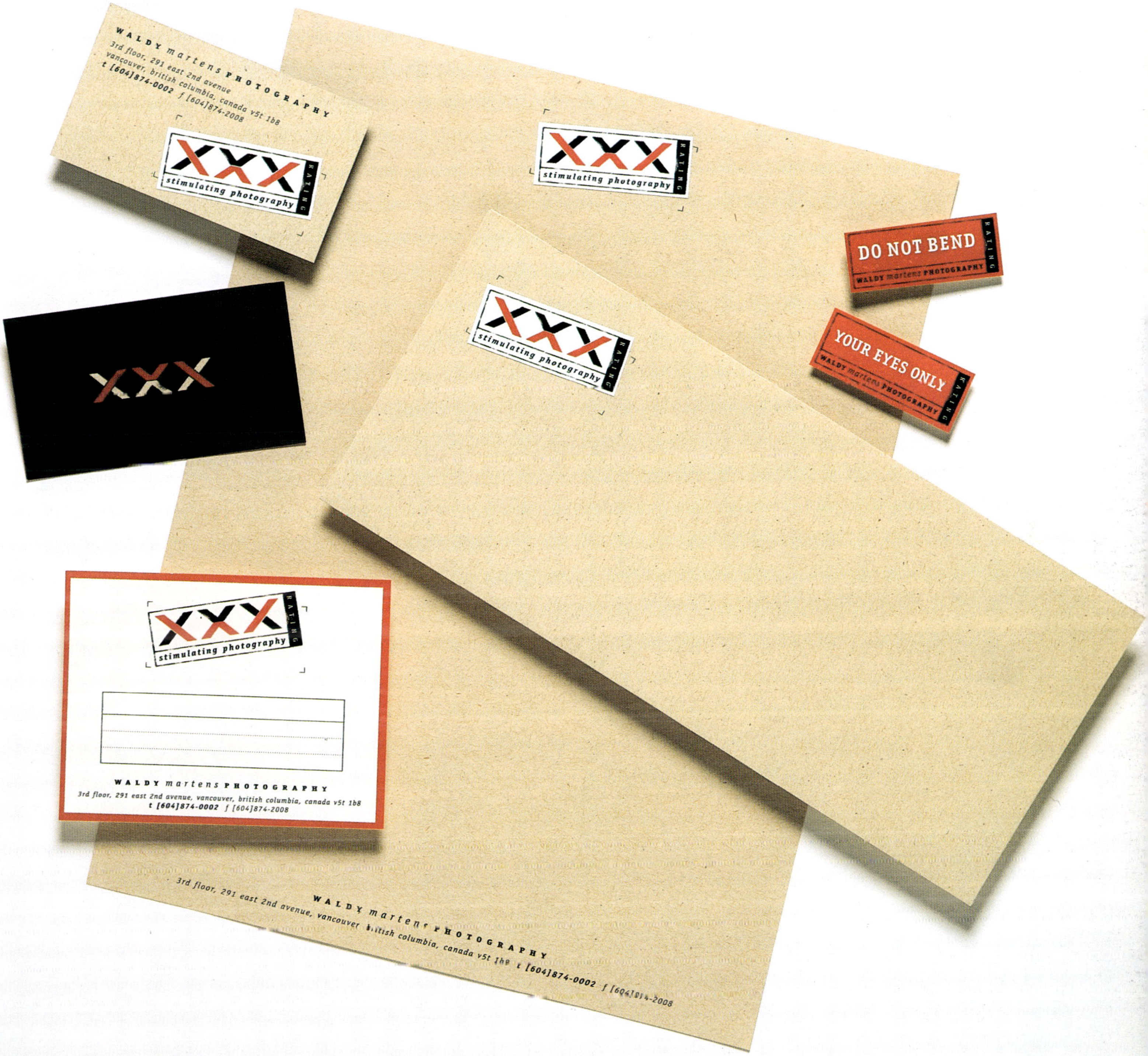

estudio de diseño	Karacters Design Group
diseño	Matthew Clark
cliente	Waldy Martens Photography
medios informáticos	Adobe Illustrator, Quark XPress, Adobe Photoshop, Macintosh
papel/impresión	Domtar Naturals Kraft/Academy Press

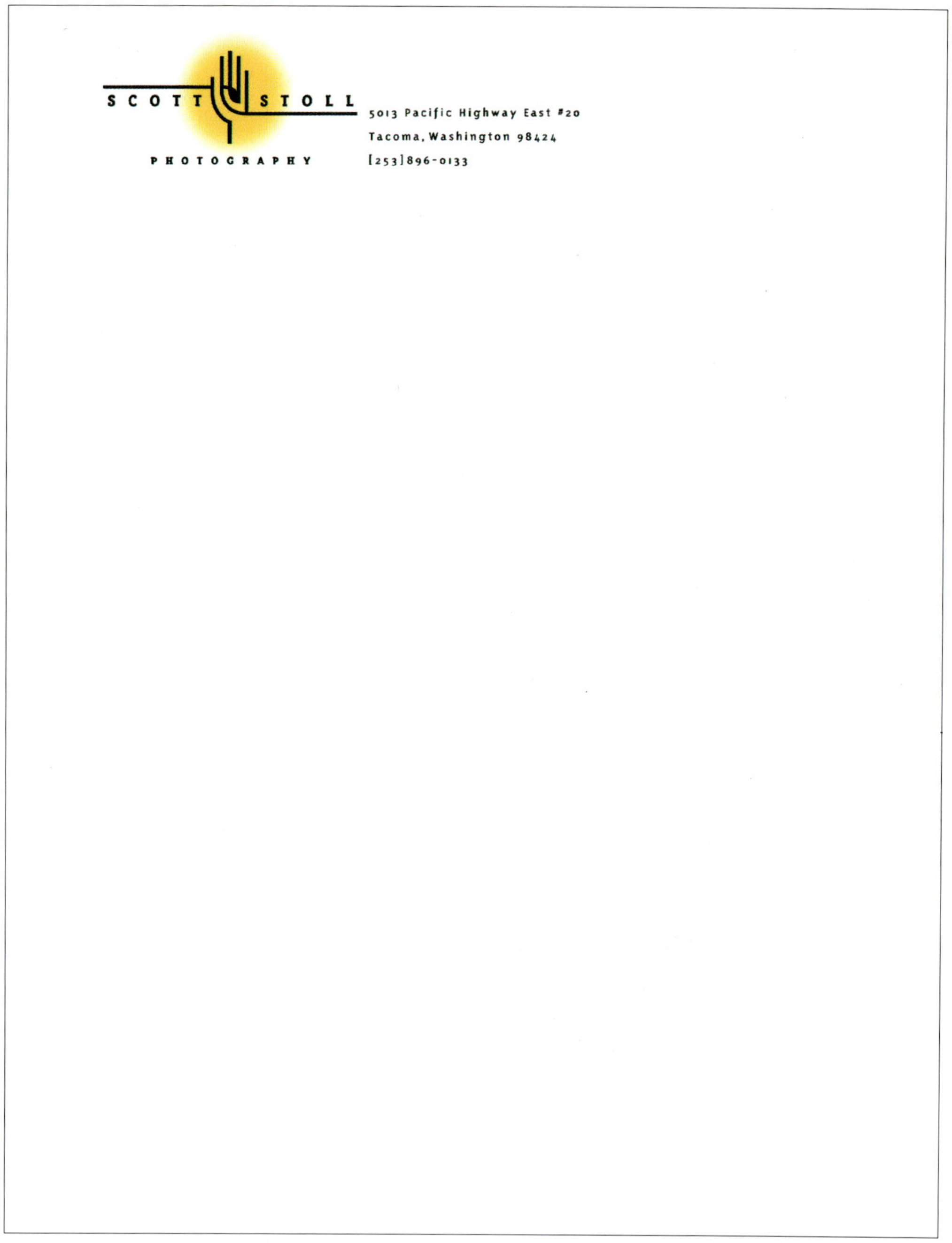

estudio de diseño	Belyea
dirección artística	Patricia Belyea
diseño	Christian Salas
cliente	Scott Stoll Photography
medios informáticos	Adobe Illustrator, Macintosh
papel/impresión	Strathmore Writing Ultimate White

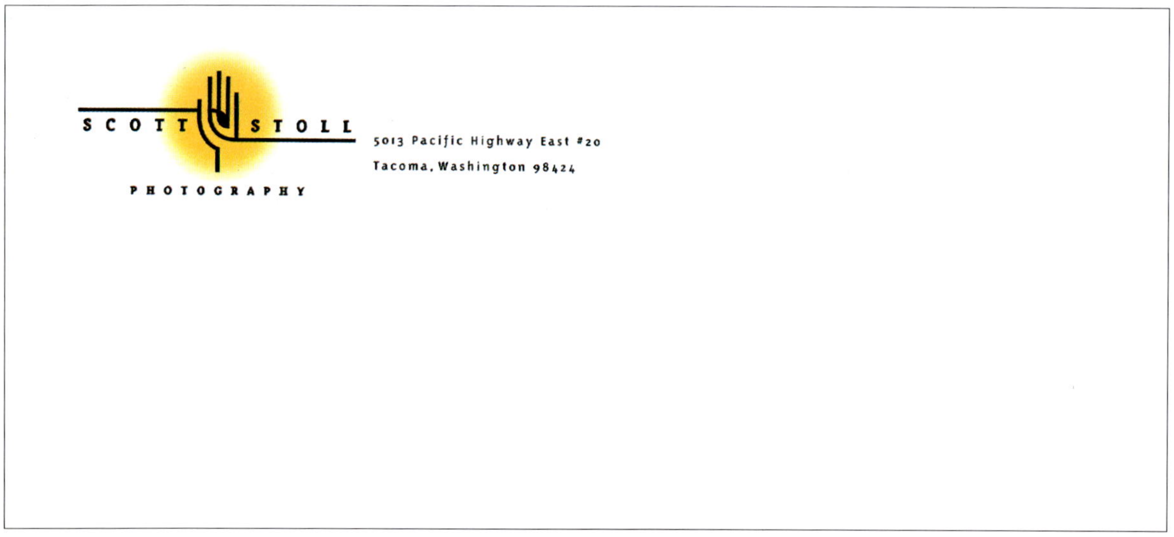

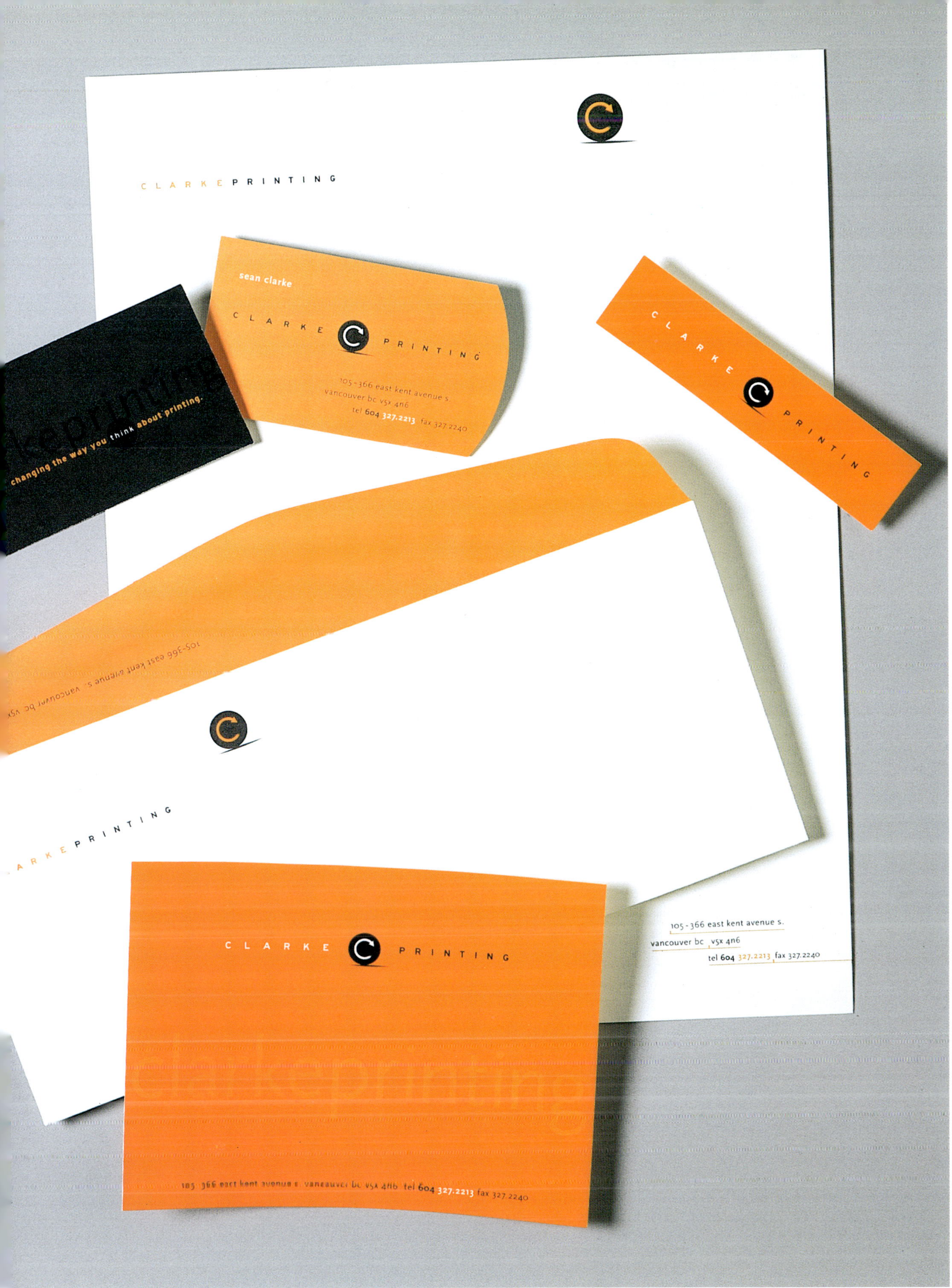

estudio de diseño Big Eye Creative
dirección artística Perry Chua, Nancy Yeasting
diseño Perry Chua, Nancy Yeasting
cliente Clarke Printing
medios informáticos Adobe Illustrator, Adobe Photoshop
papel/impresión Starwhite Vicksburg/Clarke Printing

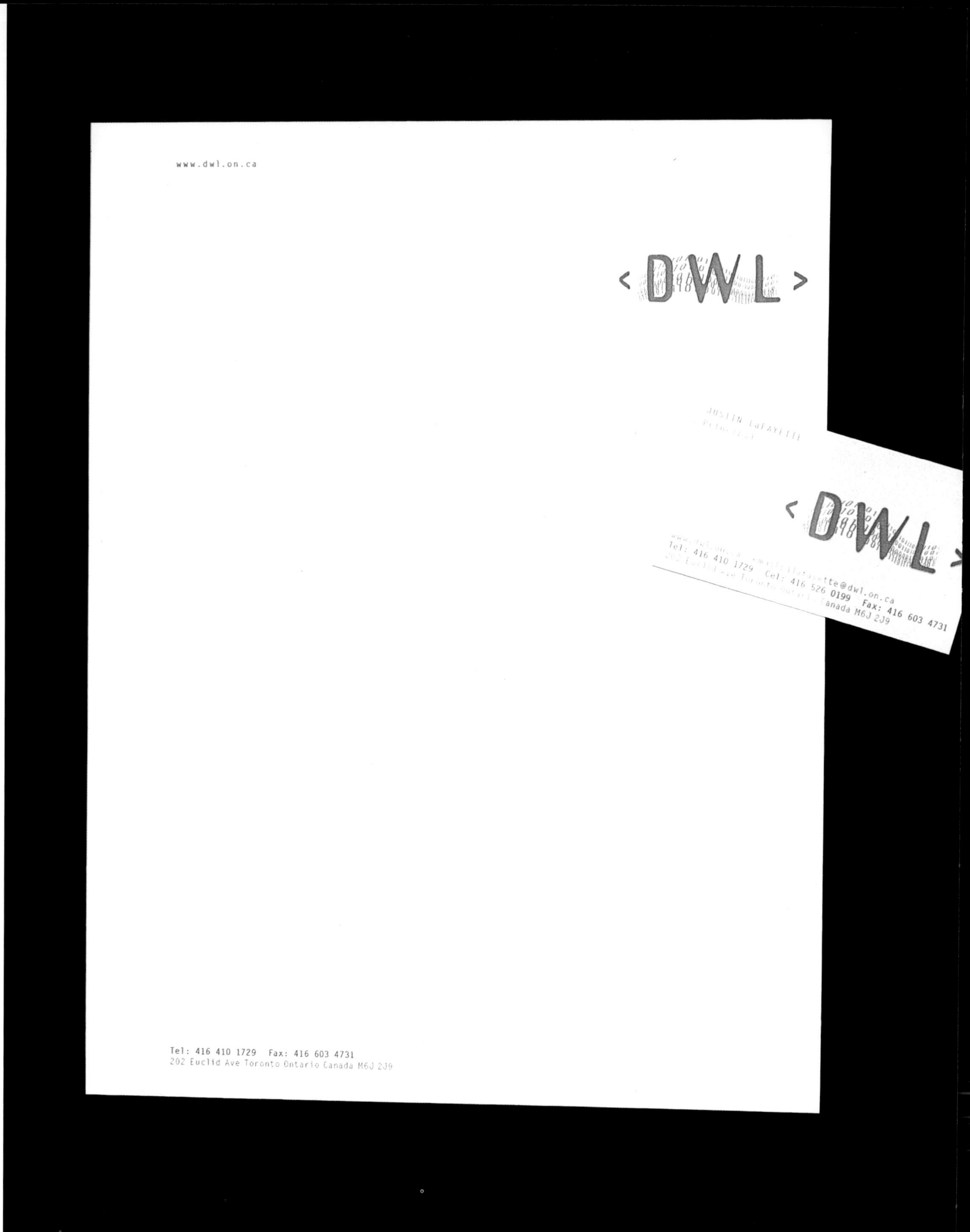

estudio de diseño **Russell, Inc.**
dirección artística **Laura Wills**
diseño **Laura Wills**
cliente **DWL, Inc.**

estudio de diseño	**Greteman Group**
dirección artística	**Sonia Greteman, James Strange**
diseño	**James Strange**
cliente	**R. Messner**
medios informáticos	**Macromedia FreeHand, Macintosh**

estudio de diseño	**Barbara Chan Design**
dirección artística	**Barbara Chan**
diseño	**Barbara Chan**
cliente	**Husband & Associates**
medios informáticos	**Adobe Illustrator 7.0, Macintosh G3**

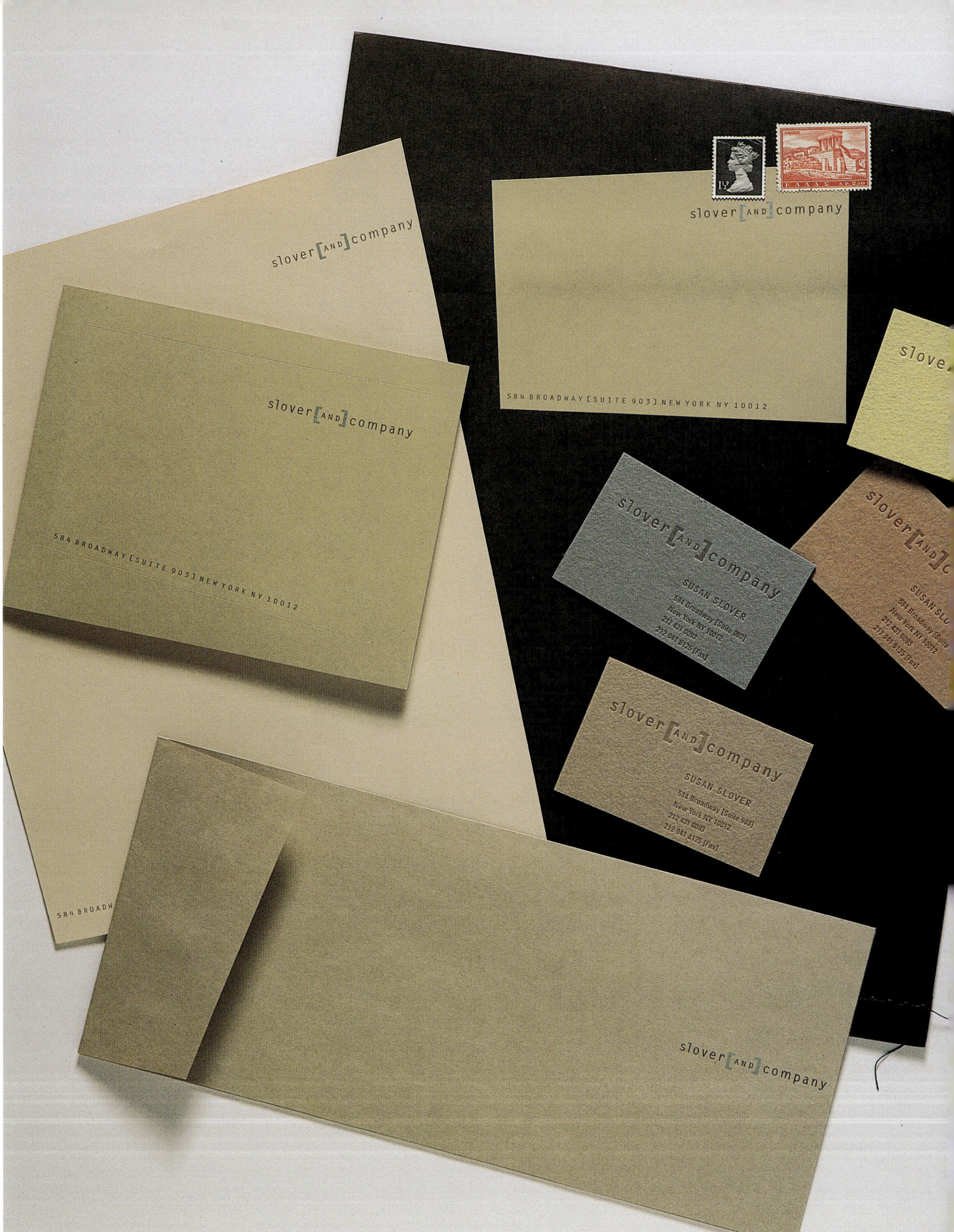

estudio de diseño	**Russell, Inc.**
dirección artística	**Laura Wills**
diseño	**Laura Wills**
cliente	**Certicom, Inc.**

estudio de diseño | **After Hours Creative**
dirección artística | **After Hours Creative**
diseño | **After Hours Creative**
cliente | **Second Opinion**

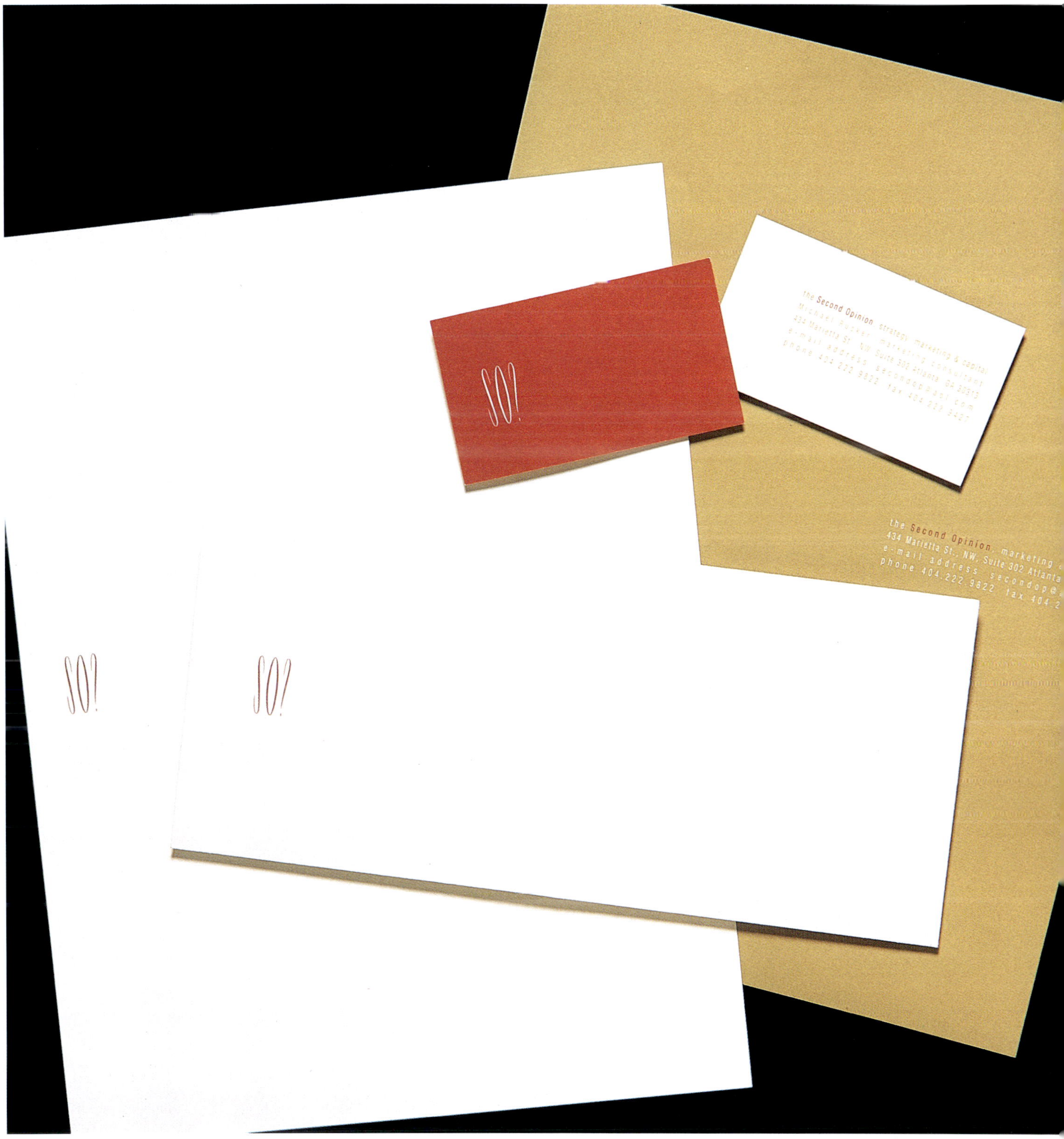

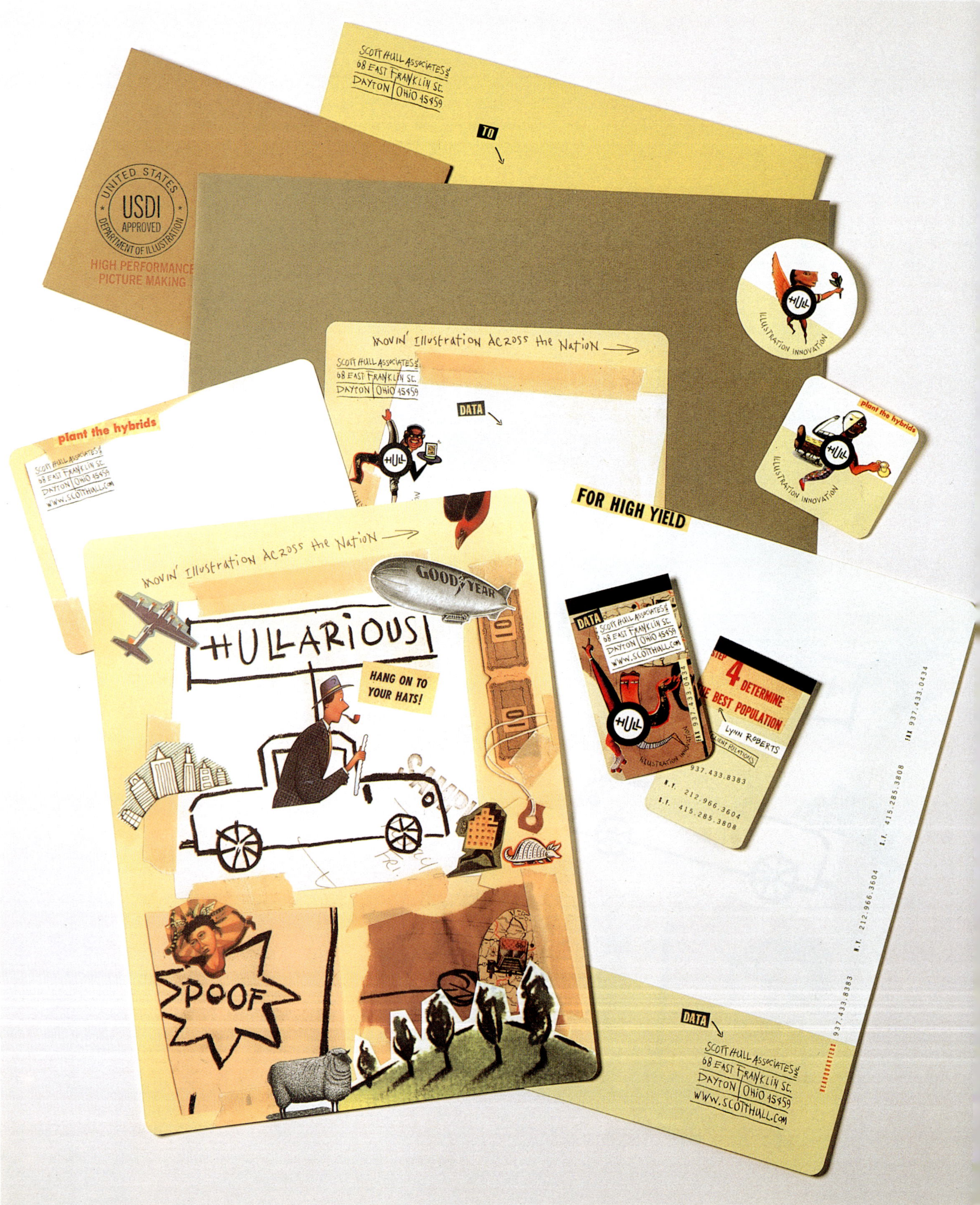

estudio de diseño | **Siebert Design**
dirección artística | **Lori Siebert**
cliente | **Scott Hull Associates**
papel/impresión | **Arnold Printing**

estudio de diseño | Russell, Inc.
dirección artística | Bob Russell
diseño | Laura Wills
cliente | Radnet, Inc.

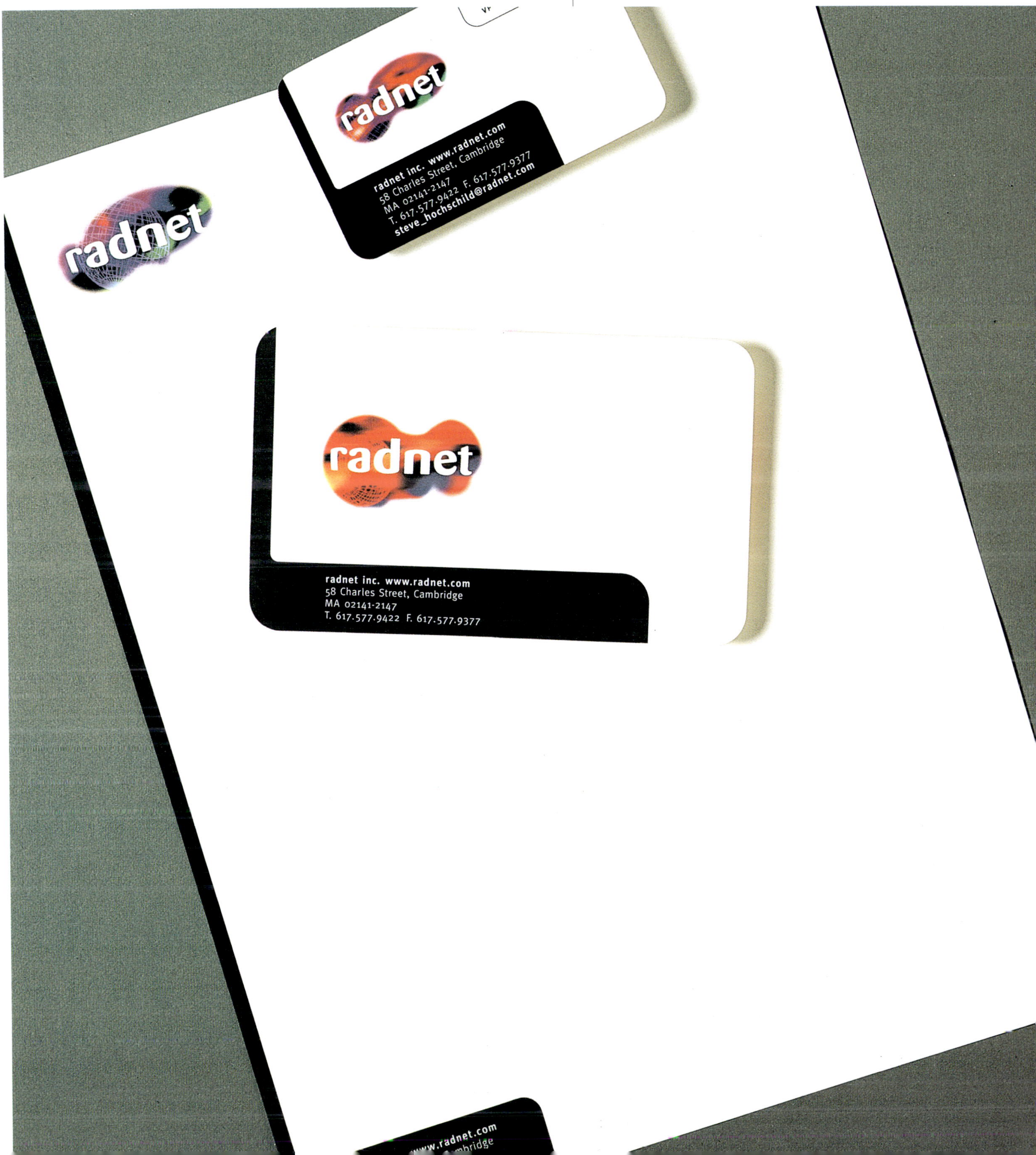

estudio de diseño	**Square One Design**
dirección artística	**Lin Ver Menlen**
diseño	**Lisa Vitalbo**
cliente	**Via**
medios informáticos	**Adobe Illustrator, Quark XPress, Power Tower 180**
papel/impresión	**Strathmore escritura/D & D Printing Company**

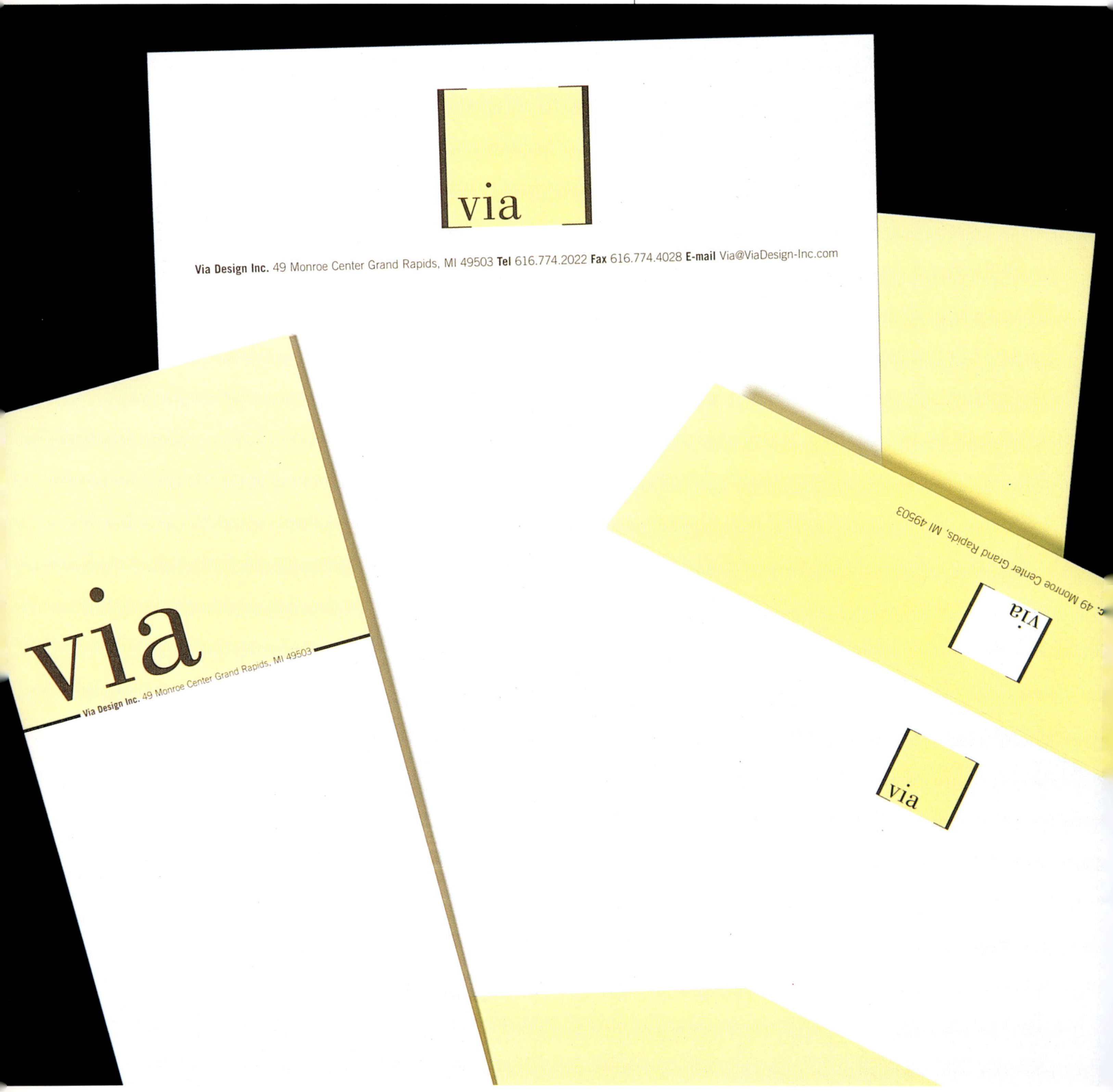

TMG classic mini radios

estudio de diseño	**Jim Lange Design**
dirección artística	**Genji Leclair**
diseño	**Jim Lange**
cliente	**TMG**
medios informáticos	**Macintosh**

estudio de diseño	**Synergy Design**
dirección artística	**Leon Alvarado**
diseño	**Leon Alvarado**
cliente	**The Room**
medios informáticos	**Macromedia FreeHand, Macintosh**
papel/impresión	**Vinyl/serigrafía**

estudio de diseño	**Choplogic**
dirección artística	**Walter McCord, Mary Cawein**
diseño	**Walter McCord, Mary Cawein**
cliente	**Internet Medios informáticos & Die**
medios informáticos	**Adobe llustrator, Quark XPress**
papel/impresión	**Fox Rive, Simpson Starwhite Vicksburg/ litografía a dos colores**

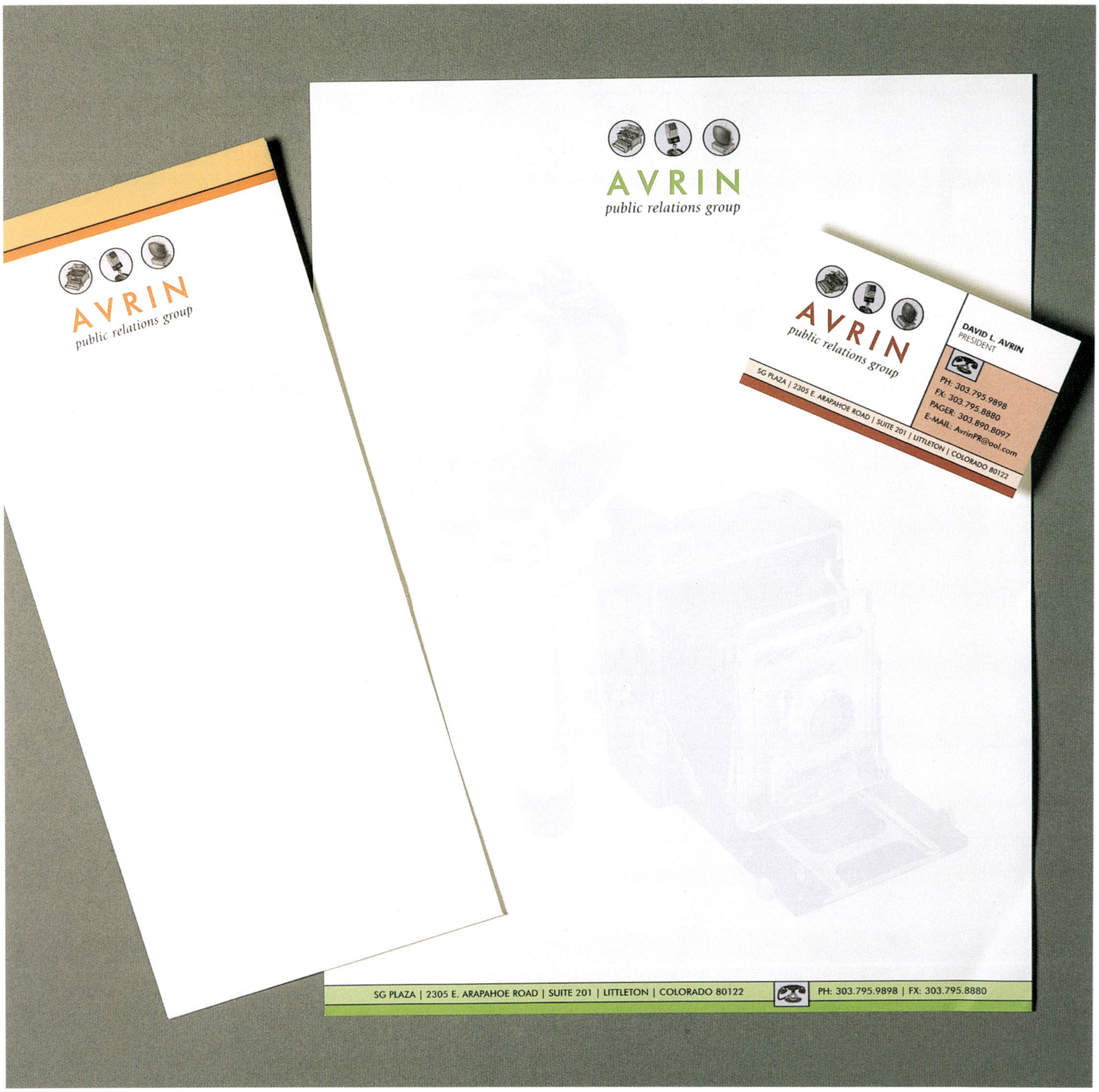

estudio de diseño	**X Design Company**
dirección artística	**Alex Valderrama**
diseño	**Alex Valderrama**
cliente	**Avrin, relaciones públicas**

estudio de diseño	**Howard Levy Design**
dirección artística	**Howard Levy**
diseño	**Howard Levy**
cliente	**Process Solutions**

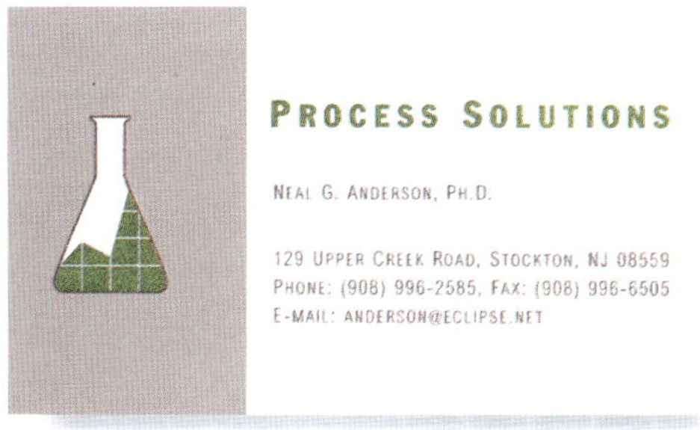

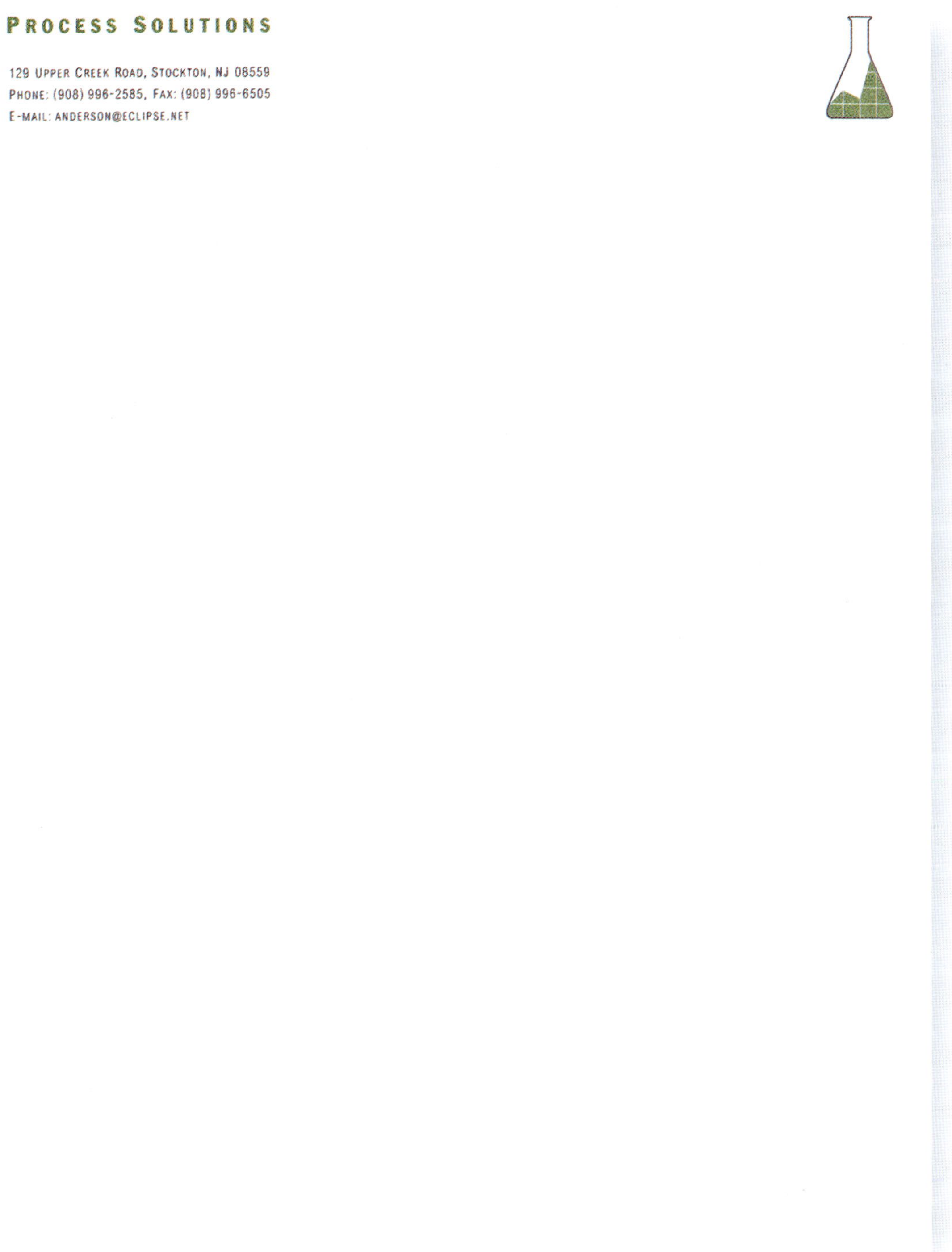

estudio de diseño	**Plum Notion Design Laboratory**
dirección artística	**Damion Silver**
diseño	**Damion Silver**
cliente	**Bikers Edge Bike Shop**
medios informáticos	**Adobe Illustrator, Adobe Photoshop**

estudio de diseño	**Han/Davis Group**
dirección artística	**Ed Han**
diseño	**Ed Han**
cliente	**Inform Research & Marketing**
medios informáticos	**Adobe Illustrator**

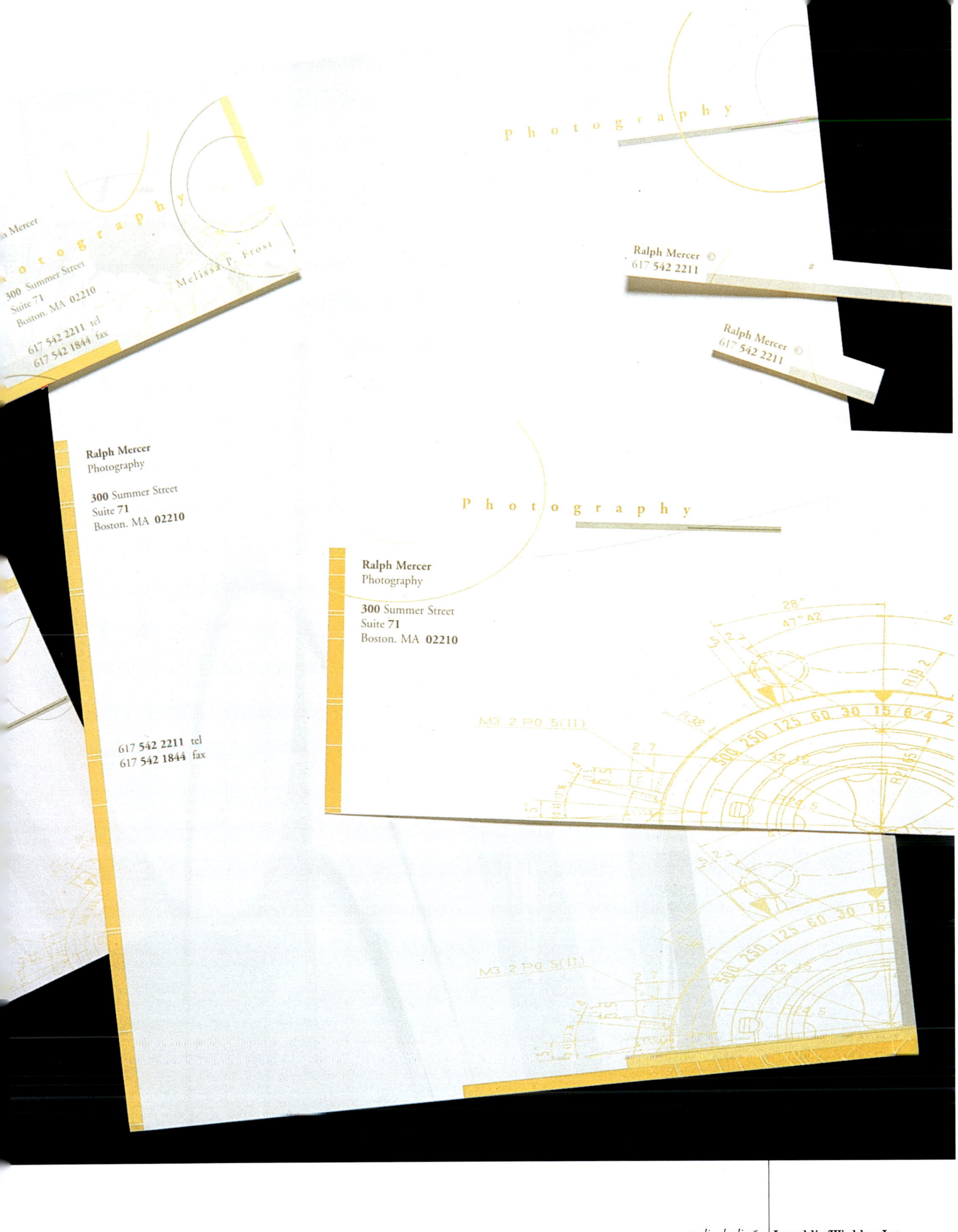

estudio de diseño **Laughlin/Winkler, Inc.**
dirección artística **Mark Laughlin, Ellen Winkler**
diseño **Ellen Winkler**
cliente **Ralph Mercer Photography**
medios informáticos **Quark XPress, Macintosh G3**
papel/impresión **Mohawk/Alpha Press**

estudio de diseño	**Design Guys**
dirección artística	**Steven Sikora**
diseño	**Amy Kirkpatrick**
cliente	**Mike Rabe Music Engraving**
medios informáticos	**Adobe Illustrator**
papel/impresión	**Papel artístico gris, Beckett Concept San texto, Curtis vitela negro cubierta/Offset, Park Printing, Exceptional Engraving (tarjeta)**

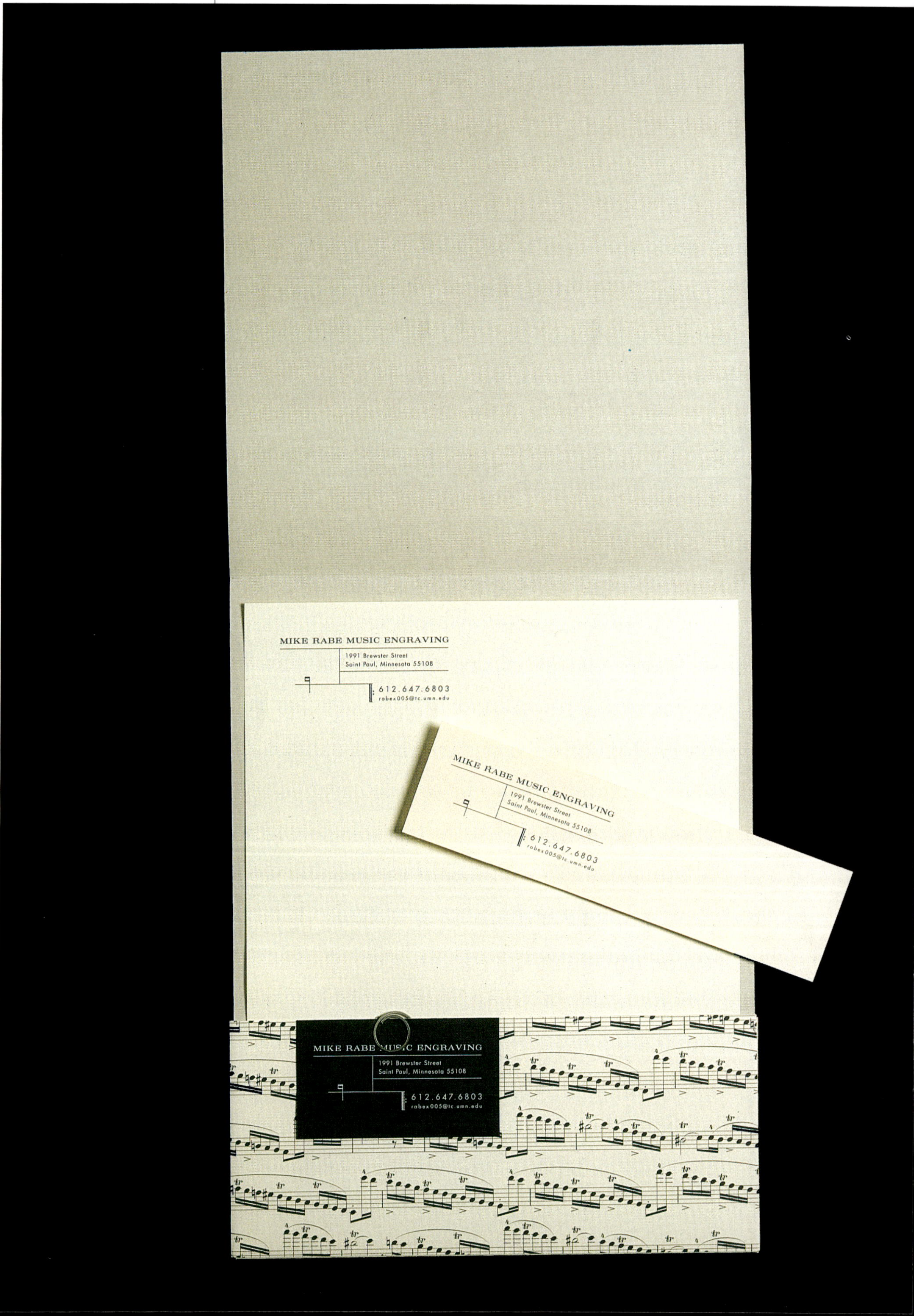

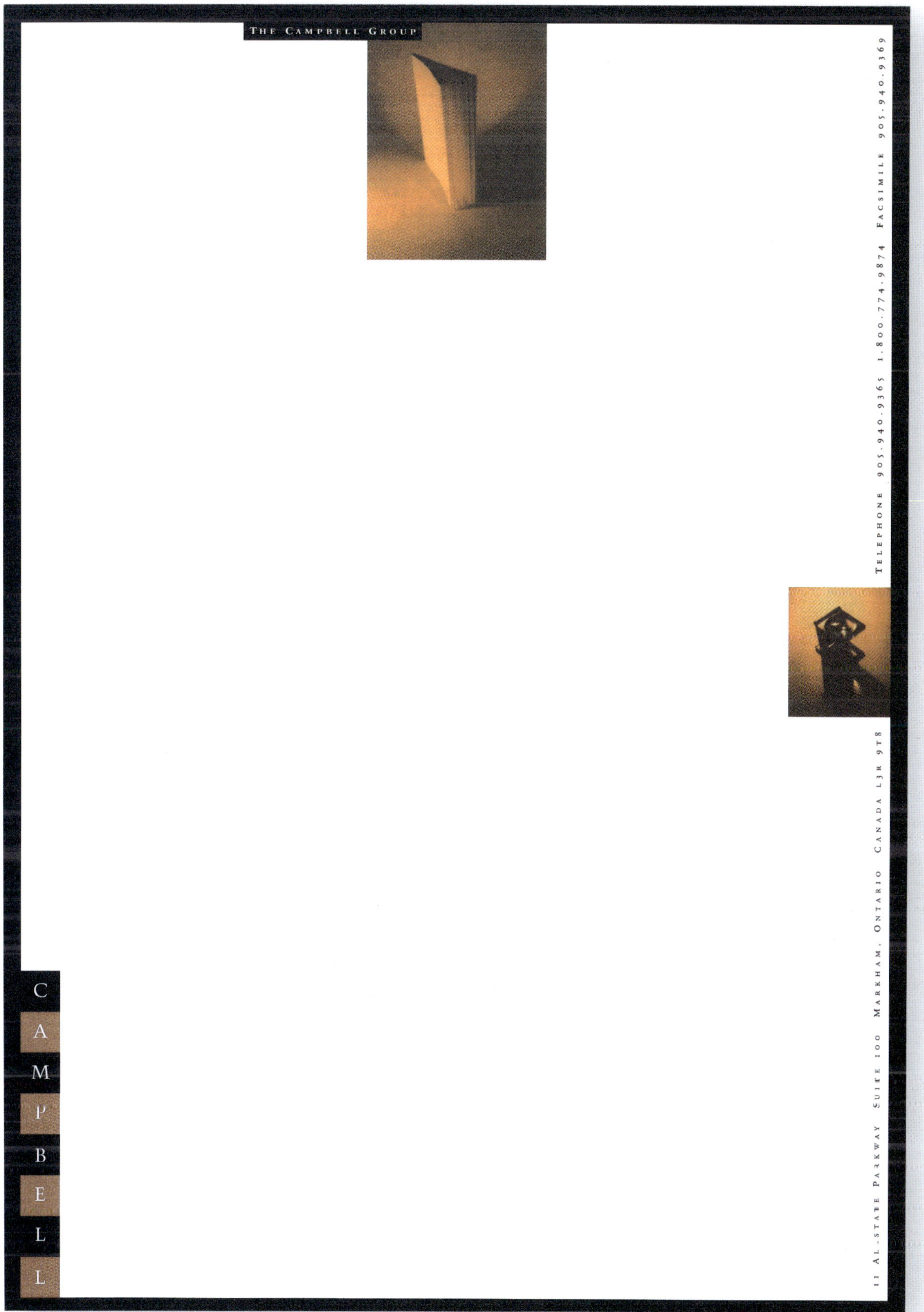

estudio de diseño	**Vanderbyl Design**
dirección artística	**Michael Vanderbyl**
diseño	**Michael Vanderbyl**
fotografía	**Michael Vanderbyl**
cliente	**The Campbell Group**
medios informáticos	**Quark XPress**
papel/impresión	**Starwhite Vicksburg-The Campbell Group**

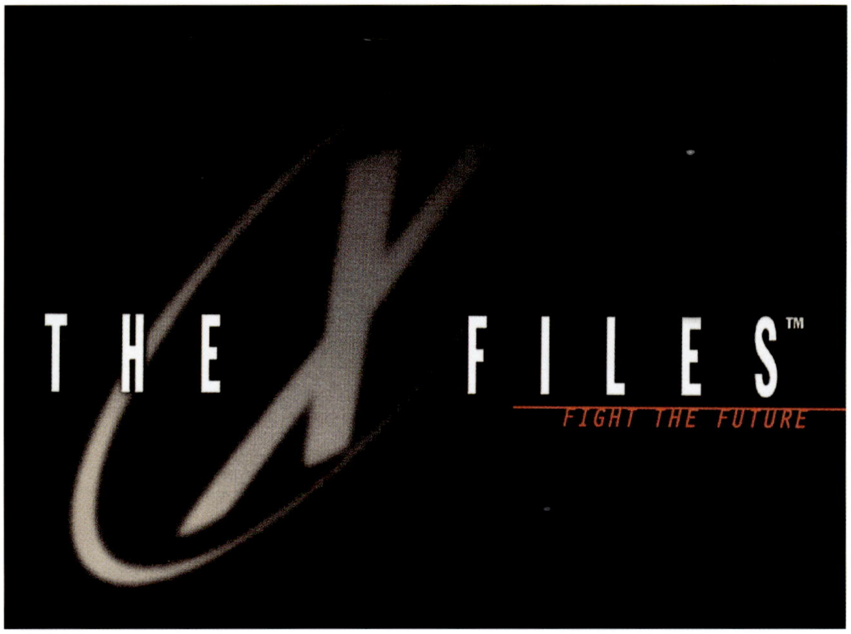

estudio de diseño | Hamagami/Carroll & Associates
dirección artística | Justin Carroll
diseño | Tony Mauro
cliente | Twentieth-Century Fox

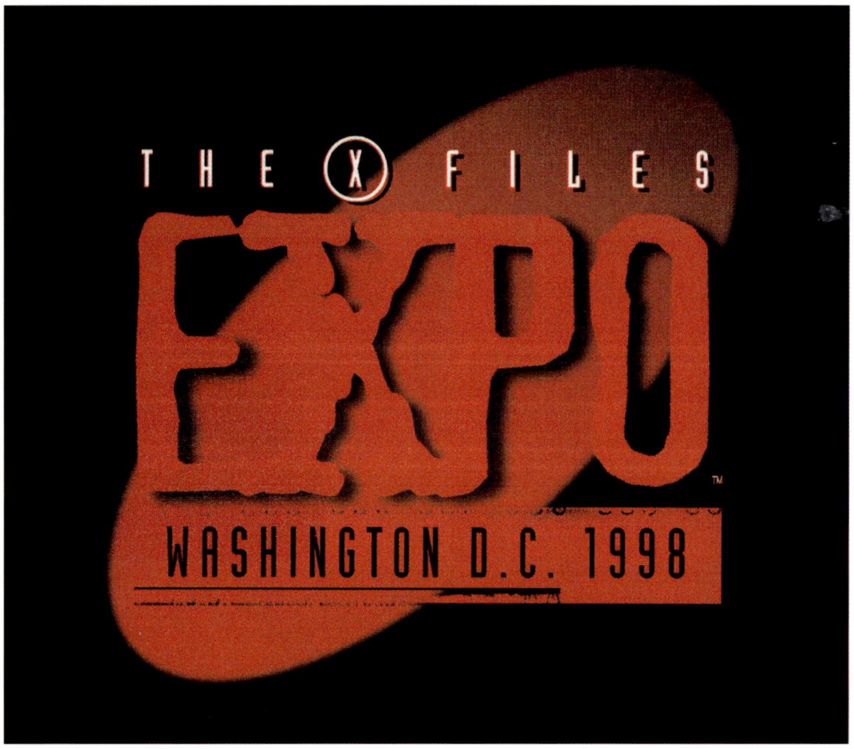

estudio de diseño | Hamagami/Carroll & Associates
dirección artística | Justin Carroll
diseño | Tony Mauro
cliente | Twentieth-Century Fox

estudio de diseño **Belyea**
dirección artística **Patricia Belyea**
diseño **Ron Lars Hansen**
cliente **Belyea**
medios informáticos **Adobe Illustrator, Macintosh**
papel/impresión **Strathmore/Artcraft**

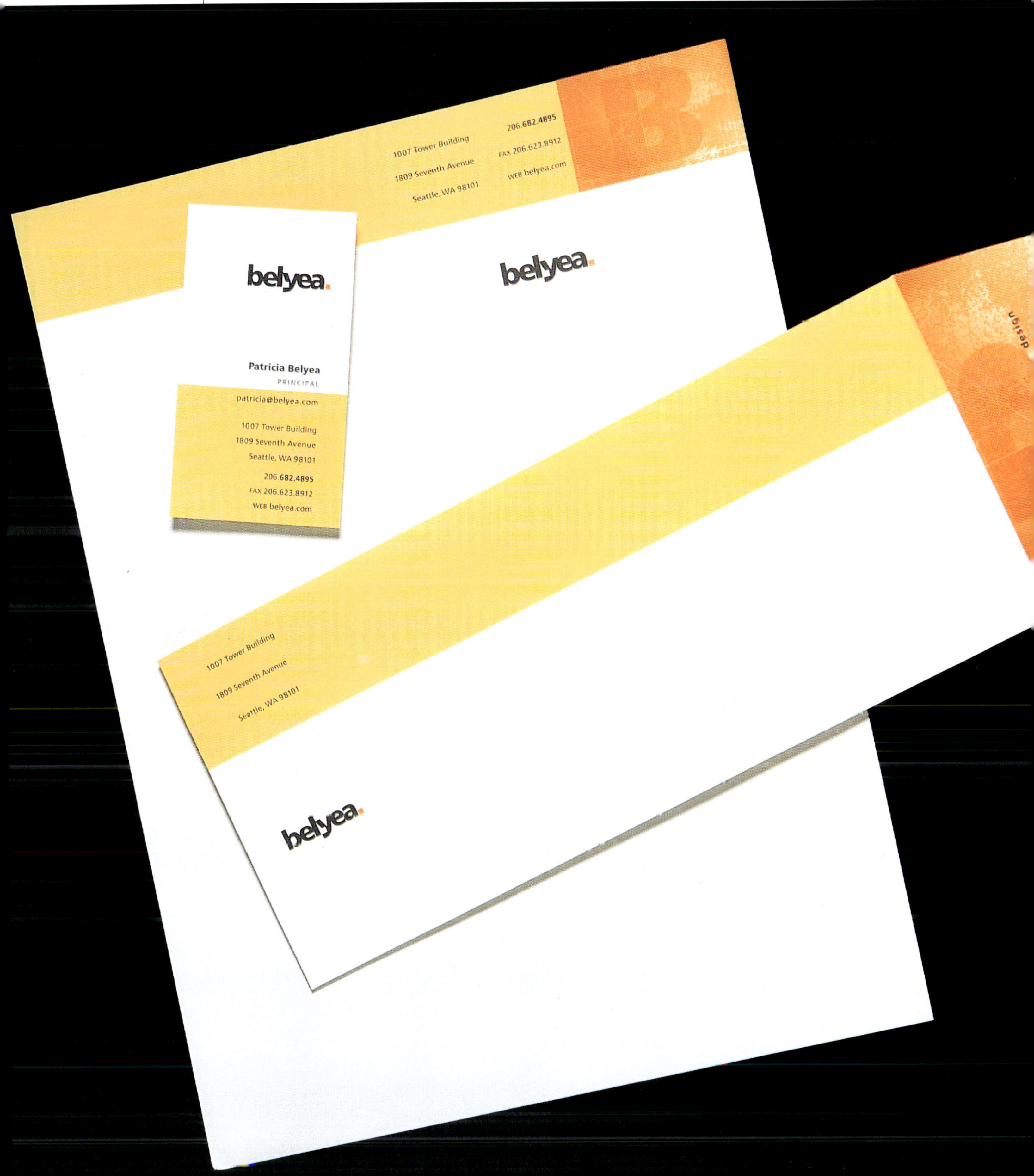

estudio de diseño	**Design Center**
dirección artística	**John Reger**
diseño	**Sherwin Schwartzrock**
cliente	**Benchmark QA**
medios informáticos	**FreeHand, Macintosh**

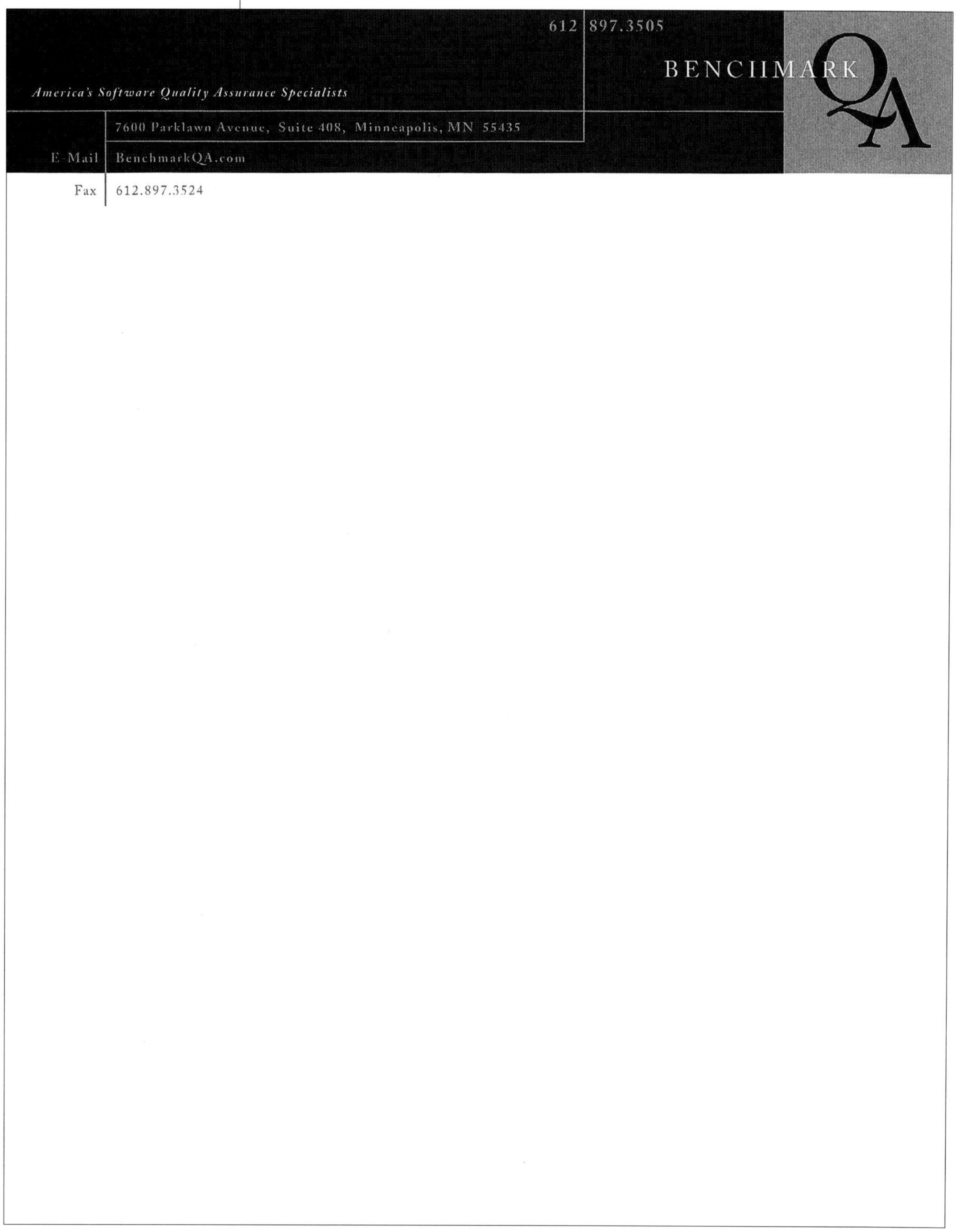

METASOFT *Systems Inc.*

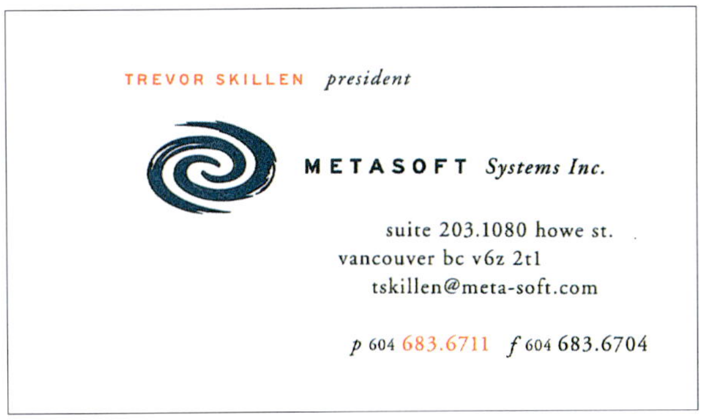

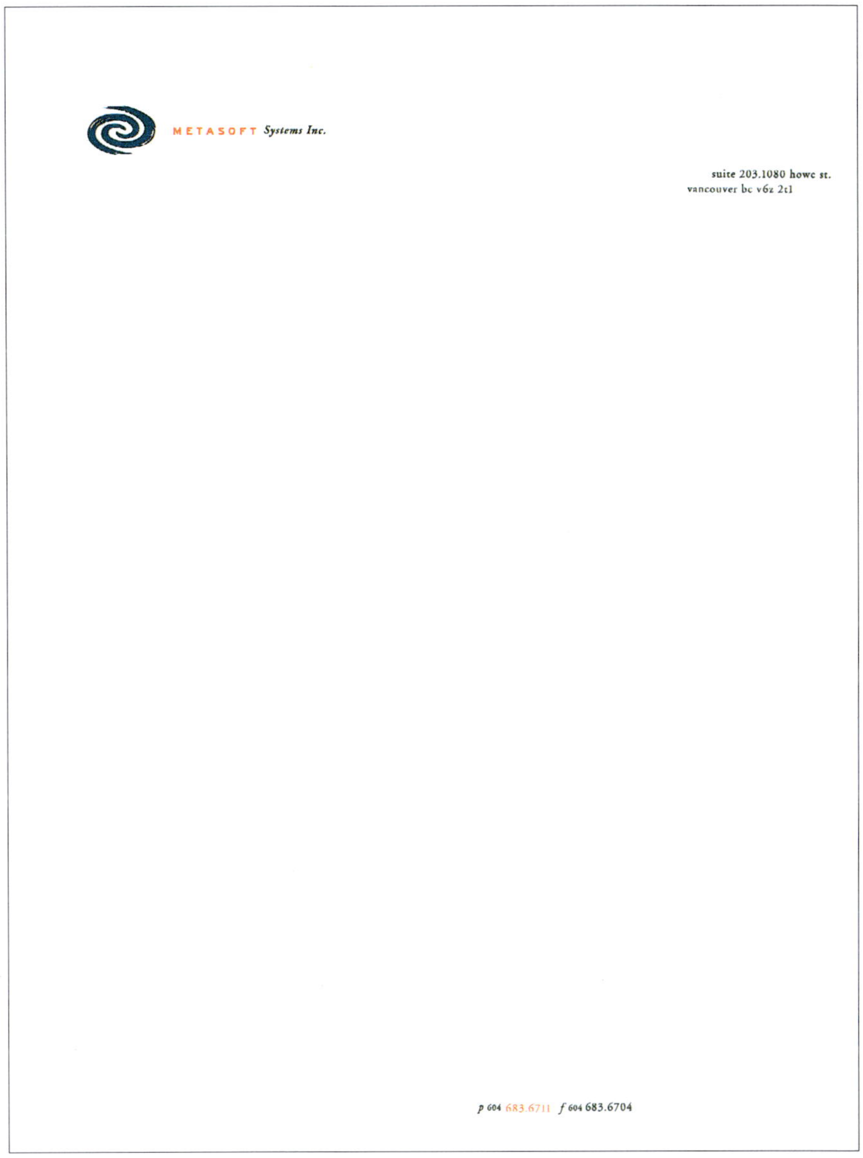

diseño	Perry Chua
cliente	Metasoft Systems, Inc.
medios informáticos	Adobe Illustrator 6.0, Adobe Photoshop 4.0, Macintosh
papel/impresión	Starwhite Vicksburg/Clarke Printing

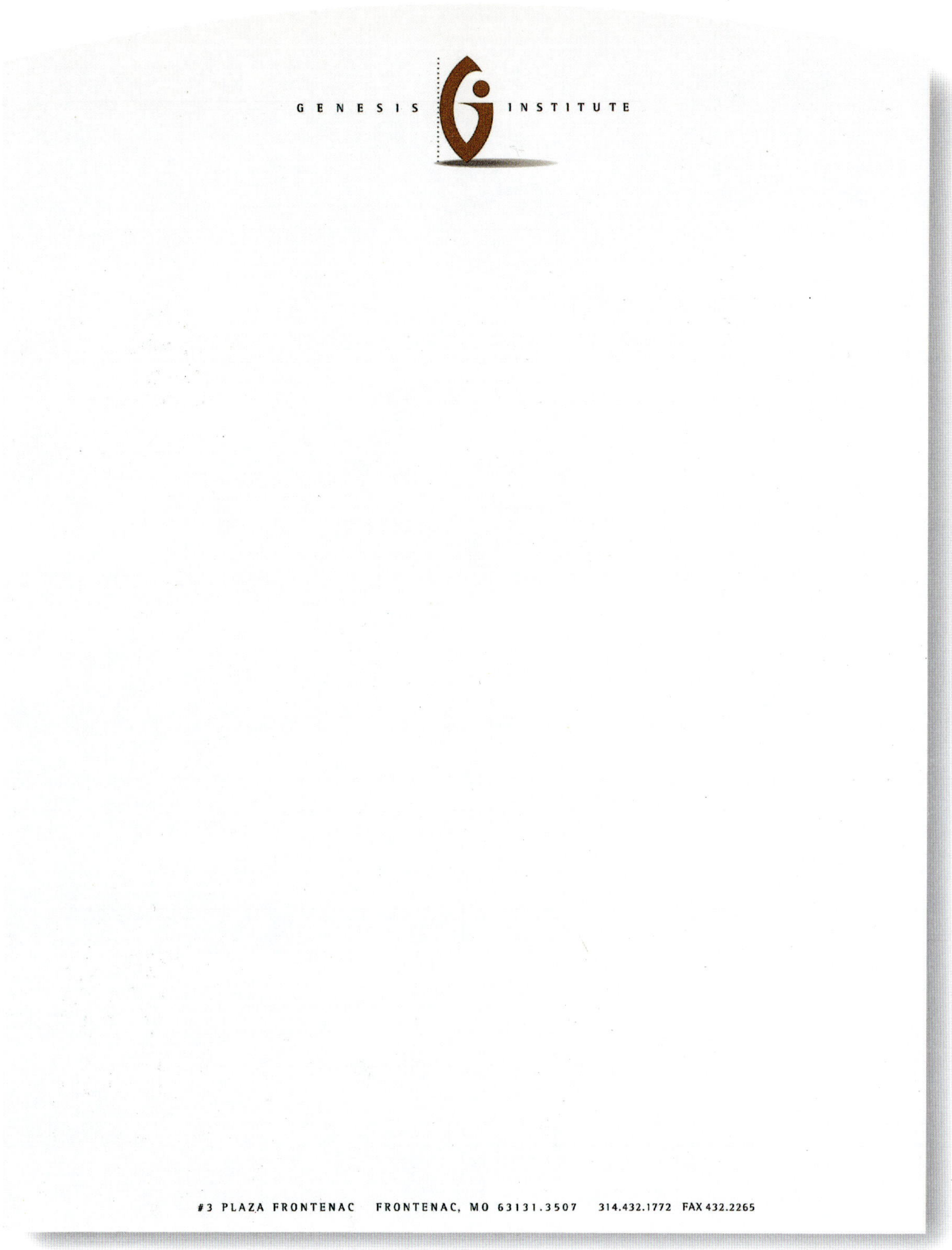

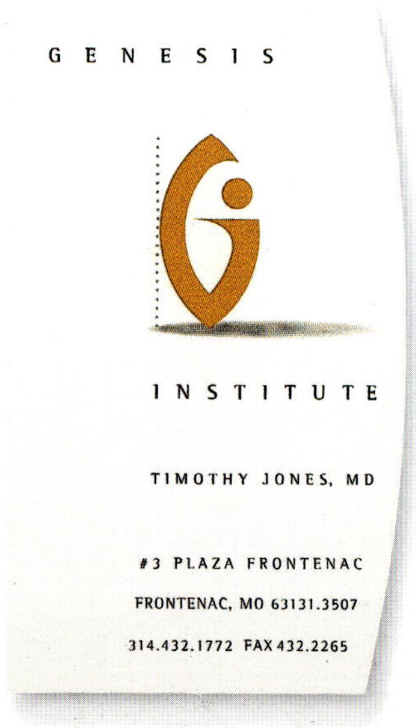

estudio de diseño | **Bartels & Company**
dirección artística | **David Bartels**
diseño | **Ron Rodemacher**
cliente | **Genesis Institute**
medios informáticos | **Adobe Illustrator, Macintosh**
papel/impresión | **Midwest Printing**

estudio de diseño	**Rupert Bassett**
dirección artística	**Rupert Bassett, Stuart Harvey Lee**
diseño	**Rupert Bassett**
cliente	**Prime Studio**
medios informáticos	**Quark XPress, Macintosh Power PC**
papel/impresión	**Mohawk Navajo/Litografía offset**

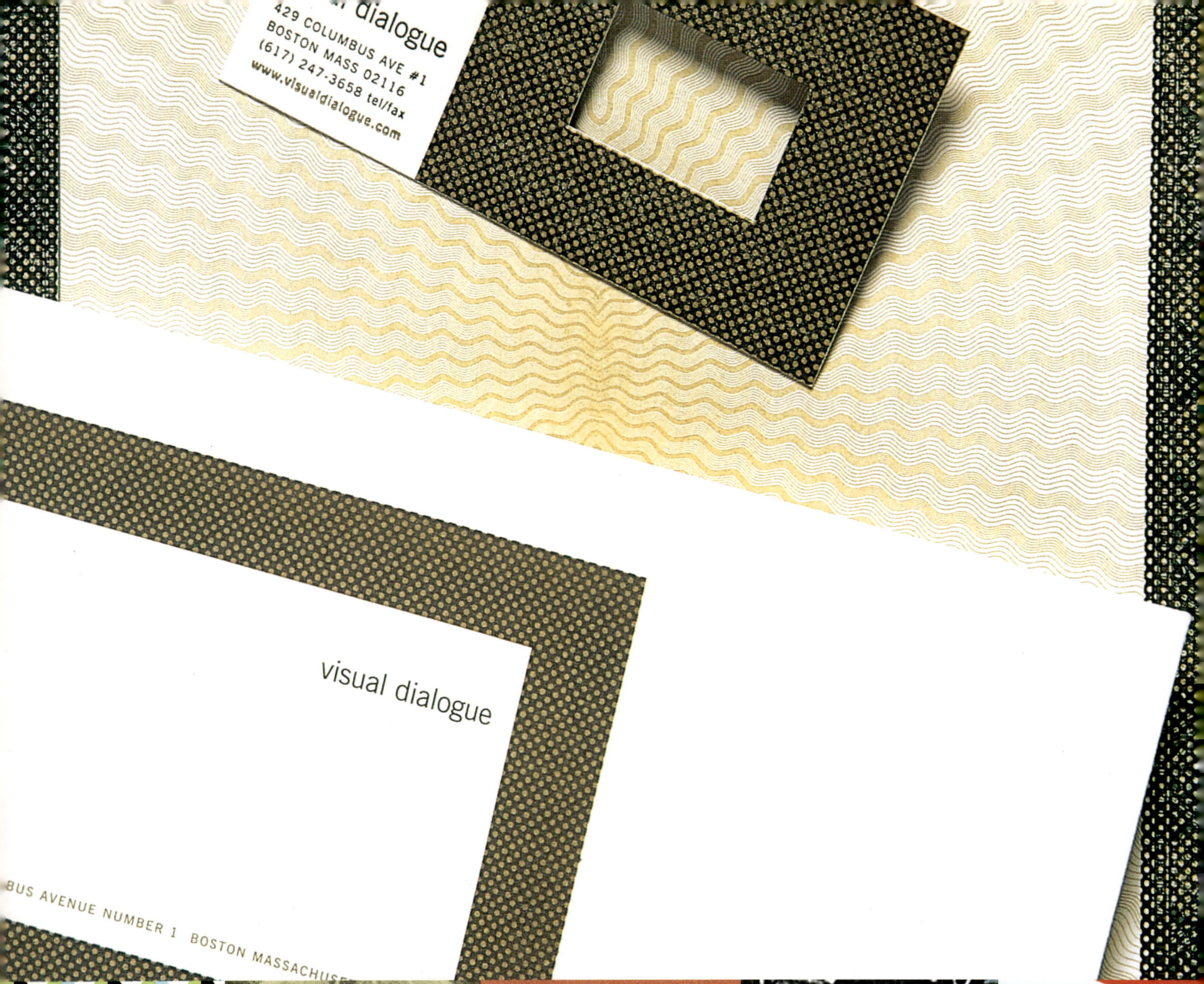

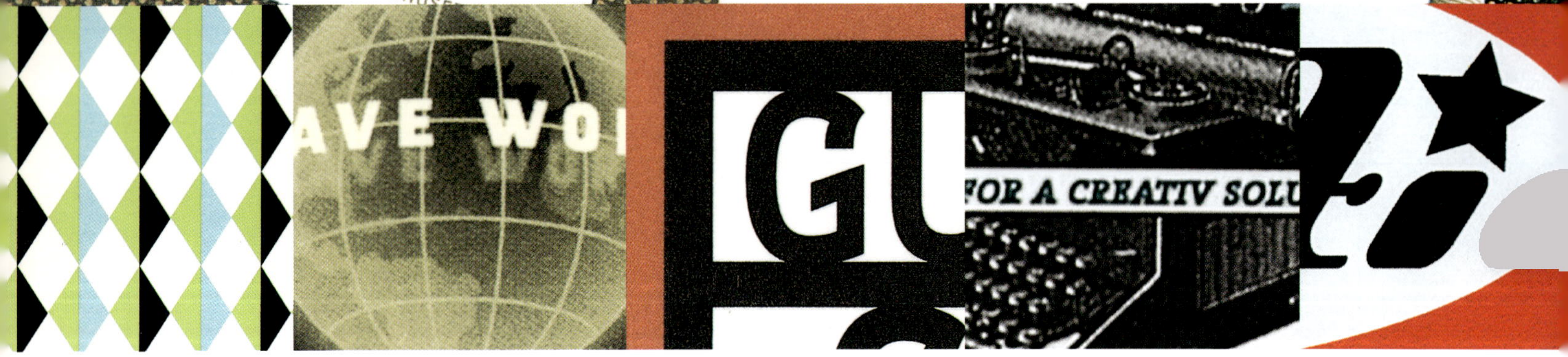

servicios creativos

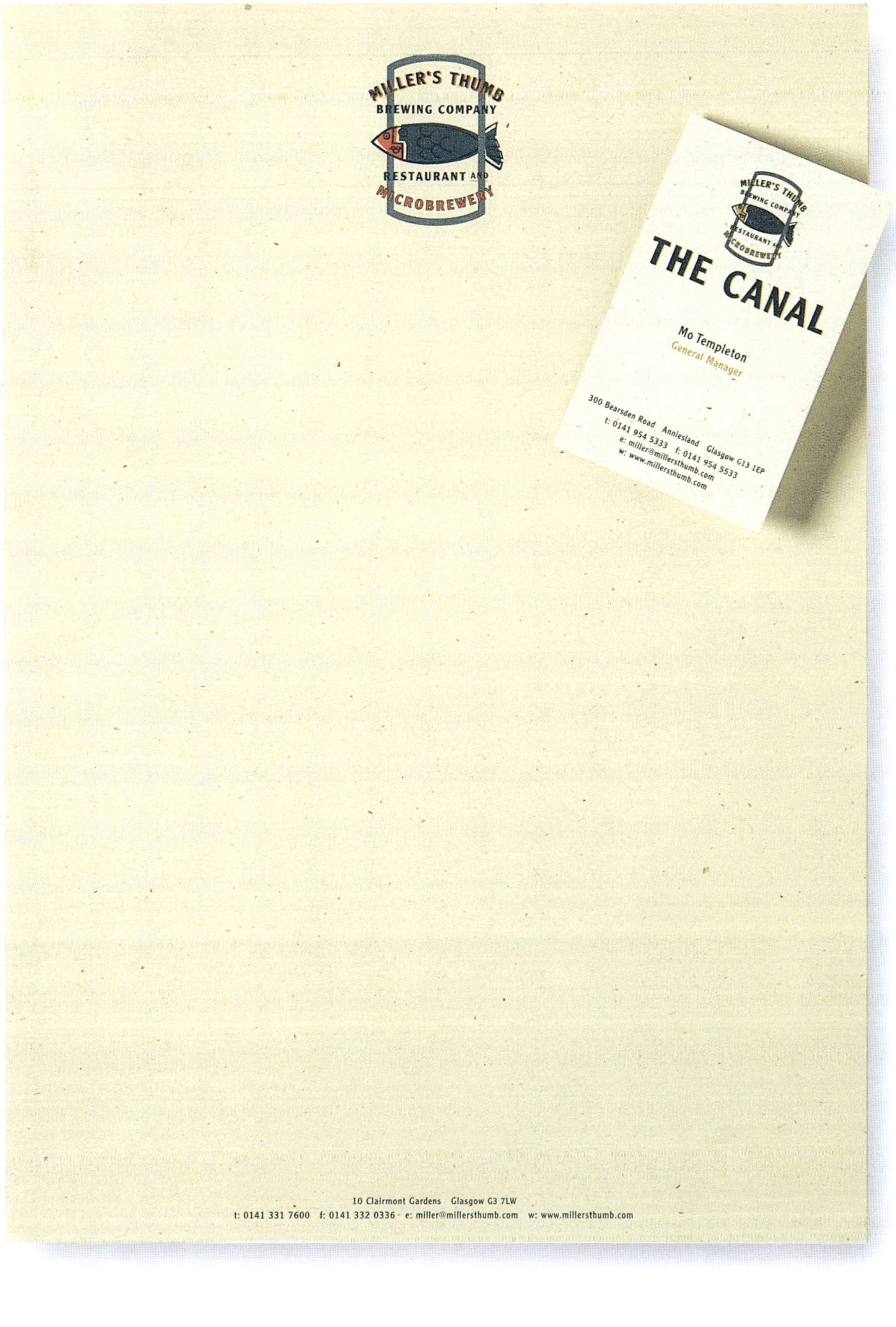

estudio de diseño	**Teviot**
dirección artística	**Jane Hall, Kate Laing**
diseño	**Jim Ramsay**
cliente	**Miller's Thumb Microbrewery**
medios informáticos	**Quark XPress, Adobe Illustrator 6.0**
papel/impresión	**Metaphor crema/Litografía dos colores mancha**

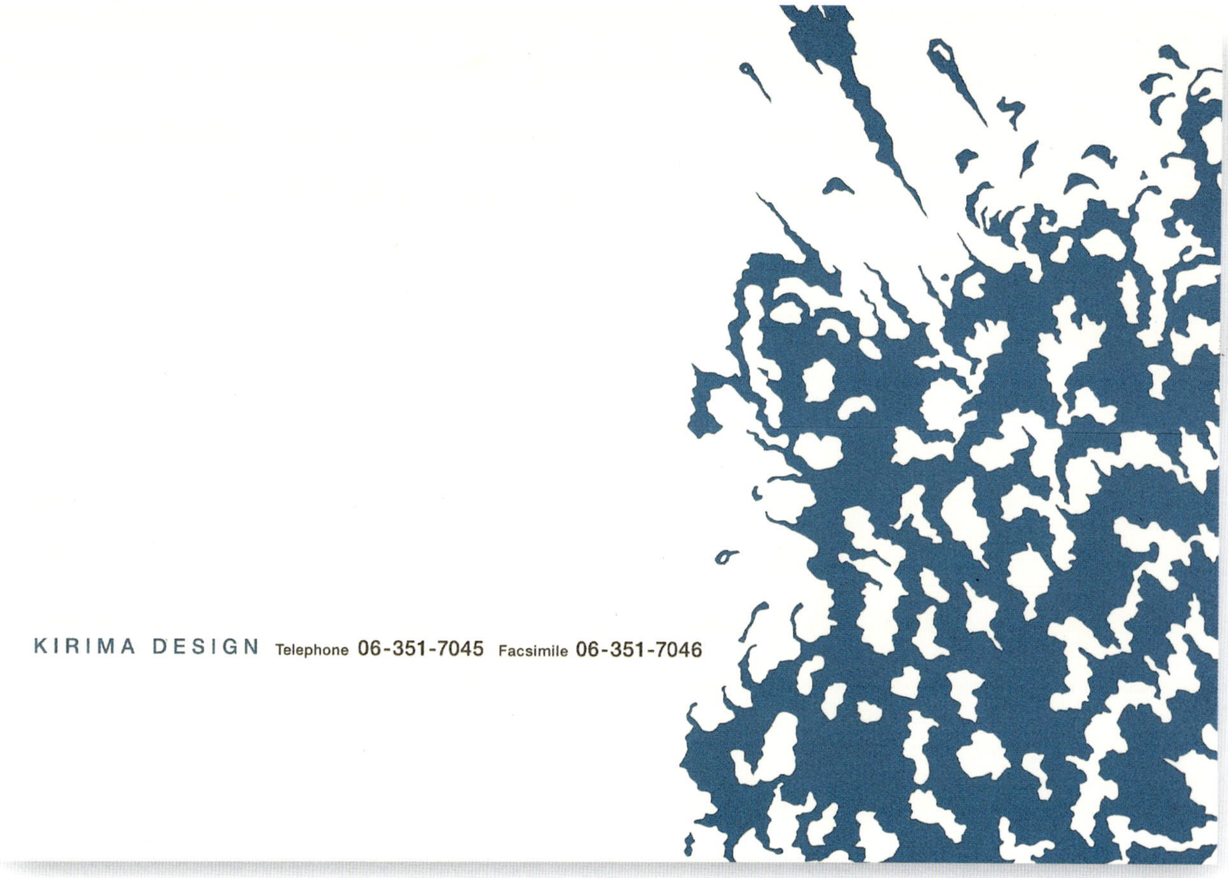

estudio de diseño	**Kirima Design Office**
dirección artística	**Harumi Kirima**
diseño	**Harumi Kirima, Fumitaka Yukawa**
cliente	**Kirima Design Office**

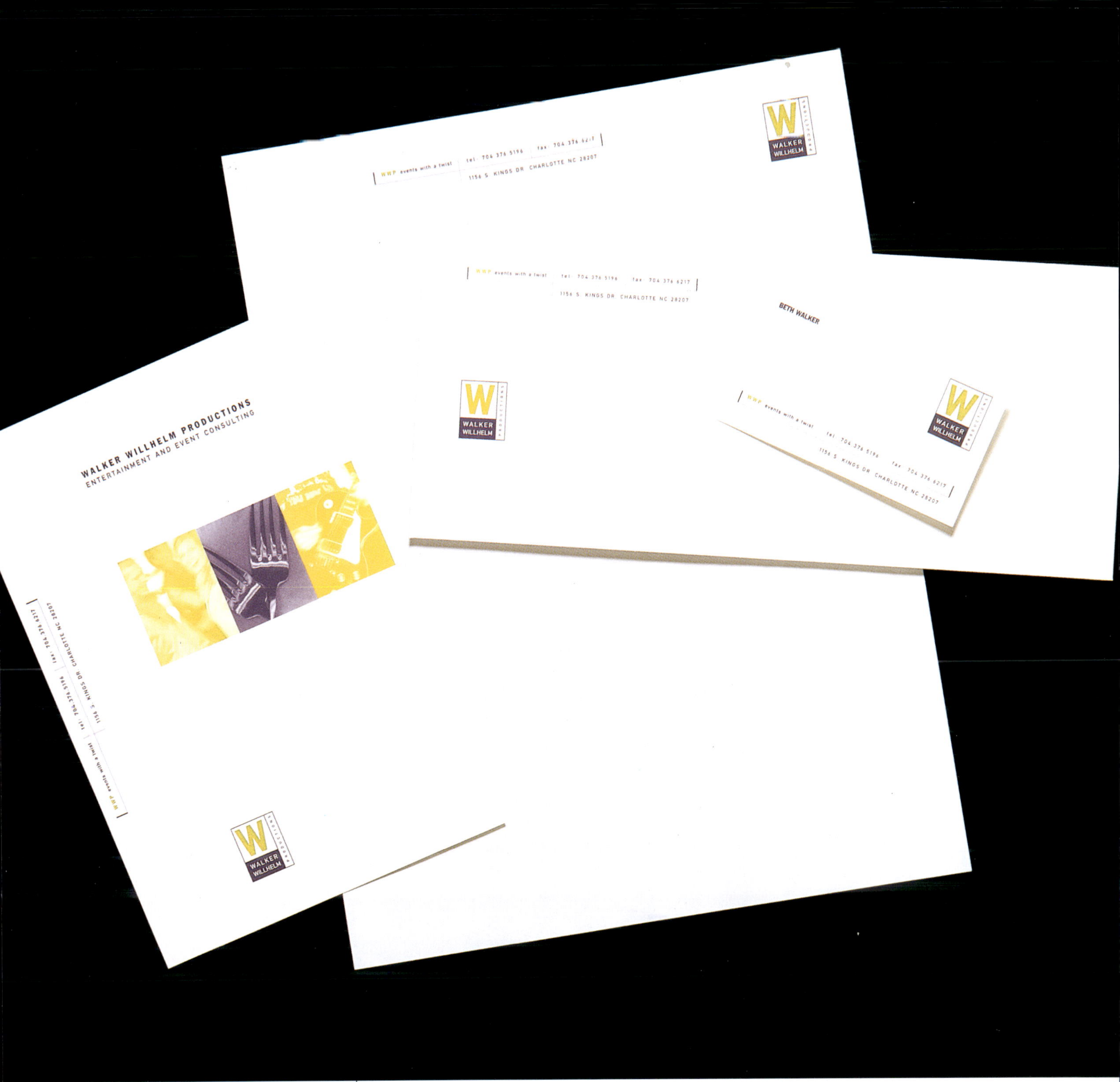

estudio de diseño Shook Design Group
dirección artística Ginger Riley
diseño Steve Fenton, Dave Gibson
cliente Walker Willhelm Productions
medios informáticos Quark XPress, Adobe Photoshop, Macintosh G3
papel/impresión Classic Crest Solar blanco/Offset a dos colores

estudio de diseño	**Knezic Parone Advertising**
diseño	**Joe Knezic/Mike Parone/Robinson Smith**
cliente	**WireHead Business Technologies**
medios informáticos	**Adobe Illustrator**

estudio de diseño	**Seltzer Design**
dirección artística	**Rochelle Seltzer**
diseño	**Rochelle Seltzer, Heather Roy**
cliente	**Seltzer Design**
medios informáticos	**Quark XPress 3.32, Adobe Illustrator 7.01, Macintosh 8600 Power PC**
papel/impresión	**Astrolite/Dos colores (IPMS, ITOYO)**

estudio de diseño | **Hornall Anderson Design Works, Inc.**
dirección artística | **Jack Anderson**
diseño | **Mike Calkins**
cliente | **Hammerquist & Halverson**
medios informáticos | **Macromedia FreeHand**
papel/impresión | **Mohawk Navajo/Termografía en tarjeta comercial**

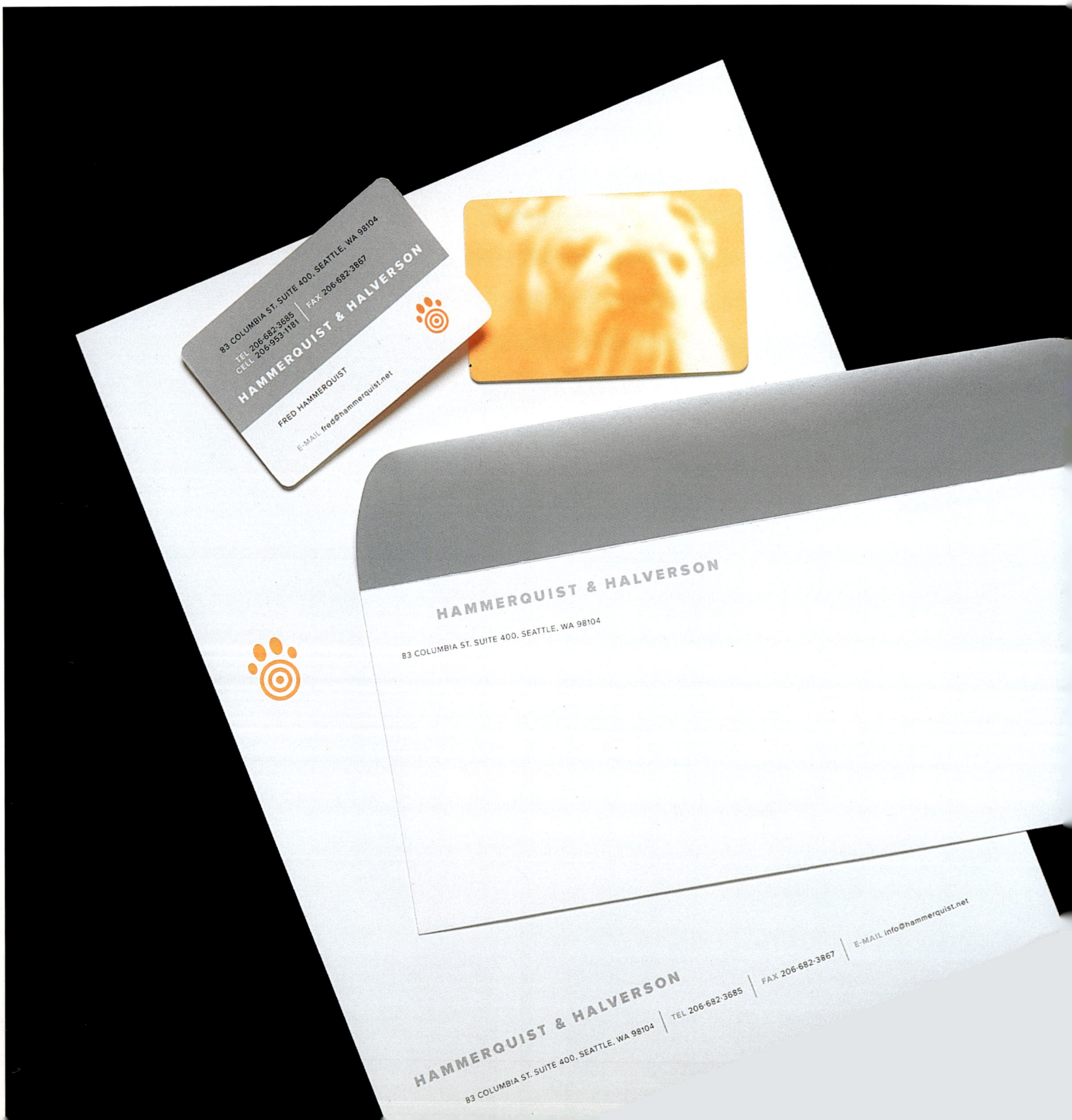

estudio de diseño	**João Machado Design, Lda**
dirección artística	**João Machado**
diseño	**João Machado**
cliente	**Loja das Ideias**
medios informáticos	**Macromedia FreeHand, Quark XPress**
papel/impresión	**Fedrigonni, Marcata 140 g/m²**

estudio de diseño	**João Machado Design, Lda**
dirección artística	**João Machado**
diseño	**João Machado**
cliente	**Côr da Imagem**
medios informáticos	**Macromedia FreeHand, Quark XPress**
papel/impresión	**Fedrigonni, Marcata 140 g/m²**

estudio de diseño	**João Machado Design, Lda**
dirección artística	**João Machado**
diseño	**João Machado**
cliente	**Ideias Virtuais**
medios informáticos	**Macromedia FreeHand, Quark XPress**
papel/impresión	**Fedrigonni, Marcata 140 g/m²**

estudio de diseño	**Henderson Tyner Art Co.**
dirección artística	**Troy Tyner, Hayes Henderson**
diseño	**Troy Tyner**
cliente	**Henderson Tyner Art Co.**
medios informáticos	**Macromedia Freehand**
papel/impresión	**Gilbert Oxford/Dicksons Printing Co.**

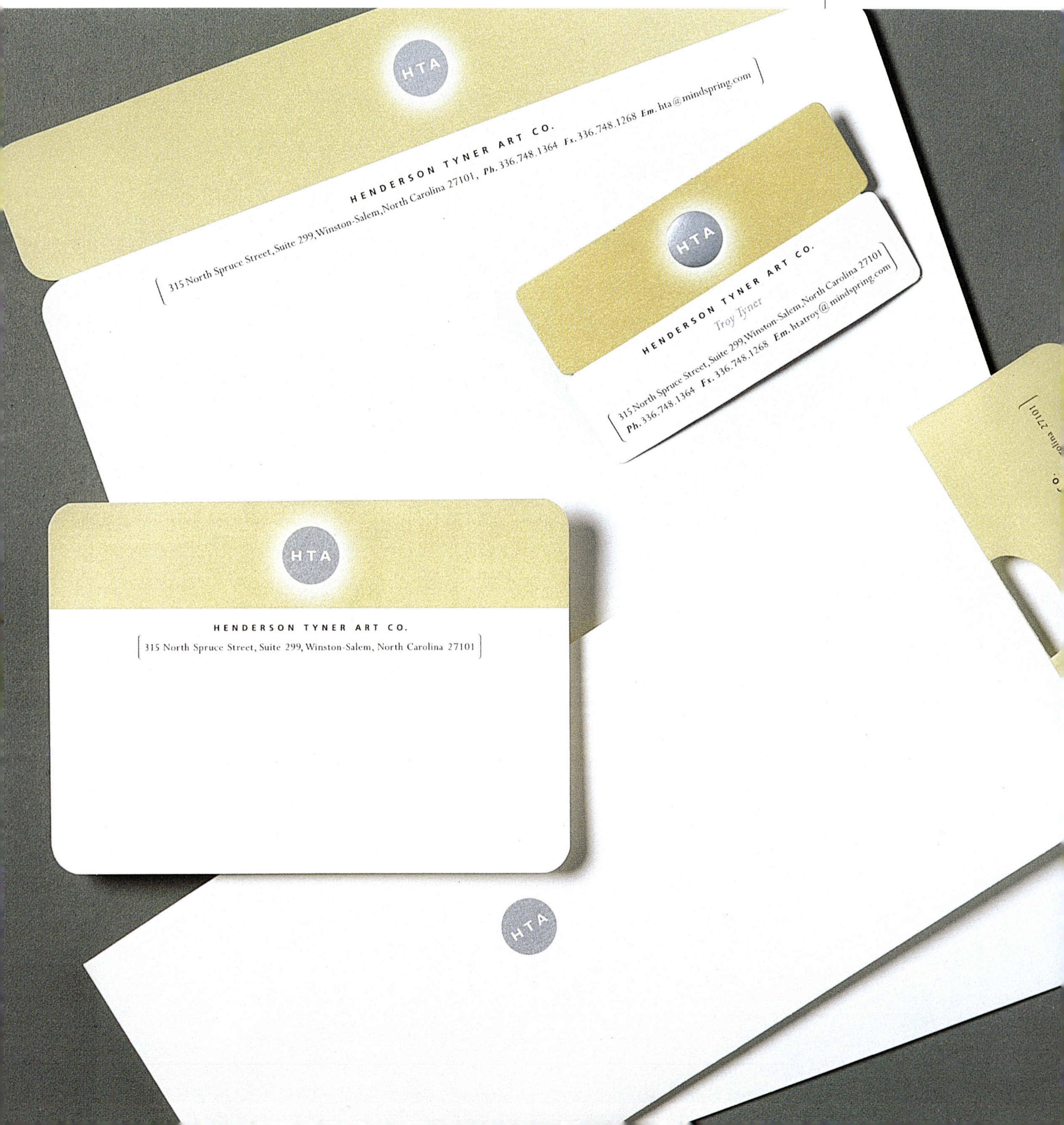

estudio de diseño | **Steven Curtis Design, Inc.**
dirección artística | **Steve Curtis**
diseño | **Steve Curtis**
cliente | **Steven Curtis Design, Inc.**
medios informáticos | **Quark XPress 4.0, Adobe Photoshop 5.0, Macintosh**
papel/impresión | **Strathmore escritura, Ultra blanco avitelado/ Anderson Printing**

estudio de diseño | **Plum Notion Design Laboratory**
dirección artística | **Damion Silver**
diseño | **Damion Silver**
cliente | **Plum Notion Design Laboratory**

estudio de diseño	**The Point Group**
dirección artística	**David Howard**
diseño	**Crethann Hickman, Ridley Brown**
cliente	**The Point Group**
medios informáticos	**Quark XPress**
papel/impresión	**Starwhite Vicksburg/Monarch Press**

estudio de diseño **Gouthier Design, Inc.**
dirección artística **Jonathan Gouthier**
diseño **Jonathan Gouthier**
cliente **Gouthier Design, Inc.**
medios informáticos **Quark XPress, Macintosh Quadra**
papel/impresión **Neenah Classic Crest Solar White/Joanne Miner**

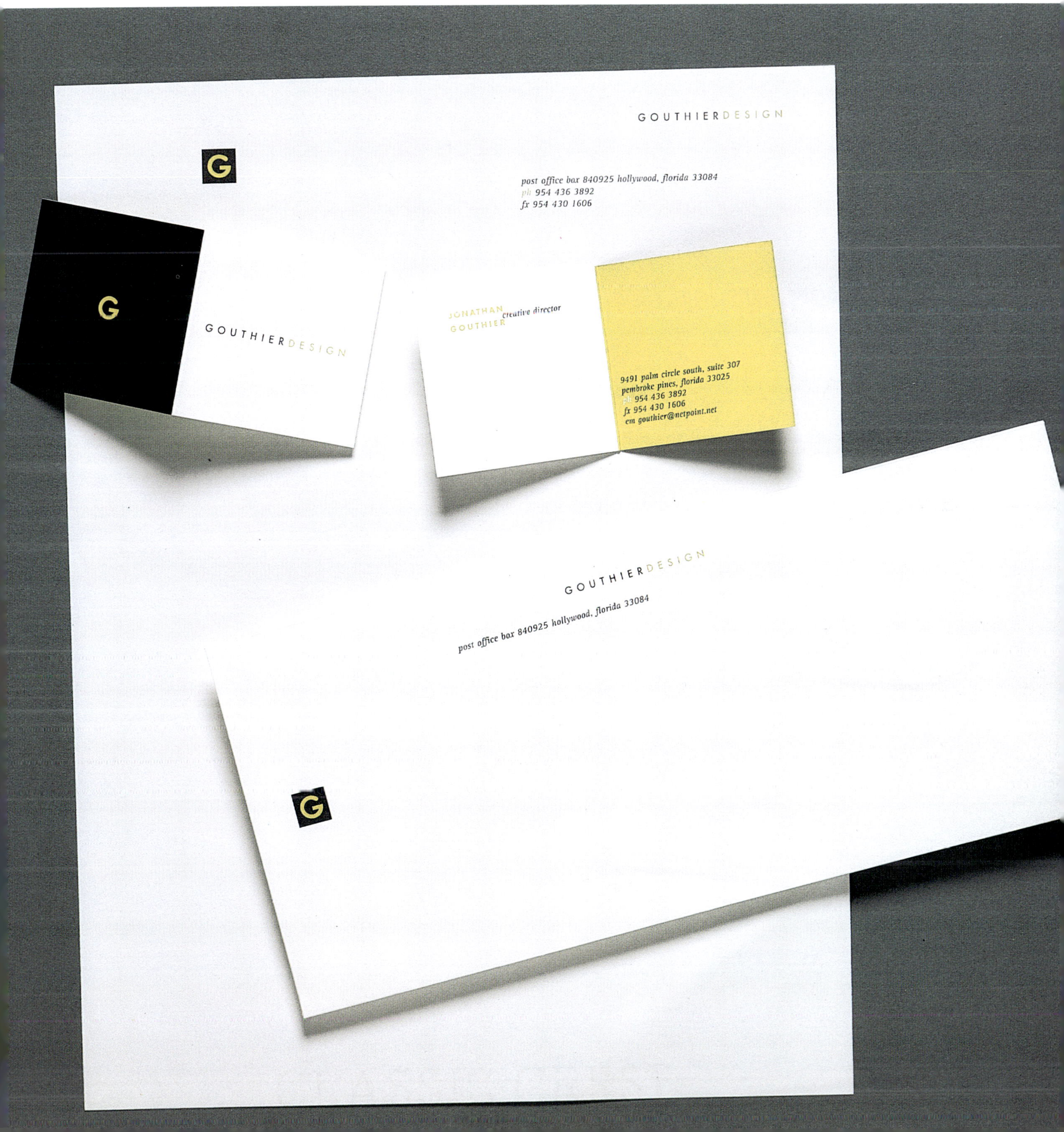

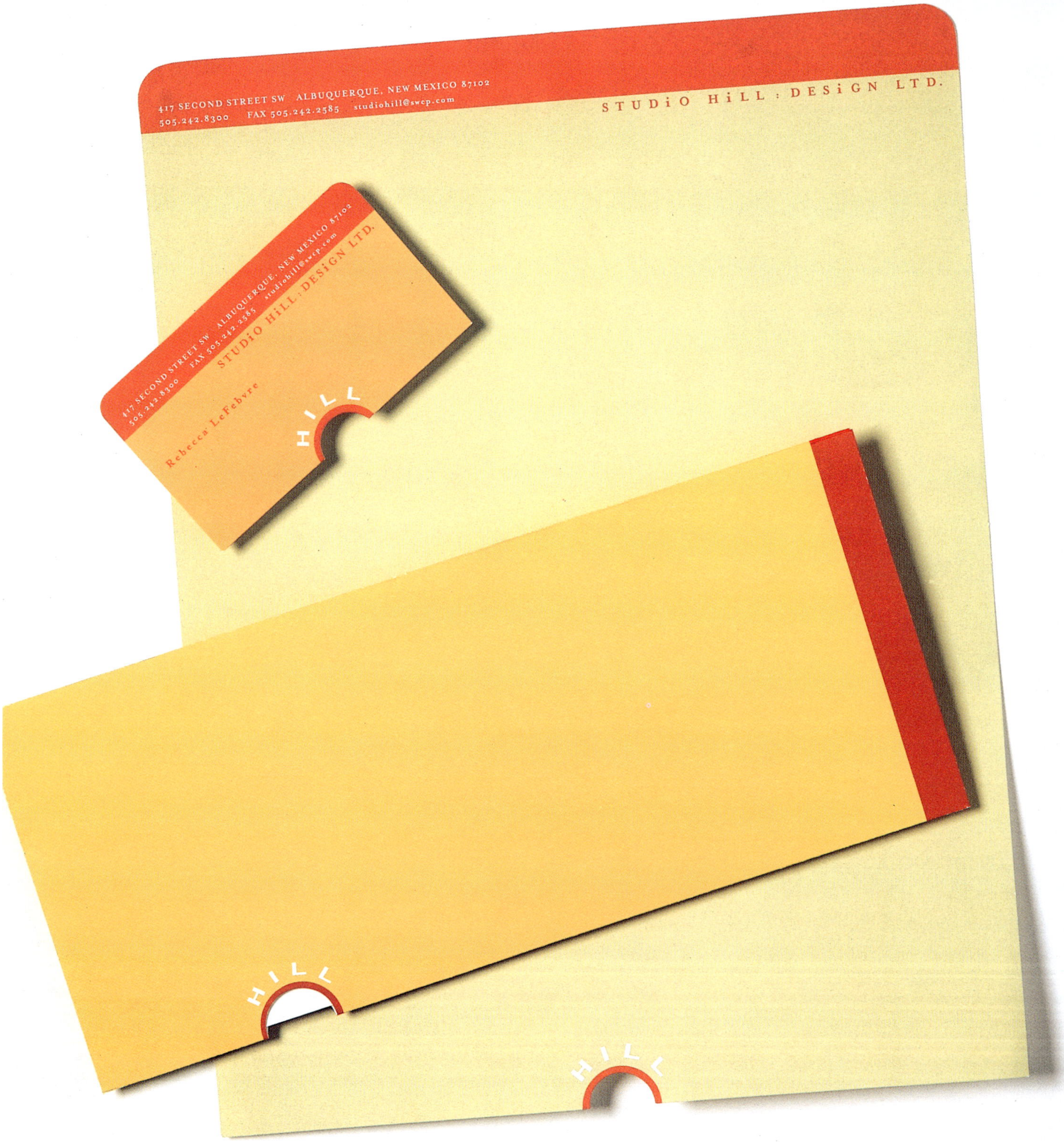

estudio de diseño | Studio Hill
dirección artística | Sandy Hill
diseño | Sandy Hill, Alan Shimato
cliente | Studio Hill
medios informáticos | Quark XPress, Macintosh
papel/impresión | Mohawk Superfine Ultra blanco Eggshell 70 lb. texto y 100 lb. cubierta/Cottonwood Printing Co.

estudio de diseño | Designstudio CAW
diseño | Carsten-Andres Werner
cliente | Autopromoción

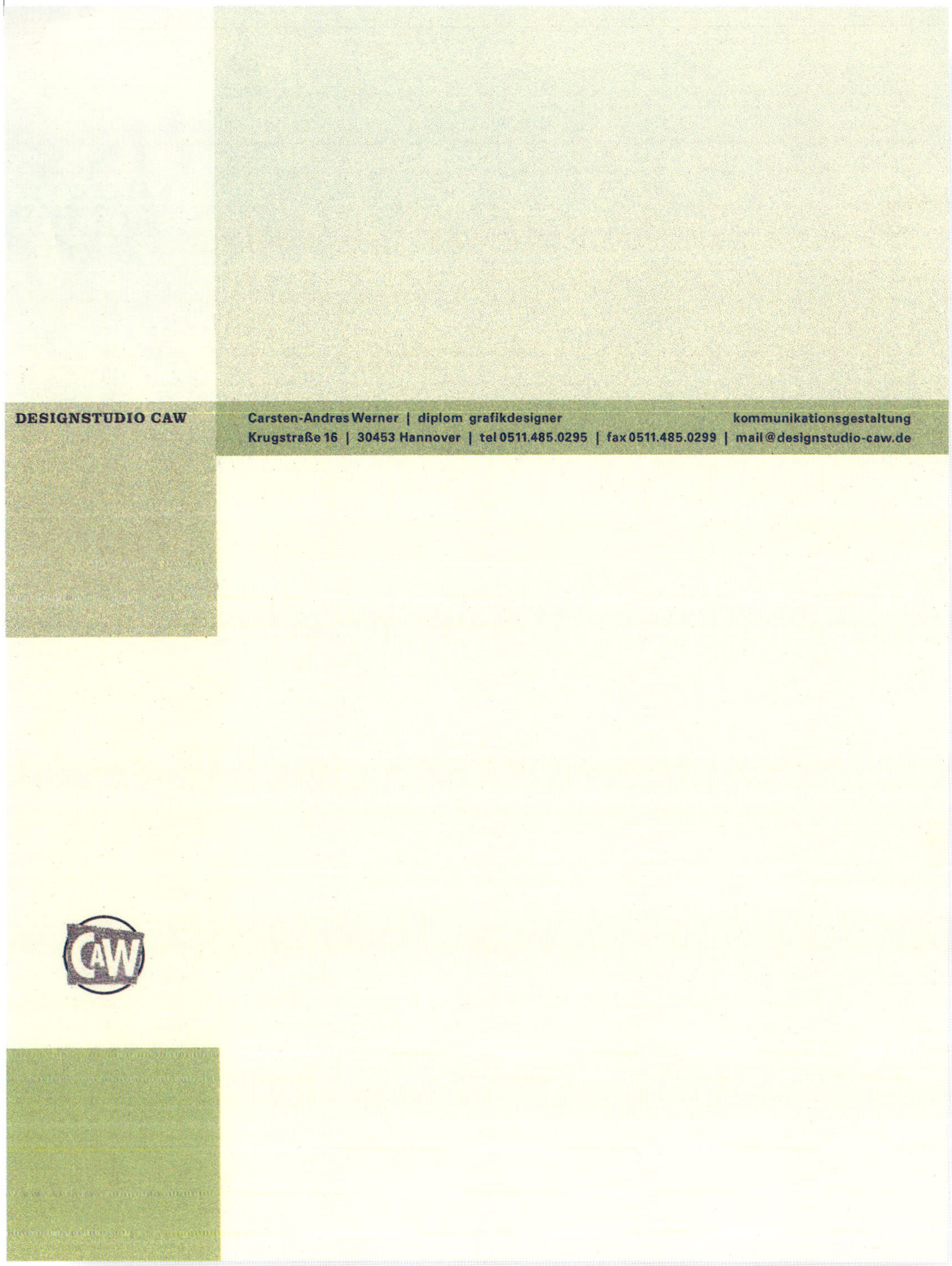

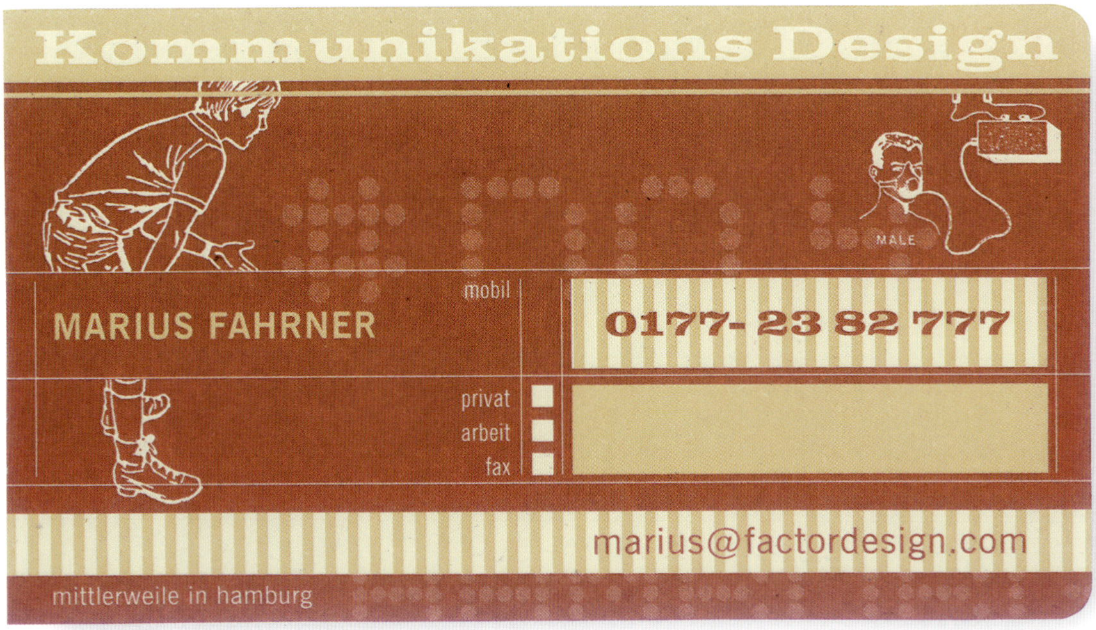

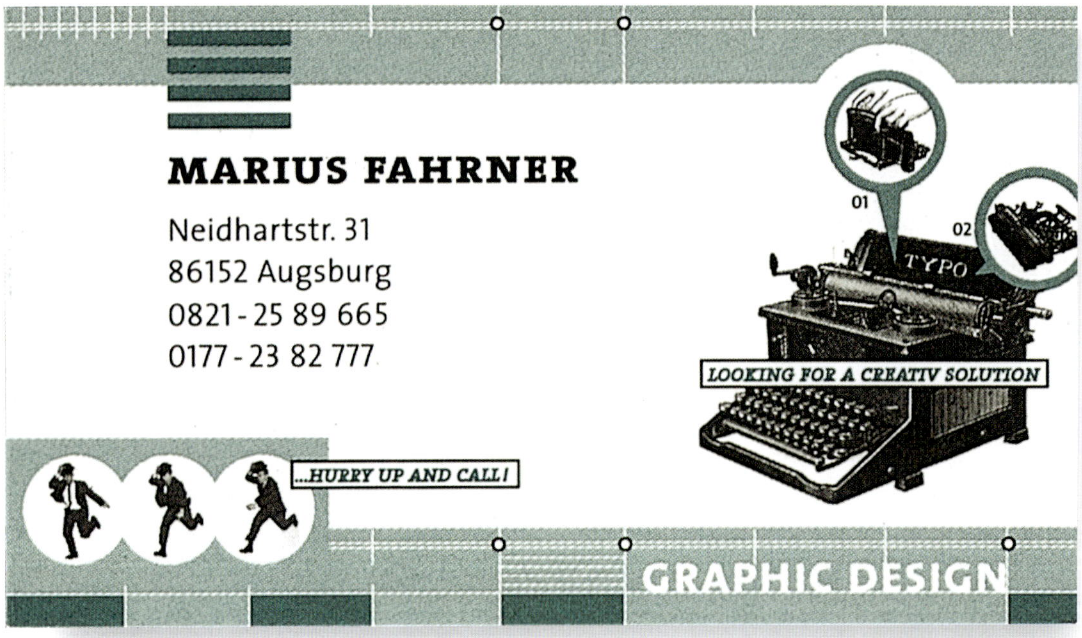

estudio de diseño	**Marius Fahrner**
dirección artística	**Marius Fahrner**
diseño	**Marius Fahrner**
cliente	**Self-promotion**
medios informáticos	**Macromedia FreeHand**
papel/impresión	**Ròmerturm Countryside/Reset Hamburg**

estudio de diseño **Henderson Tyner Art Co.**
dirección artística **Troy Tyner**
diseño **Troy Tyner**
cliente **Pam Fish**
medios informáticos **Macromedia FreeHand**
papel/impresión **Strathmore Elements Grid/Topline Printing**

mcg architecture

estudio de diseño **Selbert Perkins Design Collaborative**
dirección artística **Clifford Selbert**
diseño **Michelle Summers, Erin Miller**
cliente **MCG Architects**

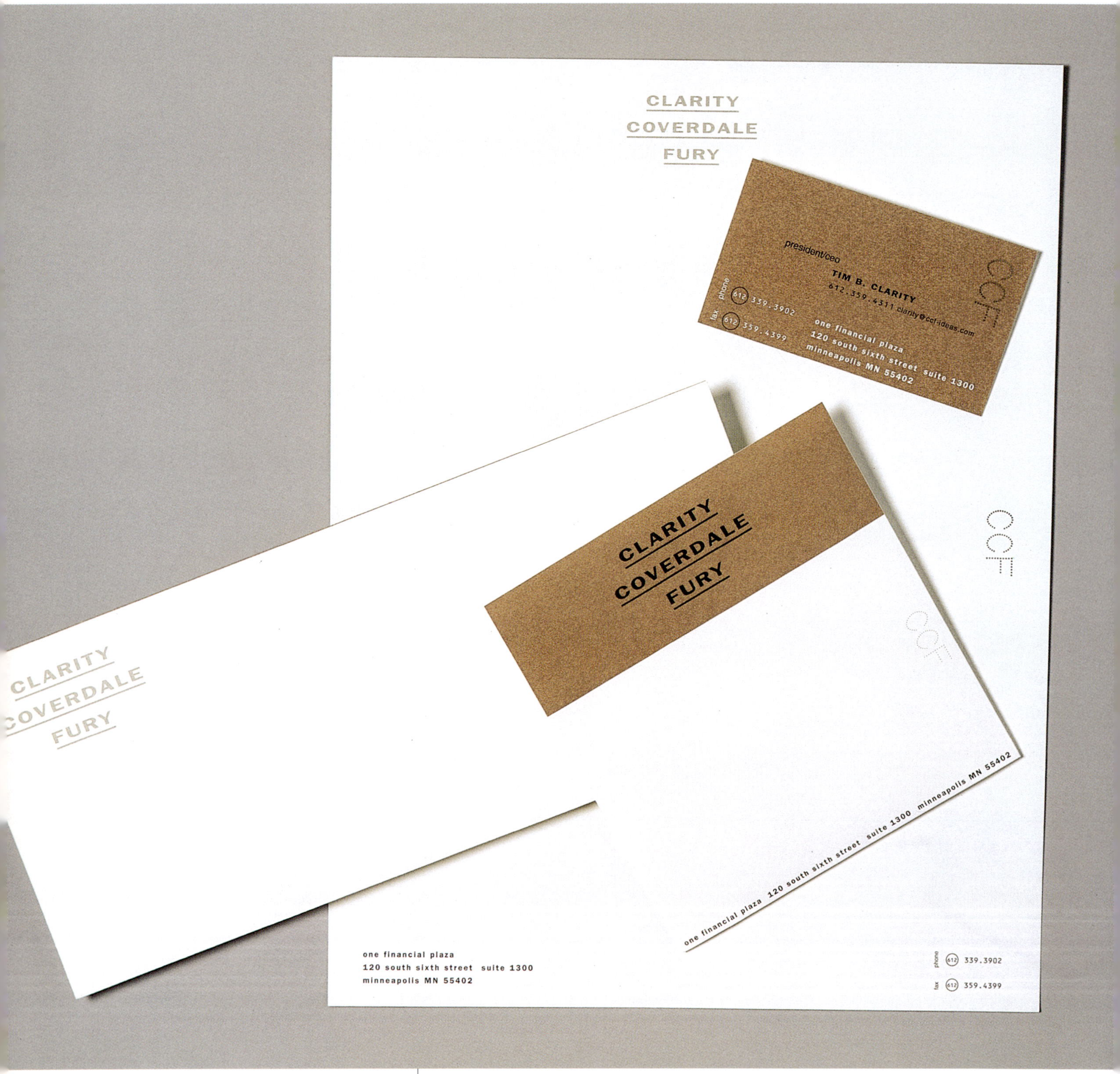

estudio de diseño	Parachute Design
diseño	Cari Johnson
cliente	Clarity Coverdale Fury Advertising
medios informáticos	Quark XPress, Macintosh Power PC
papel/impresión	Mohawk Superfine/Offset con corte láser en detalle

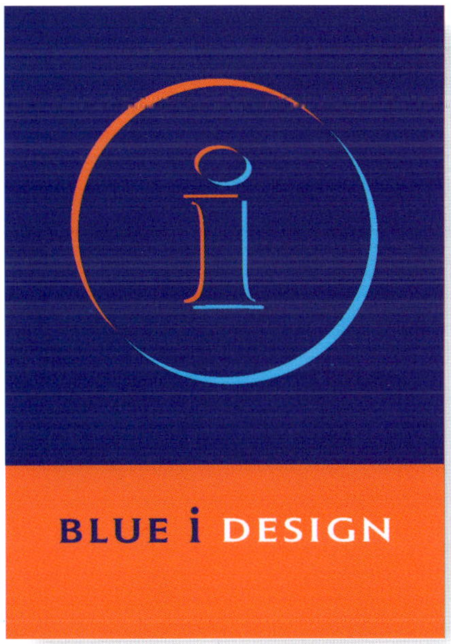

studio de diseño	**Blue i Design**
rección artística	**Hellen Rayner**
diseño	**Hellen Rayner**
cliente	**Blue i Design**
ios informáticos	**Quark XPress, Macromedia FreeHand, Macintosh**
papel/impresión	**James River Classic Super avitelado/ Cotswold Printing**

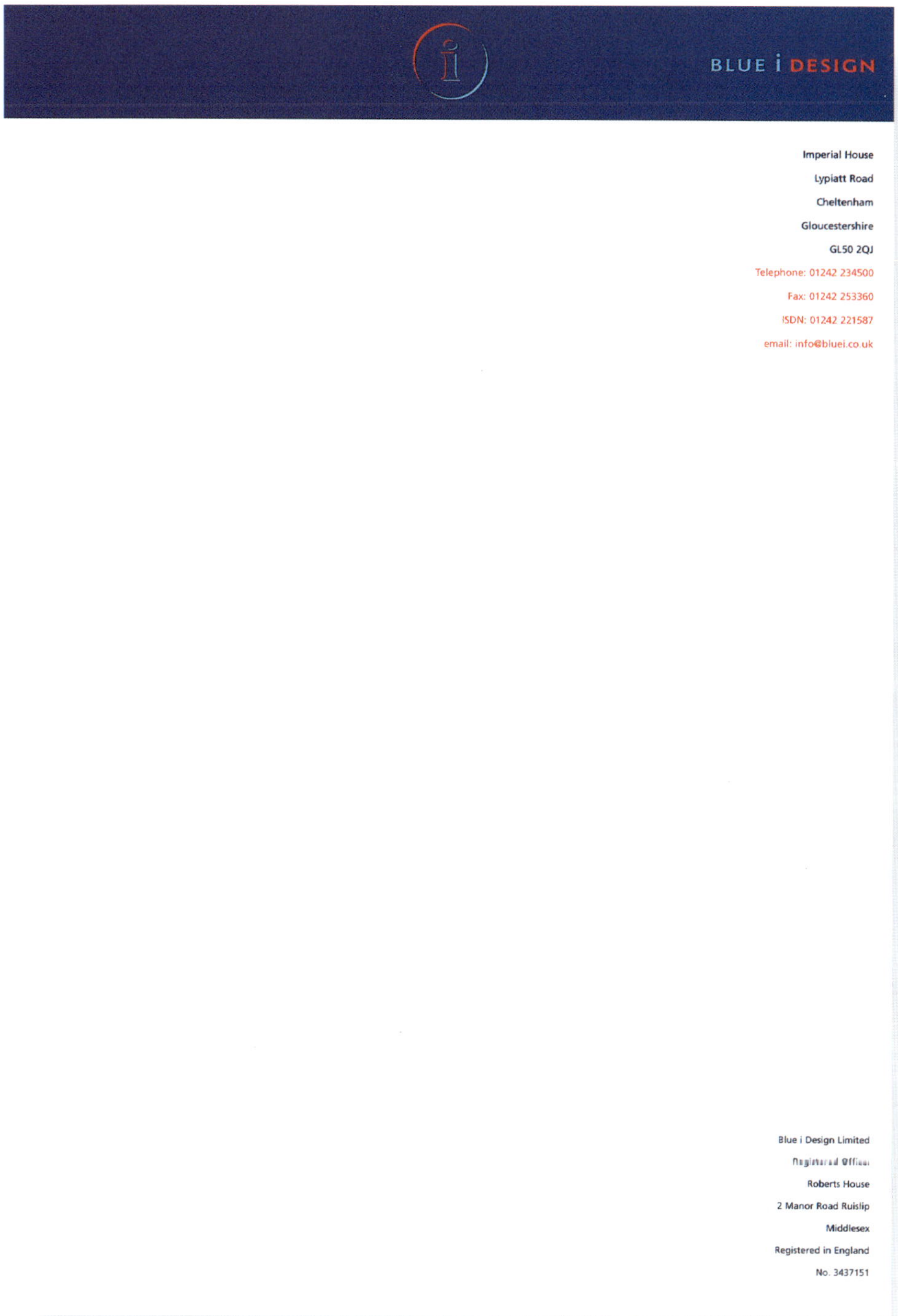

estudio de diseño Sayegh Design
dirección artística Janelle Sayegh
diseño Janelle Sayegh
cliente Sayegh Design
medios informáticos Adobe Photoshop, Quark XPress, Macintosh
papel/impresión Neenah Classic Crest/A dos colores, Locke Printing Company

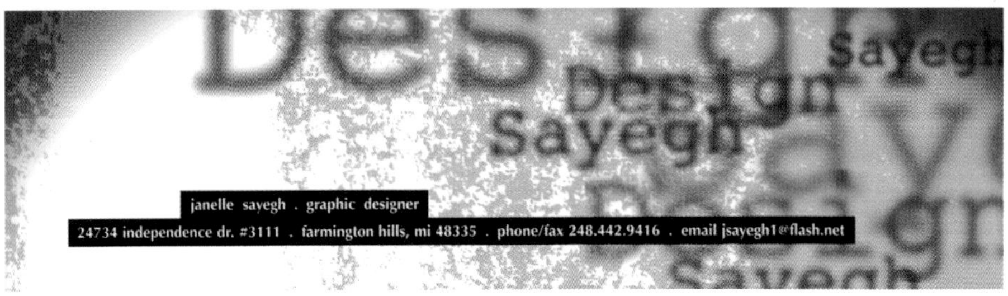

estudio de diseño	**what!design**
dirección artística	**Damon Meibers, Amy Strauch**
diseño	**Damon Meibers, Amy Strauch**
cliente	**What!design**
medios informáticos	**Quark XPress**
papel/impresión	**Ampad Engineer's Pad, Charrette Graph Paper, Oxford Card Guides/Láser, tampón, sello de goma, grabado en relieve**

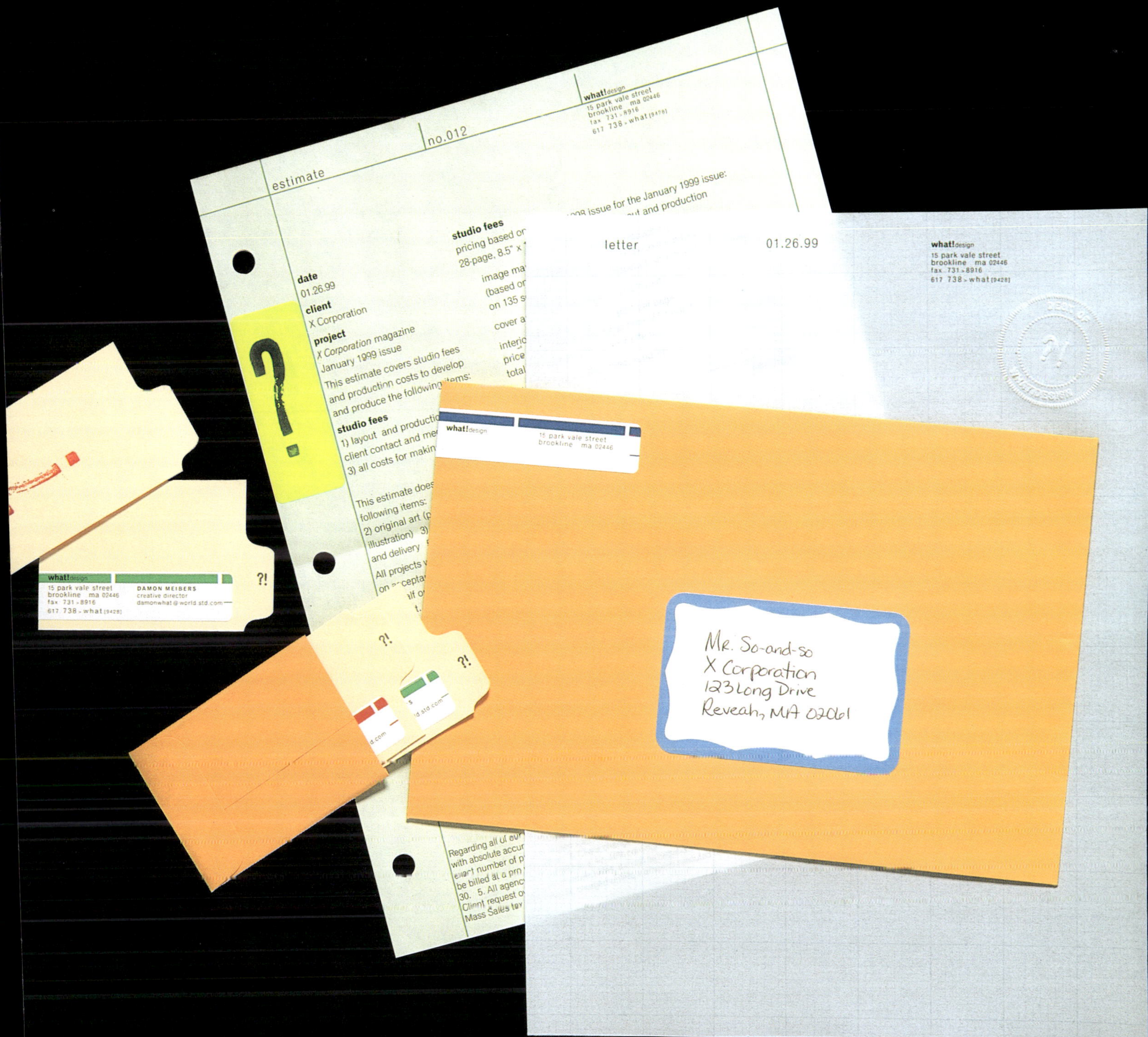

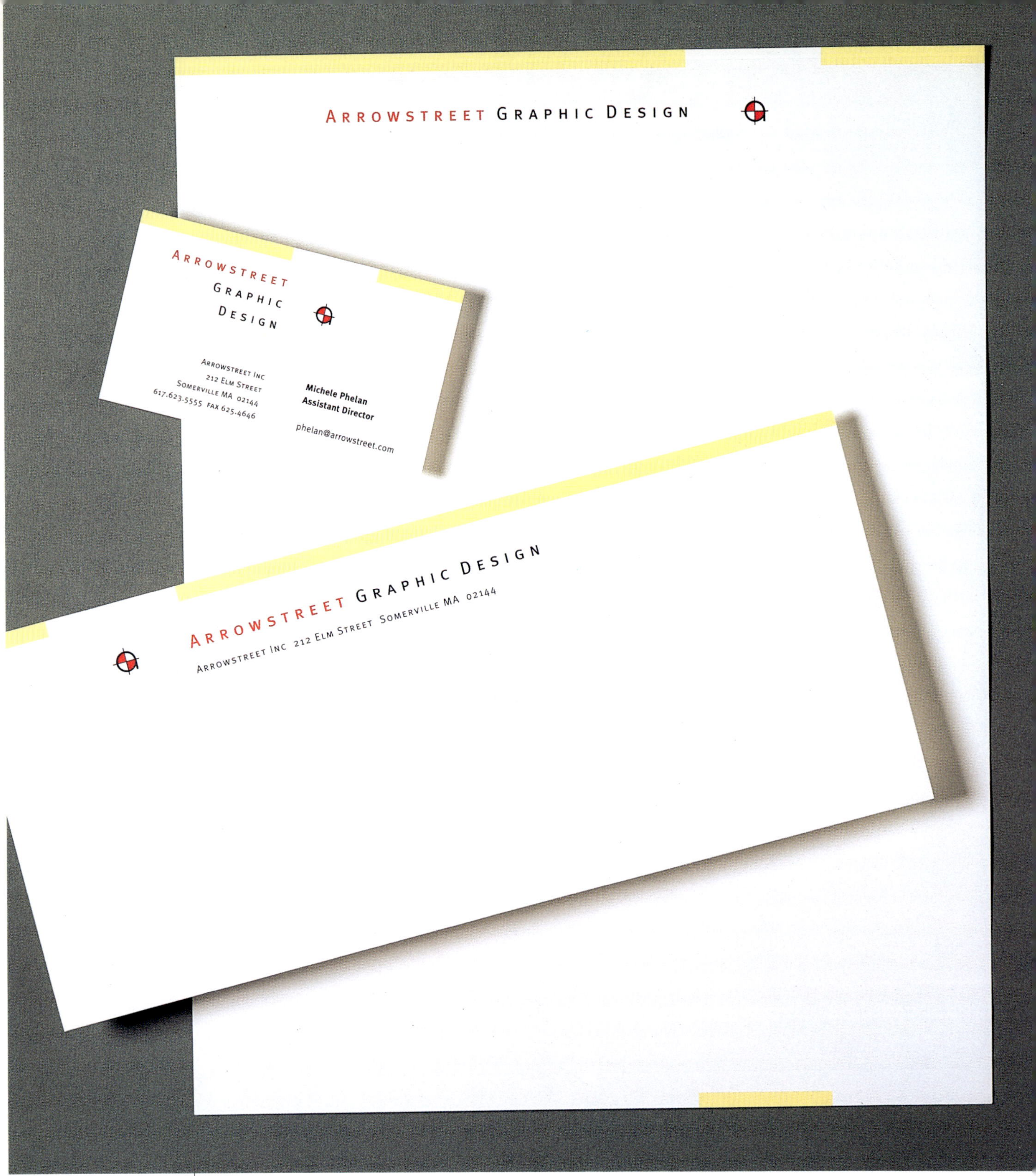

estudio de diseño | **Arrowstreet Graphic Design**
dirección artística | **Bob Lowe, Michele Phalen**
diseño | **Trip Boswell**
cliente | **Arrowstreet Graphic Design**
medios informáticos | **Adobe Illustrator, Macintosh Power PC**
papel/impresión | **Astrolite alisado/United Litograph**

estudio de diseño | Pham Phu Design
dirección artística | Oanh Pham Phu
diseño | Renald Strobel
cliente | Riesle Technological Consultants
papel/impresión | A dos colores

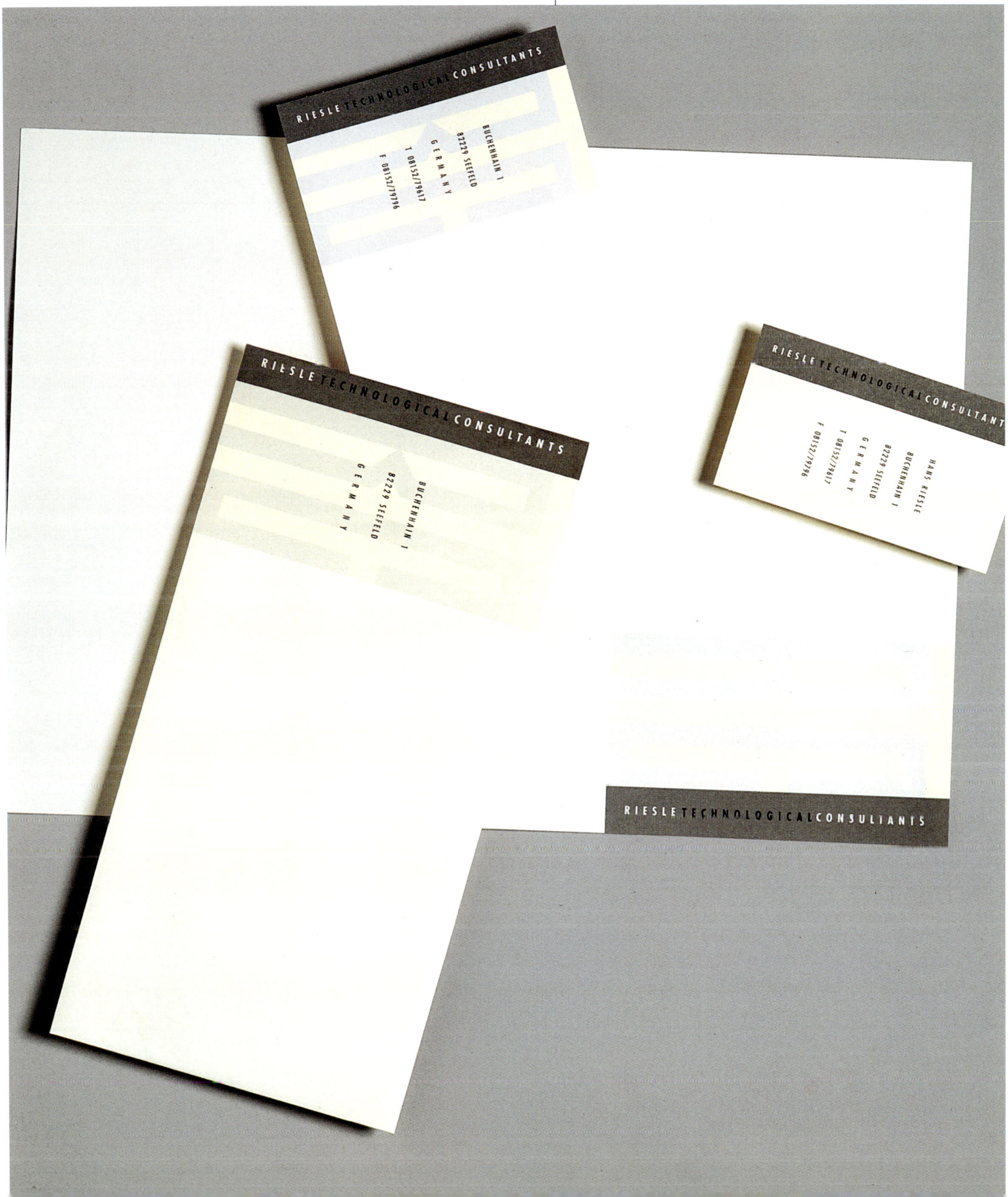

estudio de diseño	Lima Design
diseño	Lisa McKenna, Mary Kiene
cliente	Lima Design
medios informáticos	Quark XPress, Macromedia FreeHand
papel/impresión	Monadnock Caress/Shawmut Printing

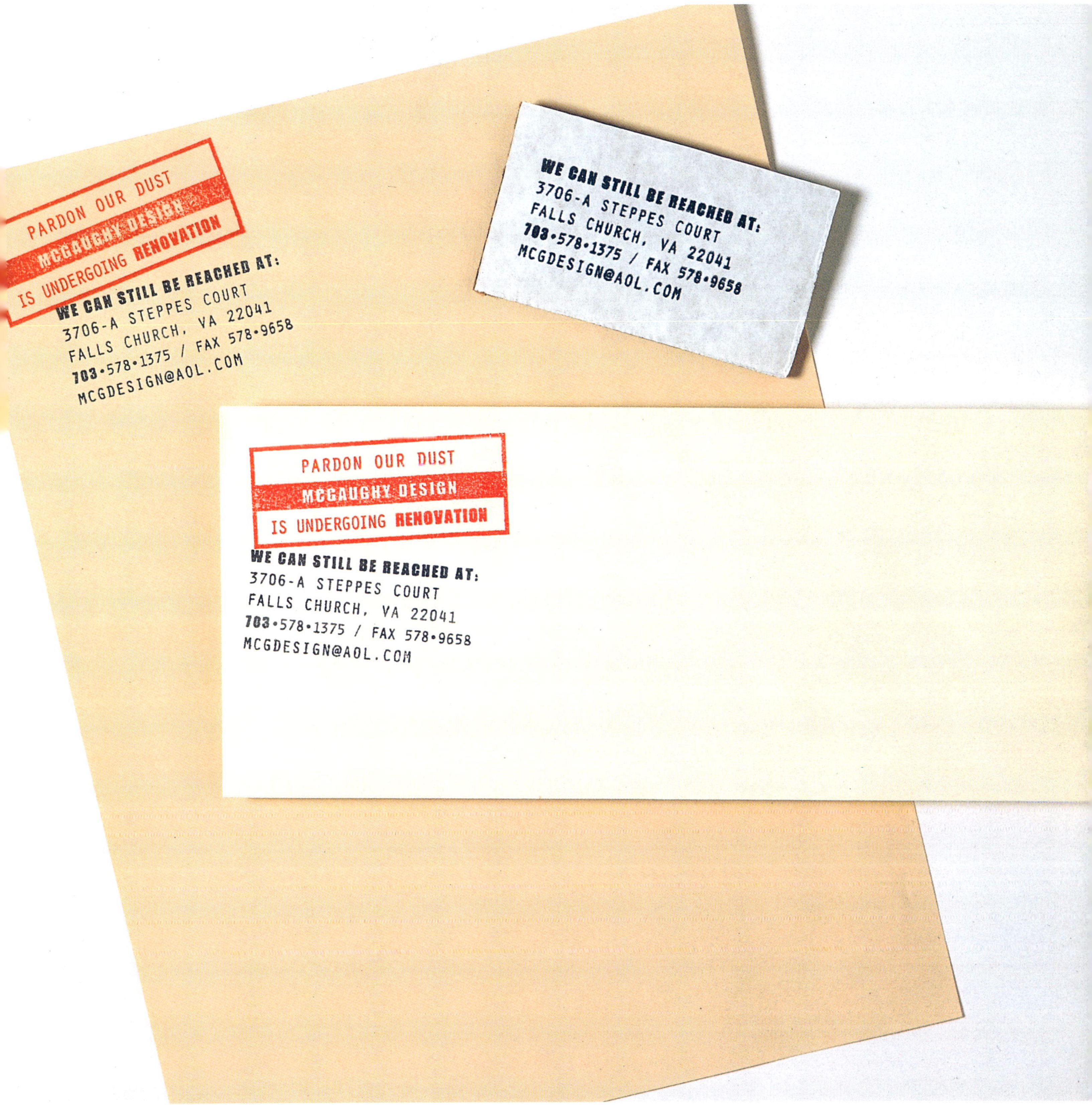

estudio de diseño	McGaughy Design
dirección artística	Malcolm McGaughy
diseño	Malcolm McGaughy
cliente	McGaughy Design
medios informáticos	Macromedia FreeHand, Macintosh Power PC
papel/impresión	Varios/Sello de goma

BIGBEATGROUP

10 clairmont gardens glasgow G3 7LW

TEL 0141 331 7600
FAX 0141 332 0336
E-MAIL big_beat@compuserve.com

printed on recycled paper

big beat group limited registered in scotland no 137725

estudio de diseño	**Scott Stern**
dirección artística	**Jonathan Frewin**
diseño	**Jonathan Frewin**
cliente	**Big Beat Group Holdings Ltd**
medios informáticos	**Adobe Photoshop**
papel/impresión	**Cuatricromía, color mancha, barniz mancha UV**

estudio de diseño	**Visual Dialogue**
dirección artística	**Fritz Klaetke**
diseño	**Fritz Klaetke, Chris Reese**
cliente	**Visual Dialogue**
medios informáticos	**Quark XPress, Adobe Photoshop, Macintosh Power PC**
papel/impresión	**Papel de títulos, Starwhite Vicksburg/ Innerer Klang Press, Alpha Press**

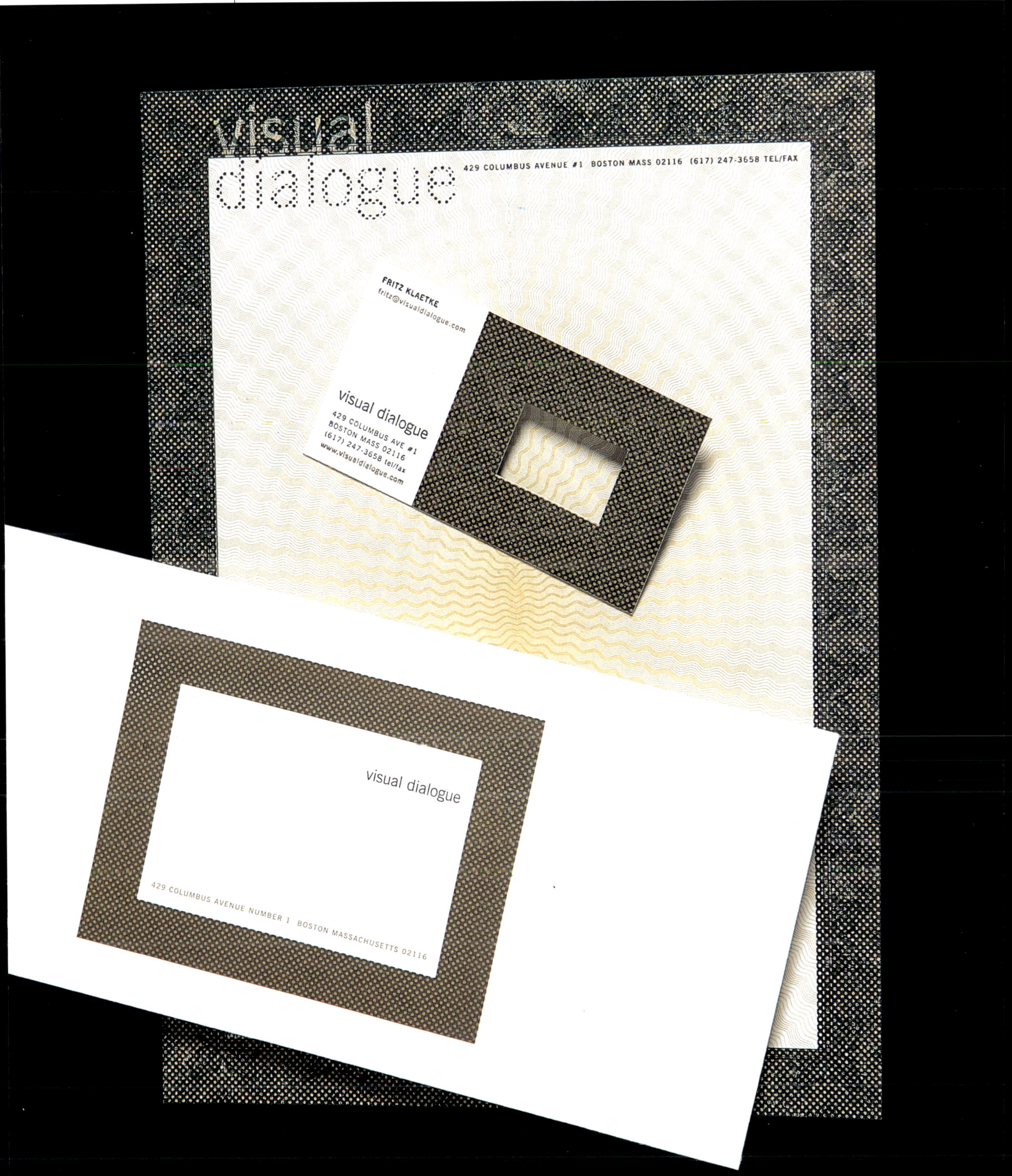

estudio de diseño	**Modelhart Grafik-Design DA**
dirección artística	**Herbert O. Modelhart**
diseño	**Herbert O. Modelhart**
cliente	**G3 Marketing und Kommunikation**
medios informáticos	**Quark XPress, Adobe Illustrator**
papel/impresión	**118 lb. Strathmore escritura/A dos colores**

estudio de diseño	**Lux Design**
dirección artística	**Amy Gregg**
diseño	**Laura Cary**
cliente	**Good Dog Design**
medios informáticos	**Adobe Illustrator, Macintosh 9600/300 Power PC**
papel/impresión	**Starwhite Vicksburg/R.W. Nielsen Associates**

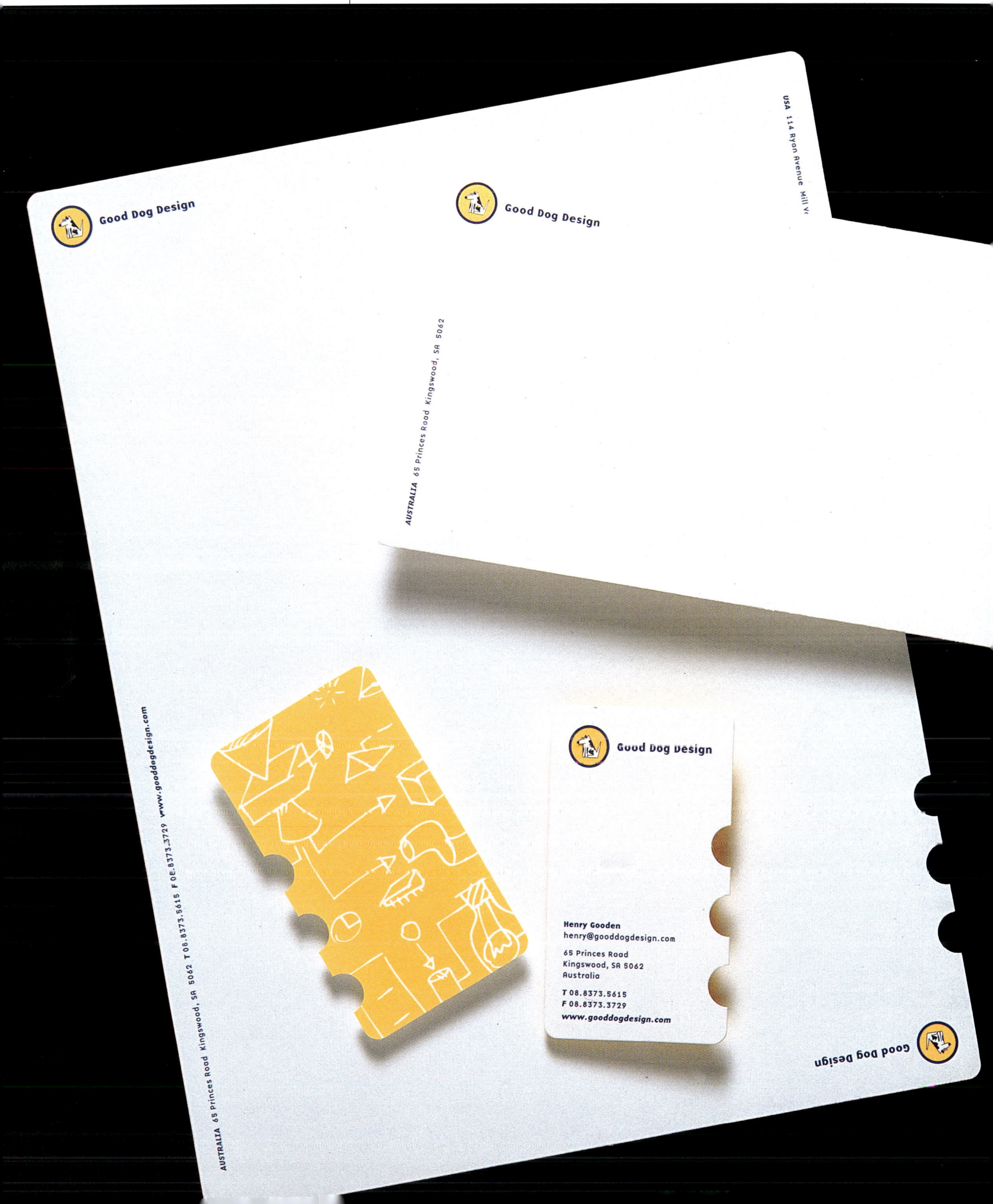

cliente	**Focus**
nedios informáticos	**Adobe Illustrator 7.0, Adobe Photoshop 4.0, Macintosh G3**
papel/impresión	**Strathmore System escritura/Lithographix**

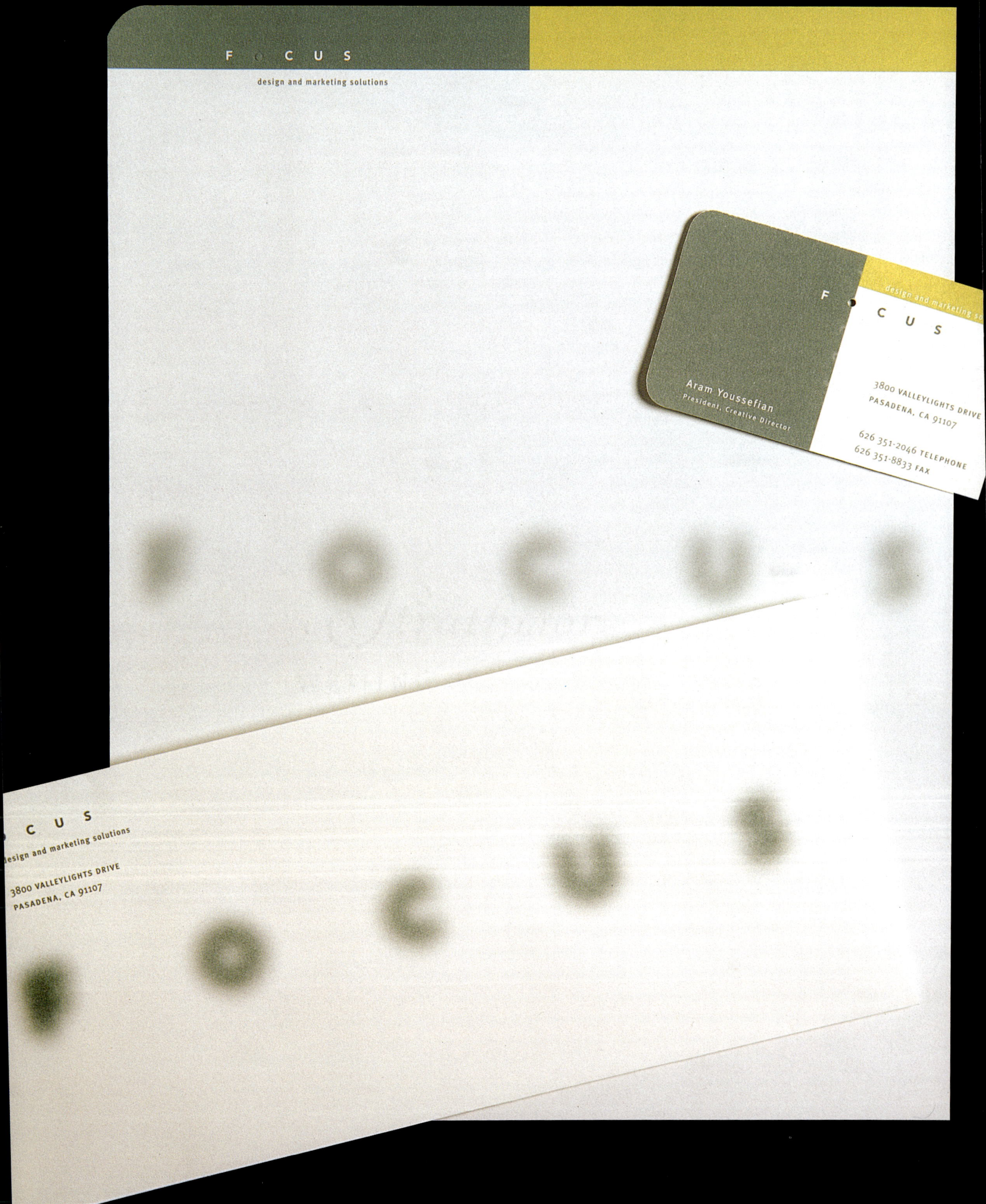

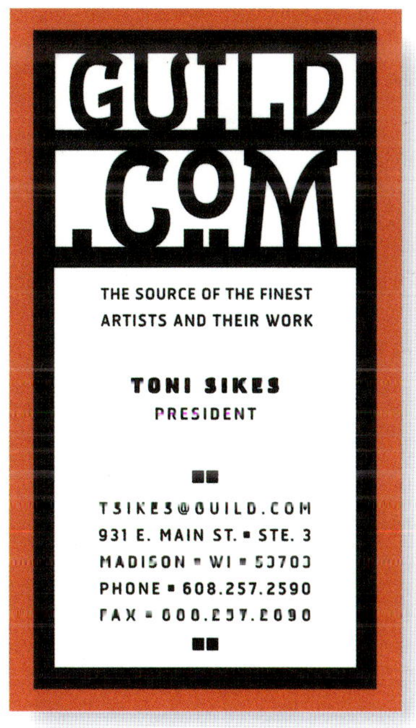

estudio de diseño	Planet Design Company
dirección artística	Dana Lytle
diseño	Ben Hirby
cliente	Guild.com
medios informáticos	Adobe Illustrator, Quark XPress
papel/impresión	Neenah Classic Crest Natural blanco/American Printing

estudio de diseño Planet Design Company
dirección artística Kevin Wade
diseño Dan Ibarra
cliente Brave World Productions
medios informáticos Adobe Photoshop, Adobe Illustrator, Quark XPress
papel/impresión Mohawk Warm vitela blanco/ American Printing

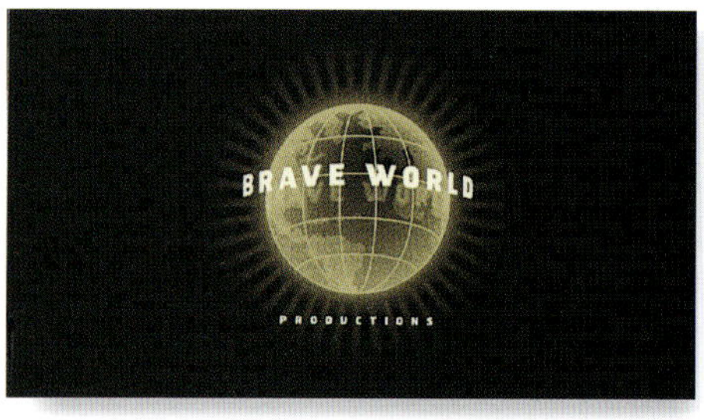

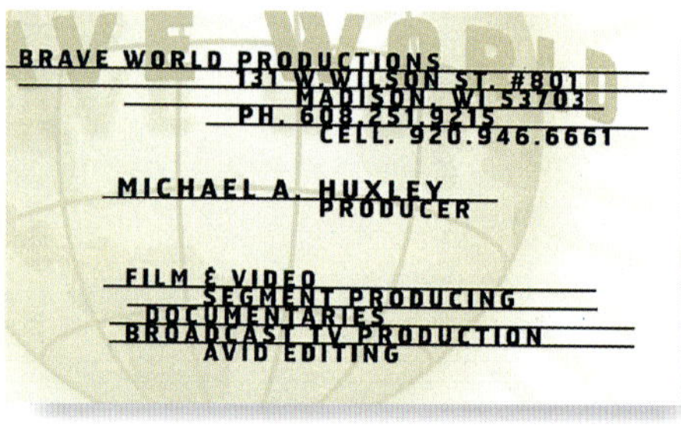

BRAVE WORLD
PRODUCTIONS

www.cuy2k.com | CREDIT UNION YEAR 2000

1464-P1042A

estudio de diseño | **Planet Design Company**
dirección artística | **Kevin Wade**
diseño | **Martha Graettinger**
cliente | **CUNA**
medios informáticos | **Adobe Illustrator, Quark XPress**
papel/impresión | **Classic Crest Ultra blanco/Lithography Productions**

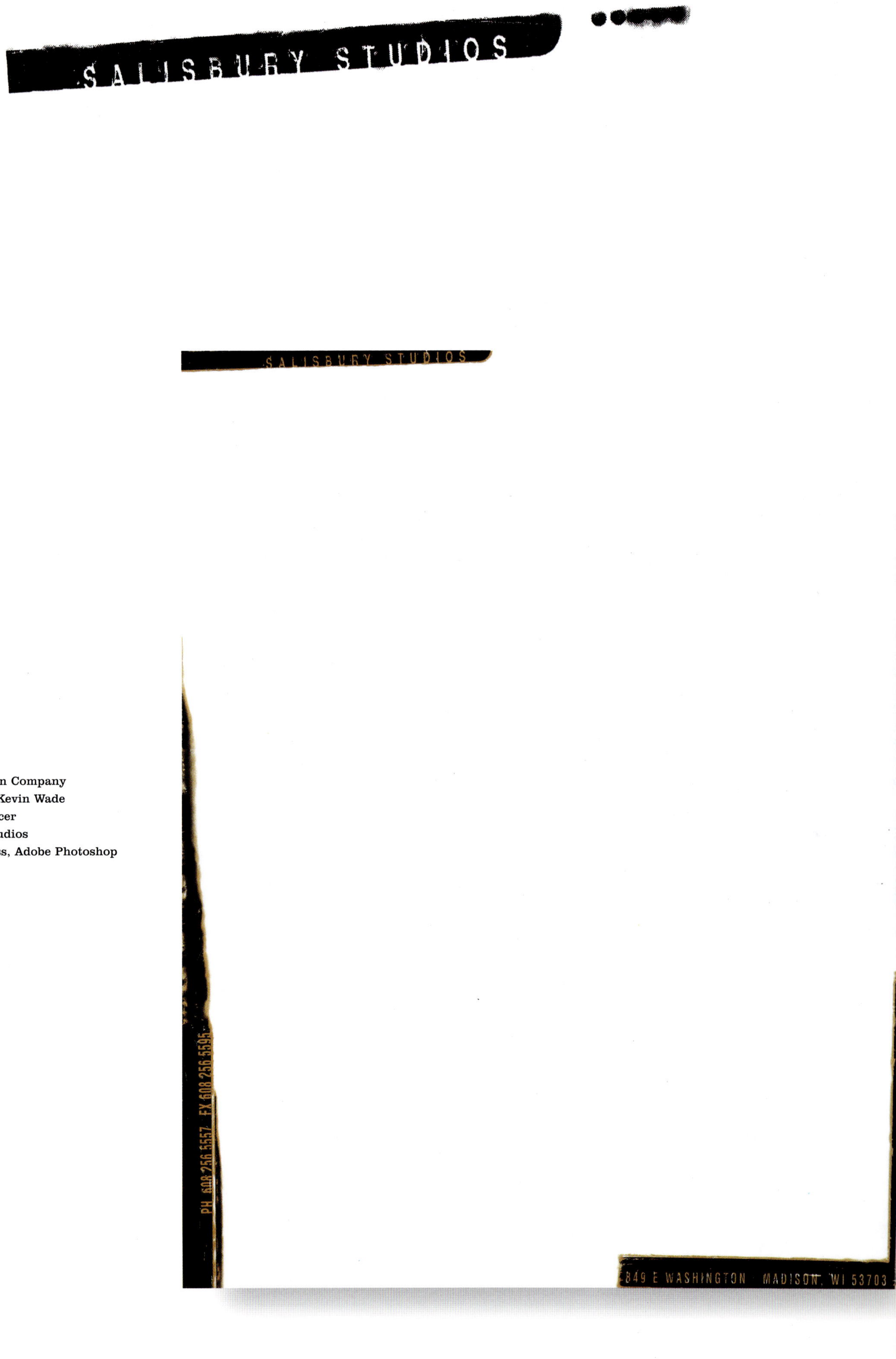

estudio de diseño	**Planet Design Company**
dirección artística	**Dana Lytle, Kevin Wade**
diseño	**Raelene Mercer**
cliente	**Salisbury Studios**
edios informáticos	**Quark XPress, Adobe Photoshop**

estudio de diseño | **Modelhart Grafik-Design DA**
dirección artística | **Herbert O. Modelhart**
diseño | **Herbert O. Modelhart**
cliente | **Herbert O. Modelhart Grafik Design**
medios informáticos | **Quark XPress**
papel/impresión | **Strathmore escritura 118 g/m² y 298 g/m²/A dos colores**

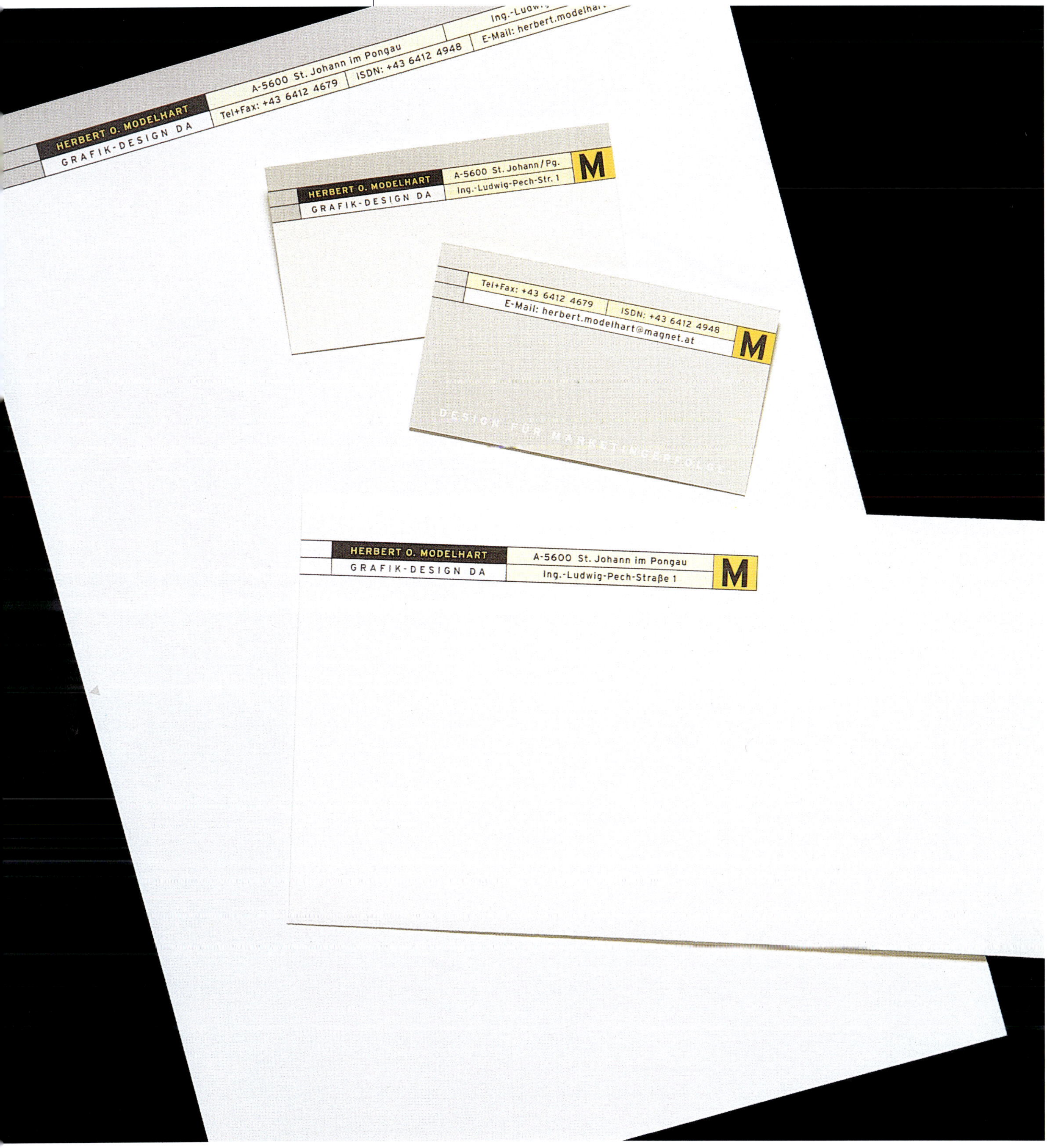

estudio de diseño	**Lux Design**
dirección artística	**Amy Gregg**
diseño	**Amy Gregg**
cliente	**Lux Design**
medios informáticos	**Adobe Illustrator, Macintosh 9600/300 Power PC**
papel/impresión	**Starwhite Vicksburg/Express**
	Quality Printing & Lasercraft

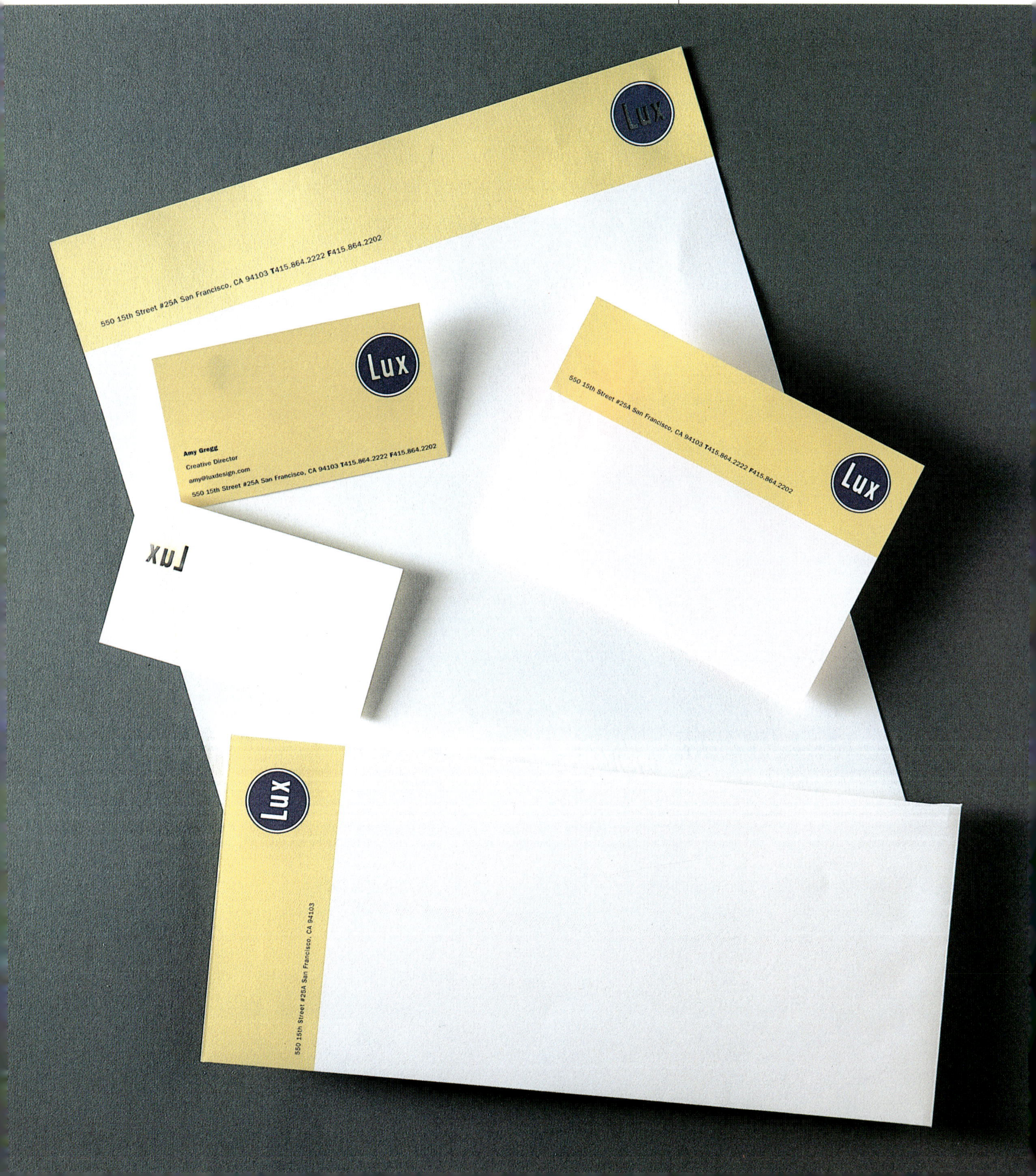

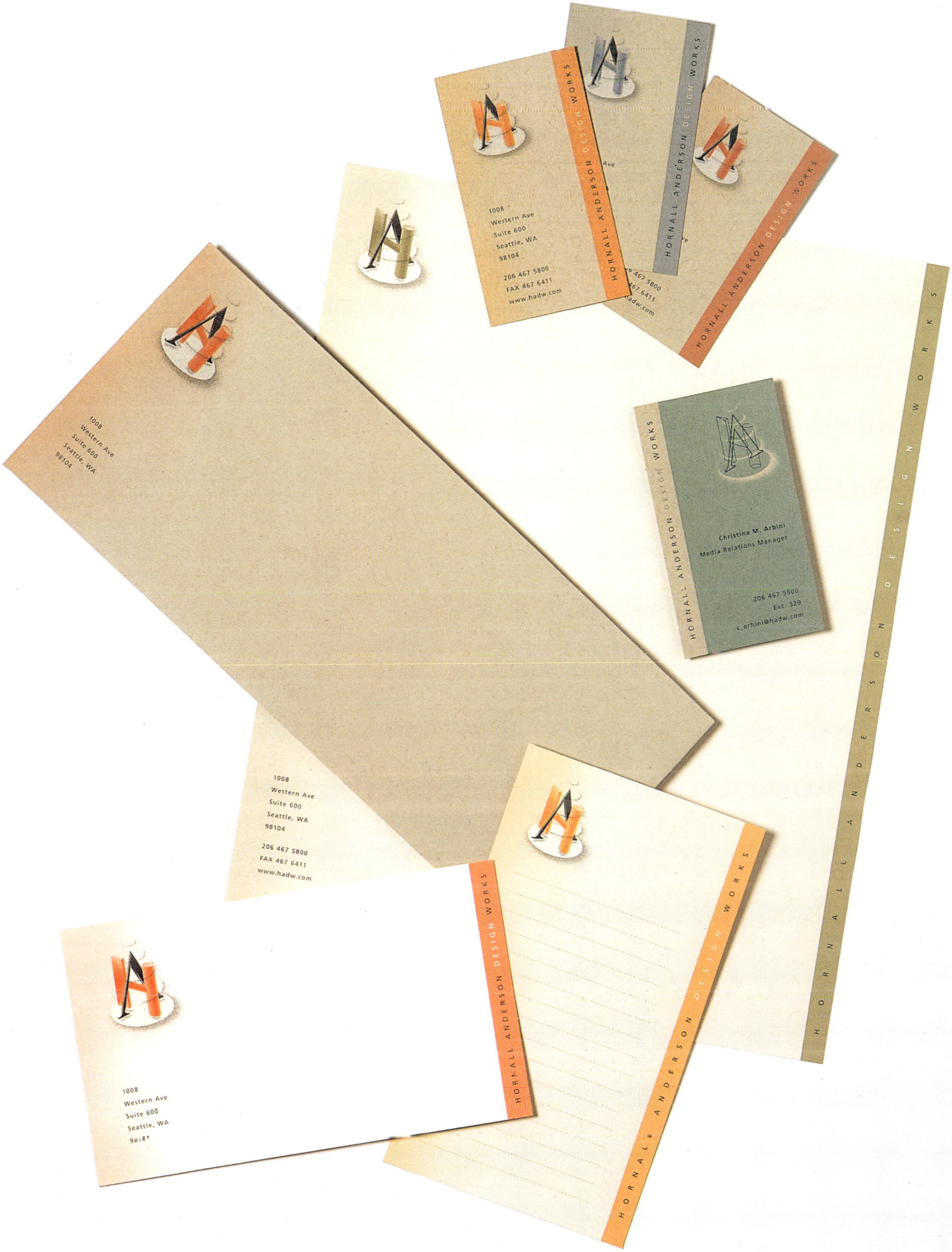

estudio de diseño	**Hornall Anderson Design Works, Inc.**
dirección artística	**Jack Anderson**
diseño	**Jack Anderson, David Bates**
cliente	**Hornall Anderson Design Works, Inc.**
medios informáticos	**Macromedia FreeHand**
papel/impresión	**French Durotone, relleno embalaje gris; French Durotone, papel periódico blanco**

estudio de diseño	**Vestígio, Lda.**
dirección artística	**Emanuel Barbosa**
diseño	**Emanuel Barbosa**
cliente	**Vestígo**
medios informáticos	**Macromedia FreeHand, Macintosh 8100 Power PC**
papel/impresión	**Favini/A dos colores**

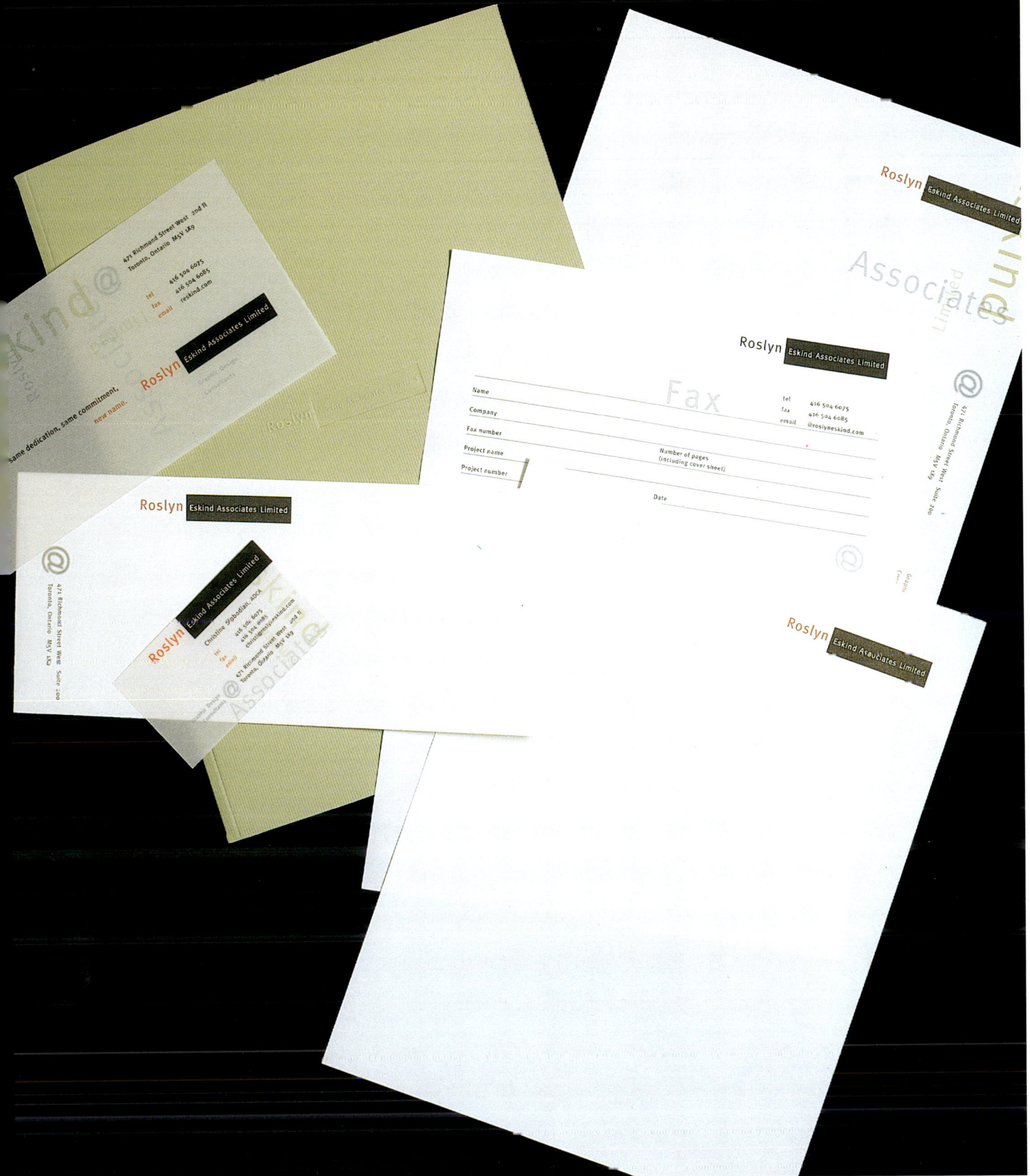

estudio de diseño **Roslyn Eskind Associates Limited**
dirección artística **Roslyn Eskind**
diseño **Roslyn Eskind**
cliente **Roslyn Eskind Associates Limited**
medios informáticos **Quark XPress, Adobe Photoshop, Adobe Illustrator, Macintosh**
papel/impresión **Chartham/Seaway Printing**

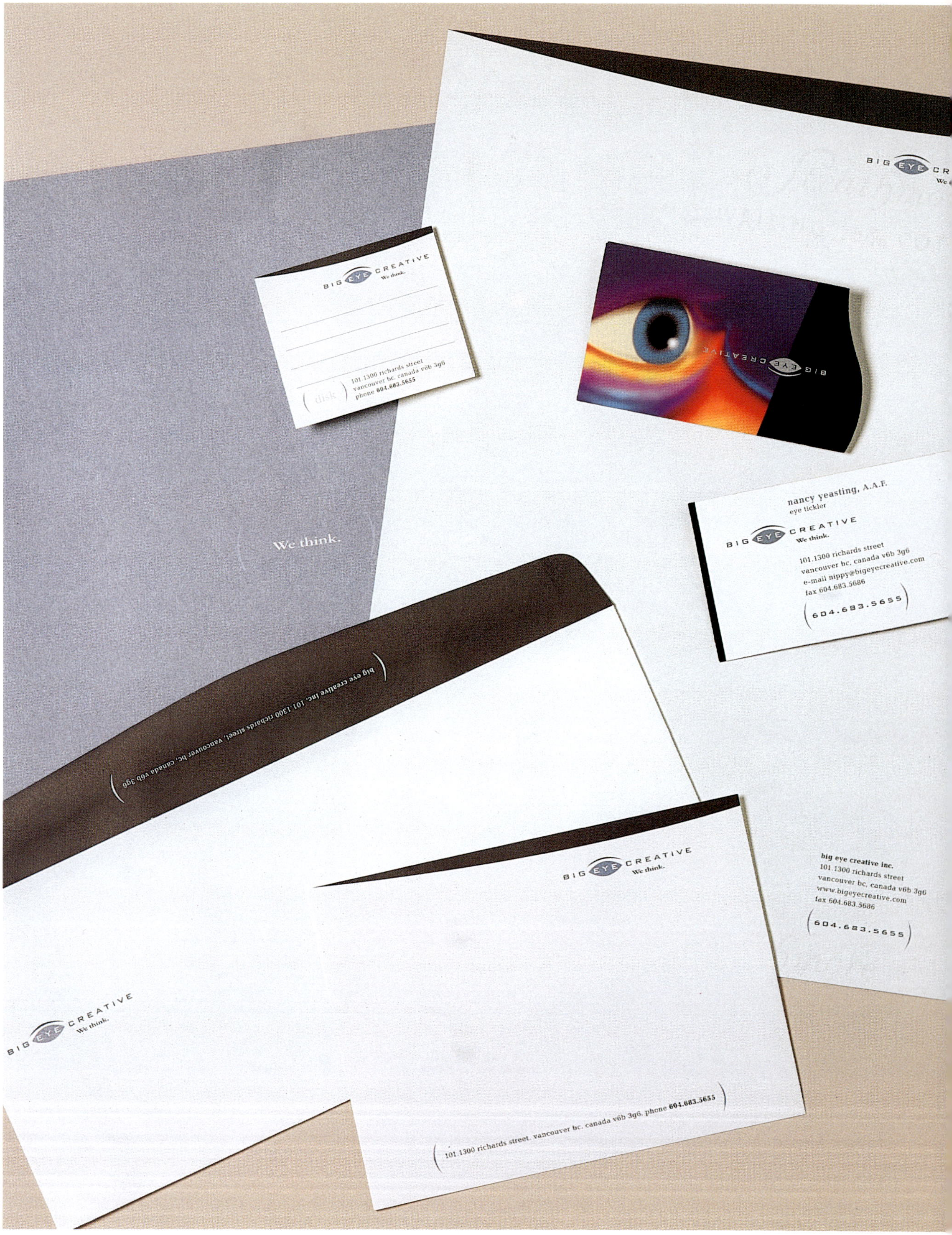

estudio de diseño Big Eye Creative, Inc.
dirección artística Perry Chua
diseño Perry Chua
cliente Big Eye Creative, Inc.
medios informáticos Adobe Illustrator 6.0, Adobe Photoshop 4.0, Macintosh
papel/impresión Tarjetas: McCoy 120 lb., resto: Strathmore escritura/Clarke Printing

estudio de diseño | **Richards Design Group, Inc.**
dirección artística | **Michael Richards**
diseño | **Timothy D. Jenkins**
cliente | **Richards Design Group**
medios informáticos | **Adobe Illustrator, Quark XPress**
papel/impresión | **Strathmore Soft blanco avitelado/Ullrich Printing**

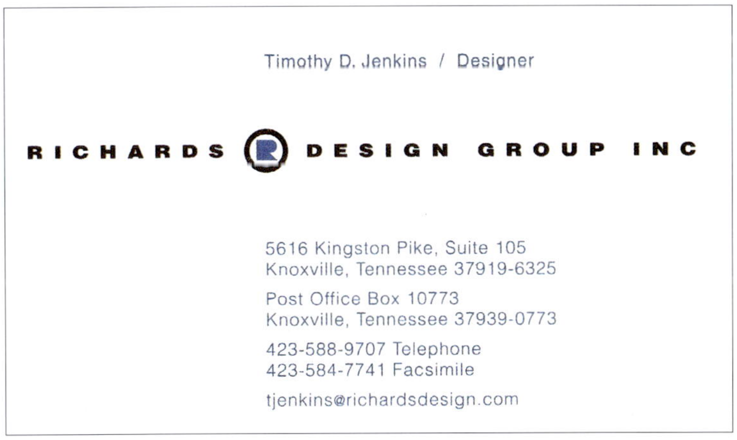

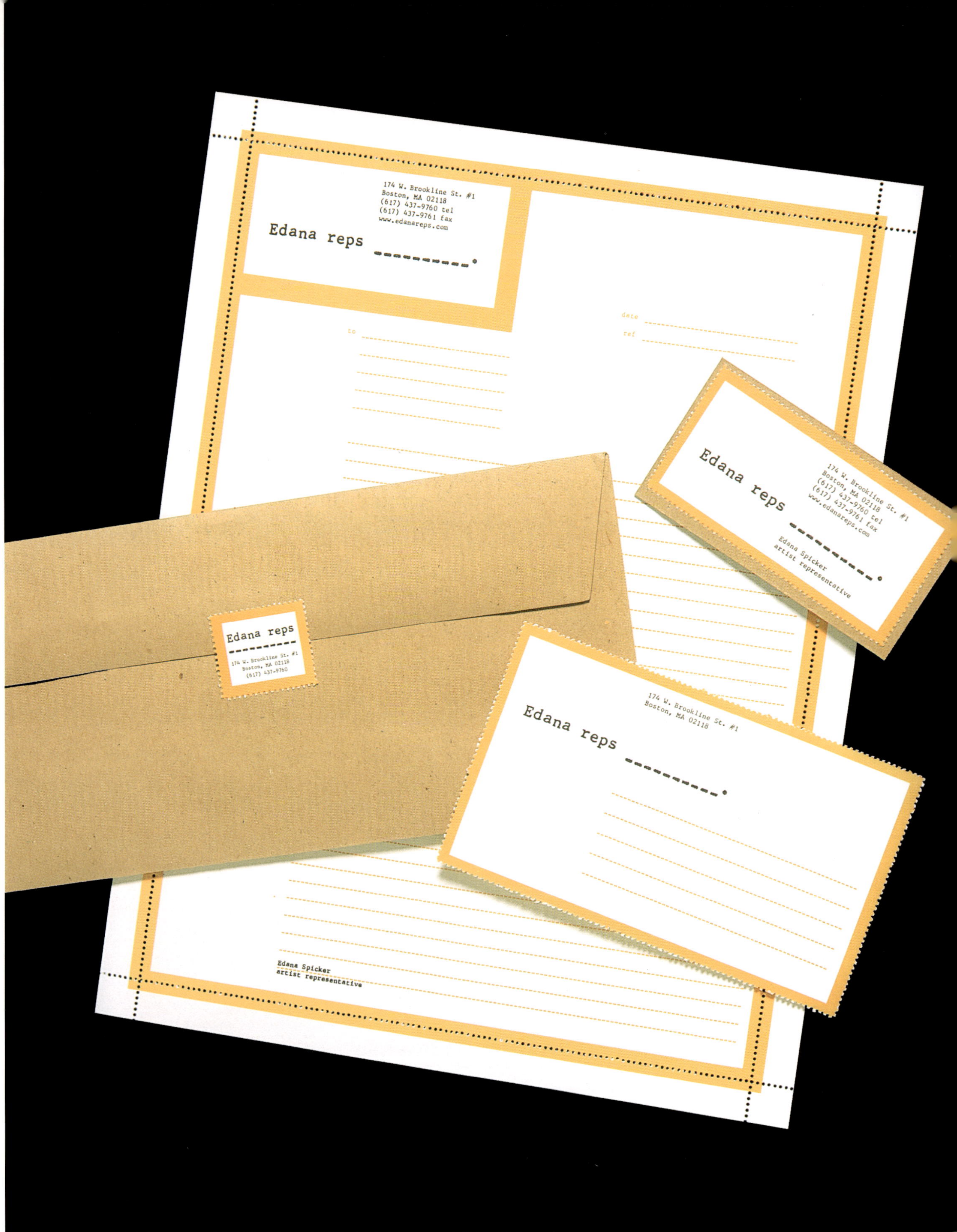

estudio de diseño	**Visual Dialogue**
dirección artística	**Fritz Klaetke**
diseño	**Fritz Klaetke**
cliente	**Edana Reps**
medios informáticos	**Quark XPress, Adobe Photoshop, Macintosh Power PC**
papel/impresión	**Strathmore Writing y Labor Stock/Alpha Press**

estudio de diseño | **Karacters Design Group**
dirección creativa | **Maria Kennedy**
diseño | **Matthew Clark**
cliente | **Karacters Design Group**
medios informáticos | **Adobe Illustrator, Quark XPress, Adobe Photoshop, Macintosh**
papel/impresión | **Classic Crest/Hemlock Printing**

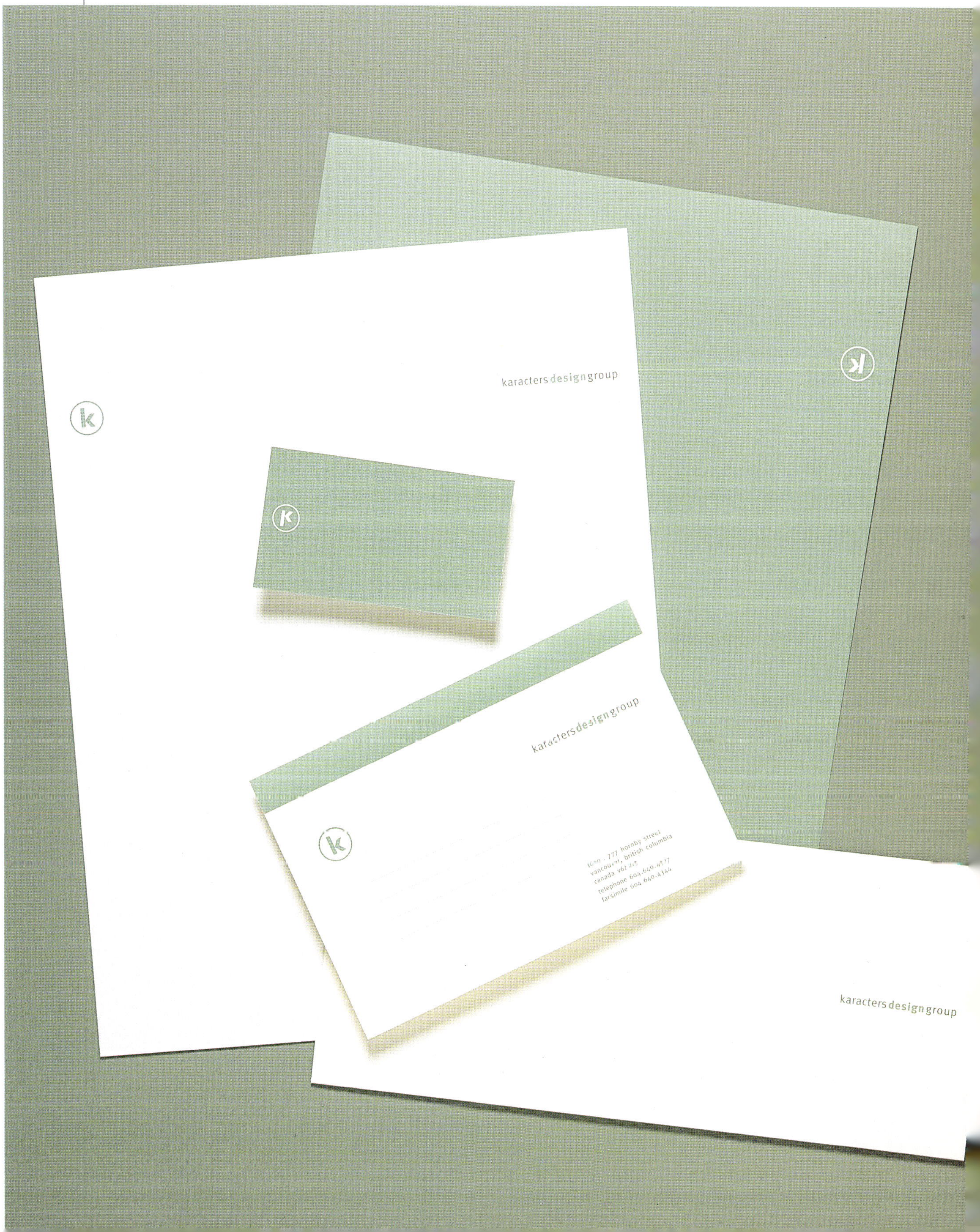

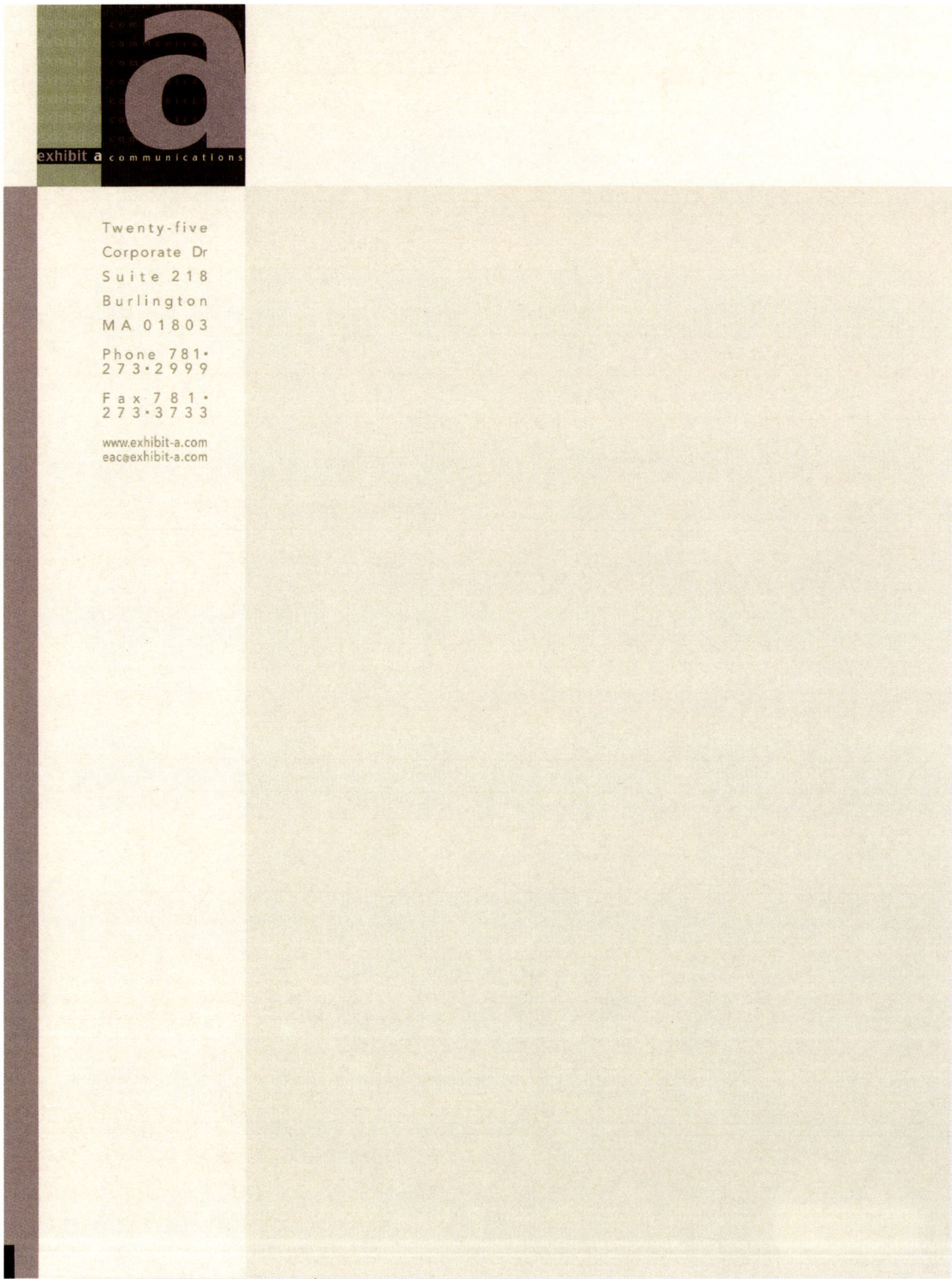

estudio de diseño	**Exhibit A Communications**
dirección artística	**Mark Gedrich**
diseño	**Mark Gedrich**
cliente	**Exhibit A Communications**
medios informáticos	**Adobe Illustrator, Macintosh 9500 Power PC**

estudio de diseno — Burn World Wido, Ltd.
dirección artística — David L. Clarke
diseño — Burn Staff
cliente — Burn World-Wide, Ltd.
medios informáticos — Adobe Illustrator, Adobe Photoshop
papel/impresión — Classic Columns estucado 80 lb. texto
Haff and Duagherty, Miami, FL

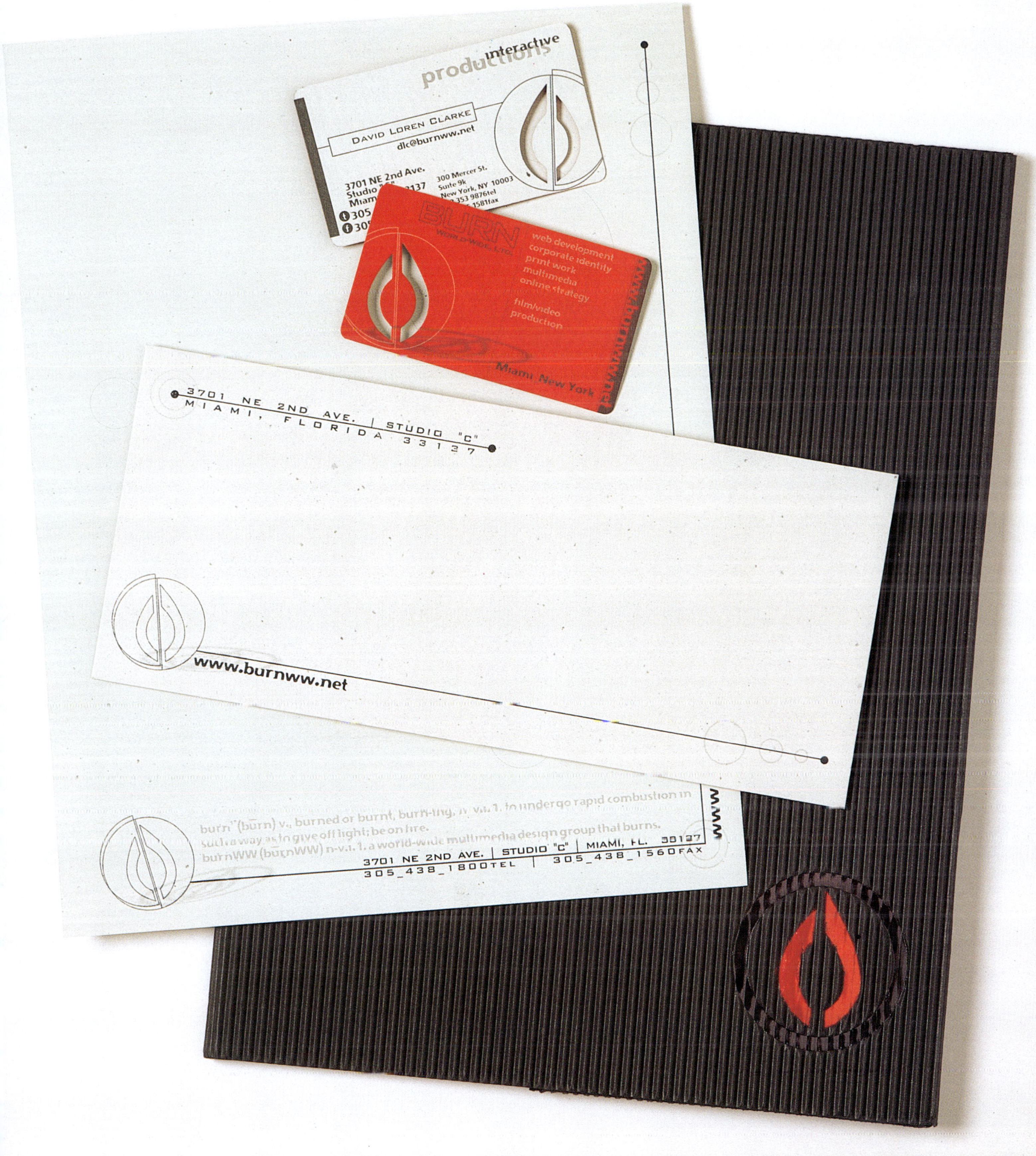

estudio de diseño	**be**
dirección artística	**William Burke**
diseño	**Eric Read, Coralie Russo**
cliente	**Light Rain**
medios informáticos	**Adobe Photoshop, Adobe Illustrator**

ANNI KUAN
242 W 38TH ST NEW YORK NY 10018 PHONE 212 704 4038 FAX 704 0651
ANNI KUAN

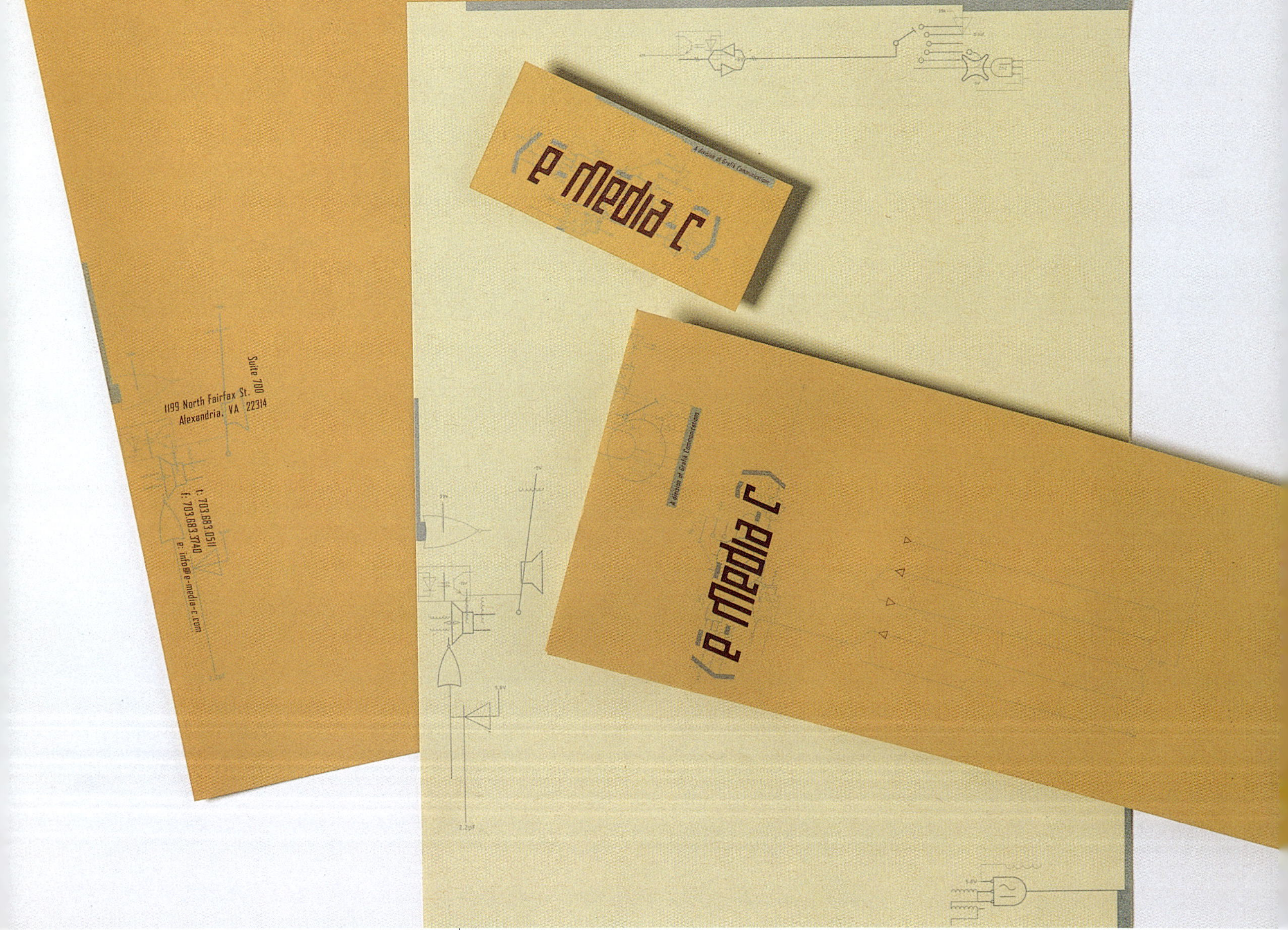

estudio de diseño	**Grafik Communications, Ltd.**
equipo de diseño	**Jonathan Amen, Eric Goetz**
ilustración	**Jonathan Amen**
cliente	**E-Media-C**
medios informáticos	**Macromedia FreeHand, Quark XPress**
papel/impresión	**French Construction Fuse verde y Cement verde**

estudio de diseño	Miriello Grafico, Inc.
dirección artística	Ron Miriello
diseño	Ron Miriello
cliente	Miriello Grafico, Inc.
medios informáticos	Adobe Illustrator, Adobe Photoshop, Macintosh
papel/impresión	Gilbert Esse/Litografía offset en cuatricromía sobre dos colores, bordes perforados a mano, grabado en relieve

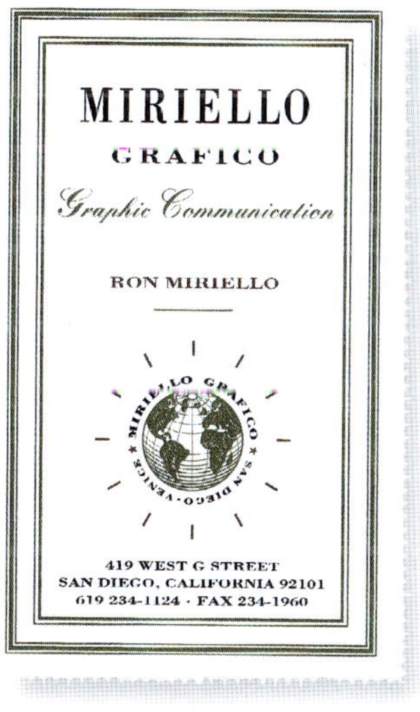

estudio de diseño	**Elixir Design, Inc.**
dirección artística	**Jennifer Jerde**
diseño	**Michael Braley**
cliente	**Premier**
medios informáticos	**Adobe Illustrator**

estudio de diseño	**Mires Design**
dirección artística	**Scott Mires**
diseño	**Miguel Perez**
ilustración	**Miguel Perez**
cliente	**Jabra Corporation**

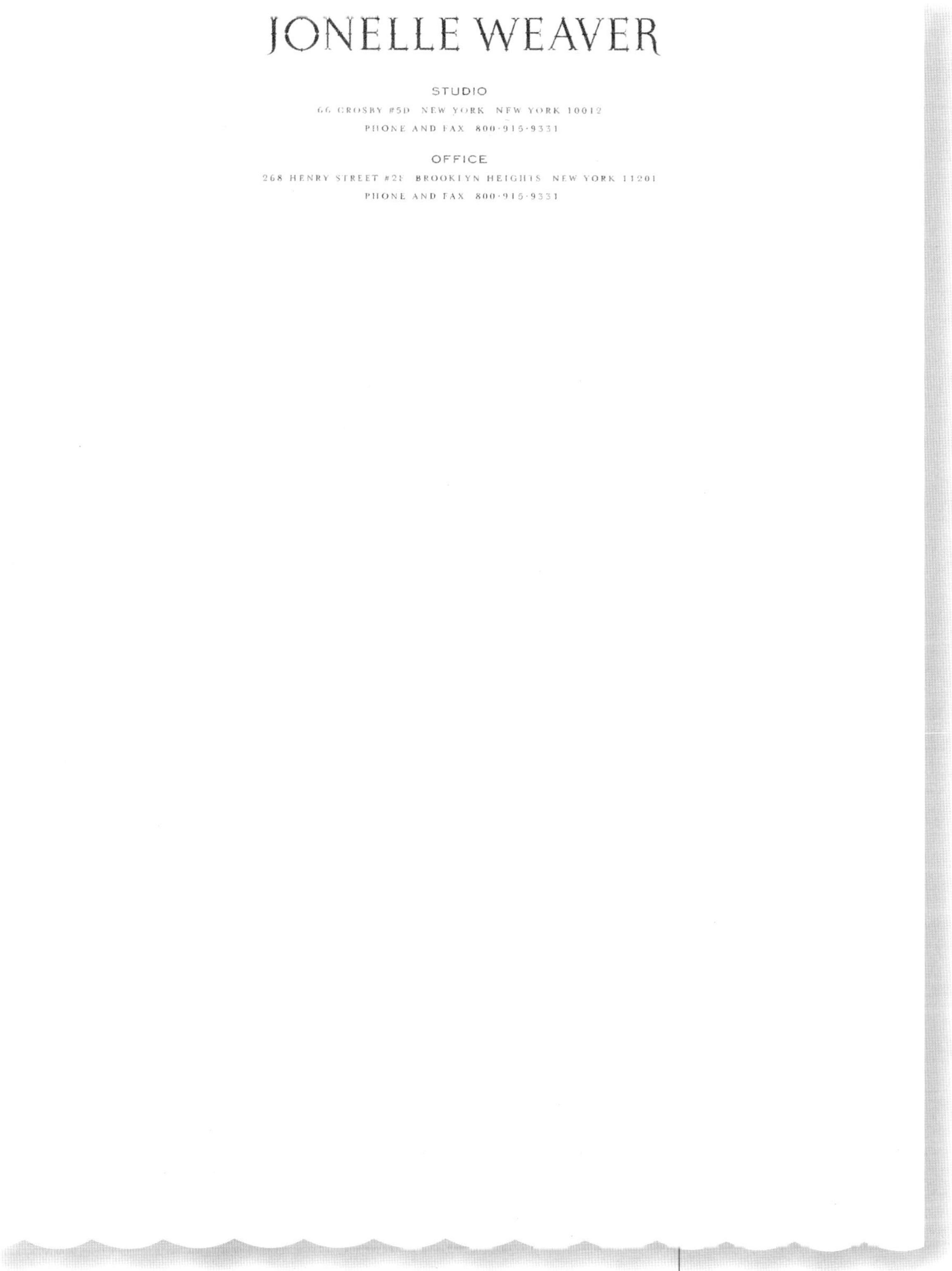

estudio de diseño	**Elixir Design, Inc.**
dirección artística	**Jennifer Jerde**
diseño	**Jennifer Tolo**
cliente	**Jonelle Weaver**
medios informáticos	**Quark XPress, Adobe Illustrator**
papel/impresión	**Papel de títulos festoneado**

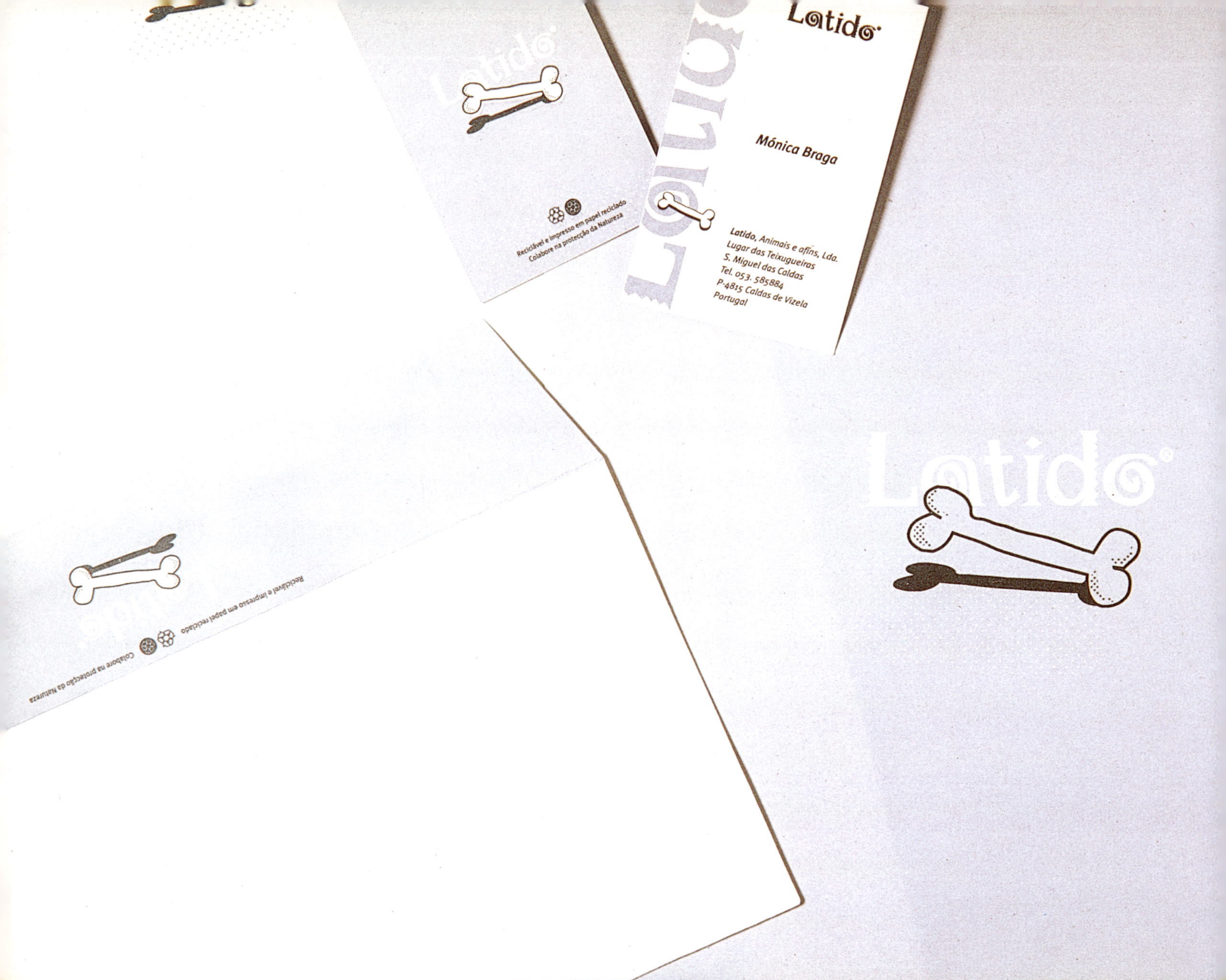

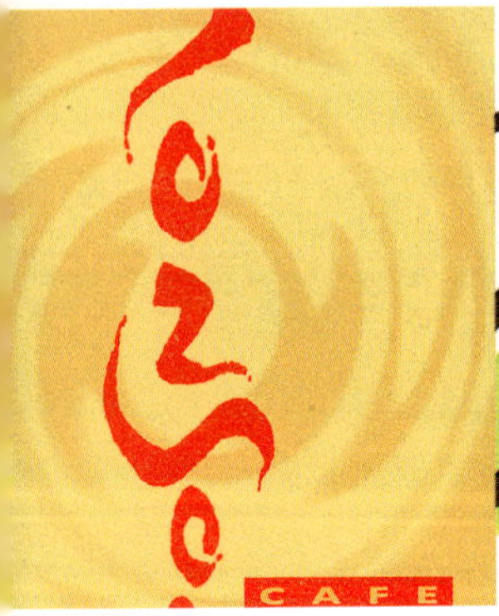

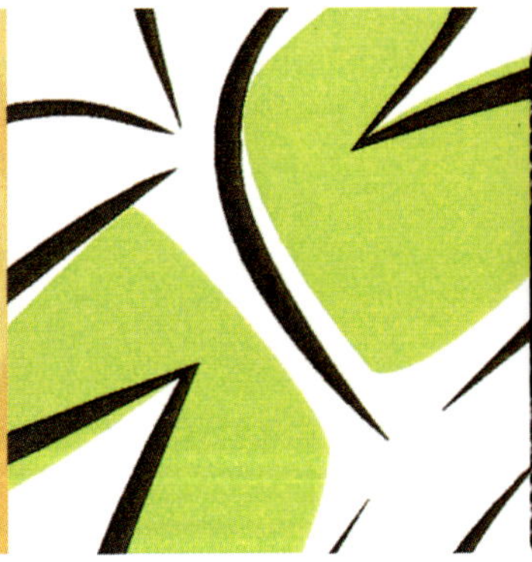

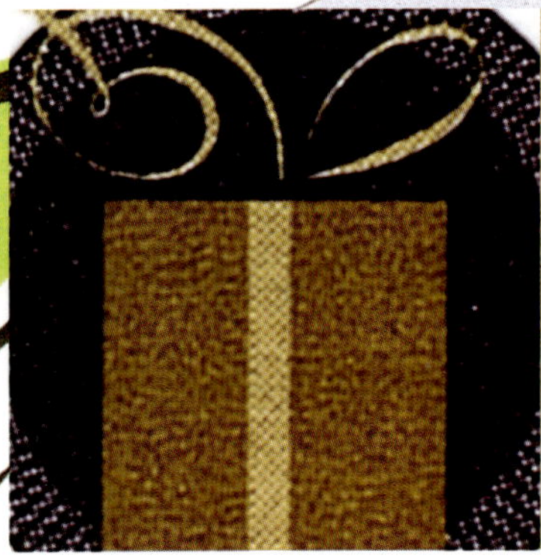

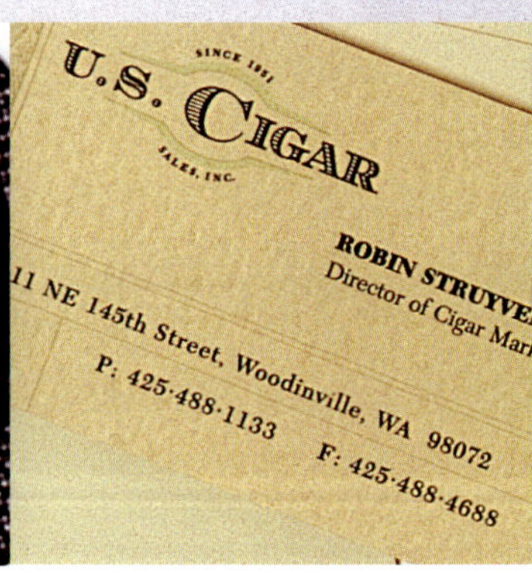

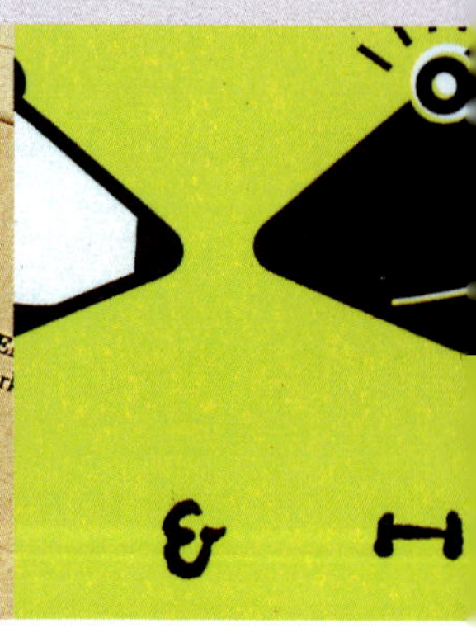

tiendas, restaurantes y hospitales

estudio de diseño	**Brabender Cox**
dirección artística	**Stephen Smith**
diseño	**Stephen Smith**
cliente	**ICON/Deportes, música, diversiones**
medios informáticos	**Adobe Illustrator**

estudio de diseño Hornall Anderson Design Works, Inc.
dirección artística Hornall Anderson Design Works, Inc.
diseño Larry Anderson, Mary Hermes, Mike Calkins, Michael Brugman
cliente U.S. Cigar
medios informáticos Macromedia FreeHand

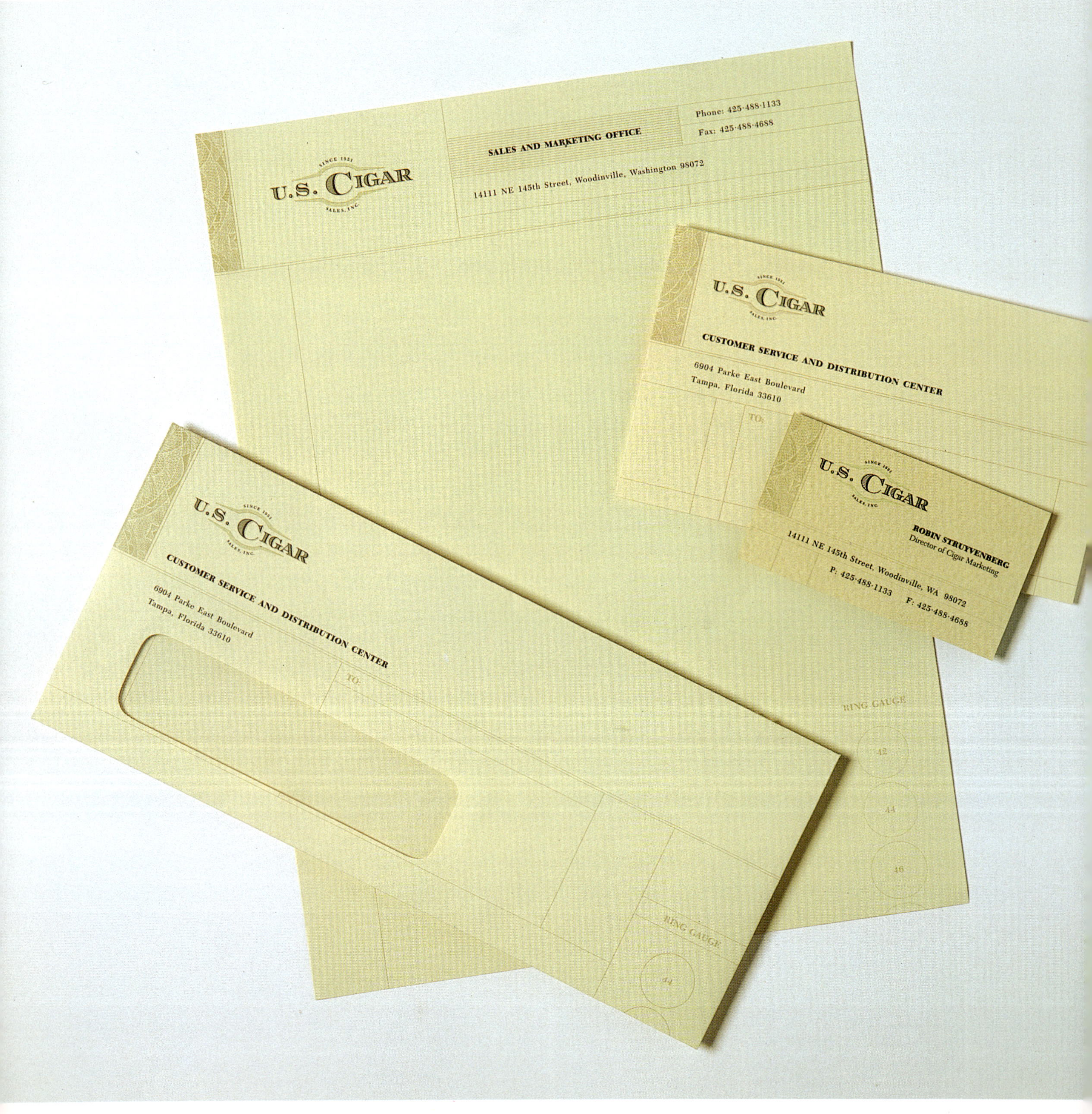

estudio de diseño | Barbara Chan Design
dirección artística | Barbara Chan
diseño | Barbara Chan
cliente | Recess
medios informáticos | Adobe Illustrator 7.0, Macintosh G3

estudio de diseño | Kirima Design Office
dirección artística | Harumi Kirima
diseño | Harumi Kirima
cliente | Happy-En

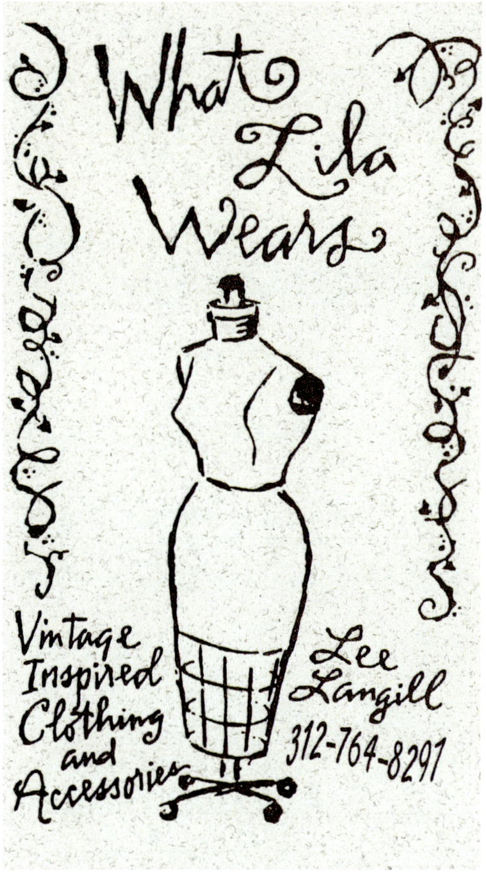

estudio de diseño **Jim Lange Design**
dirección artística **Lee Langill**
diseño **Jim Lange**
cliente **Lee Langill**
medios informáticos **Macintosh**

estudio de diseño **Murrie Lienhart Rysner**
dirección artística **Linda Voll**
diseño **Linda Voll**
cliente **Wellness Business Works**
medios informáticos **Adobe Illustrator**

estudio de diseño **Teviot**
dirección artística **Kate Laing**
diseño **Jim Ramsay**
cliente **Teviot**
medios informáticos **Quark XPress, Adobe Illustrator 6.0**
papel/impresión **Arjo Wiggins Hi-Five-Cyber/Litografía a un color**

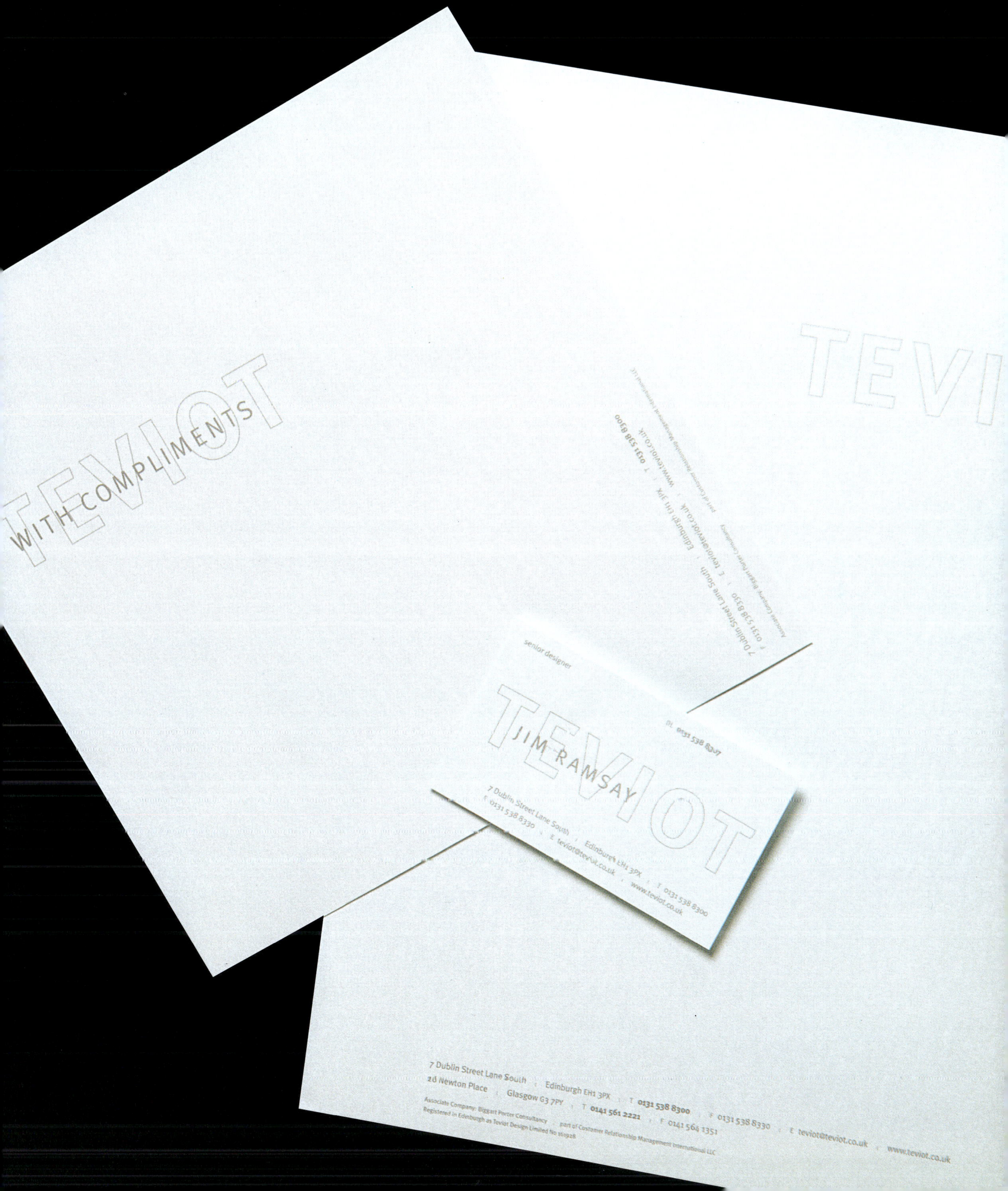

ANIKA
THERAPEUTICS

J. MELVILLE ENGLE
PRESIDENT,
CHIEF EXECUTIVE OFFICER

TEL: 781.932.6616
EXT. 106

ANIKA THERAPEUTICS, INC.
236 WEST CUMMINGS PARK
WOBURN, MA 01801

FAX: 781.932.3360
E-MAIL: MENGLE@
ANIKATHERAPEUTICS.COM

estudio de diseño	**Ellis Pratt Design, Inc.**
dirección artística	**Vernon Ellis**
diseño	**Elaine Pratt**
cliente	**Anika Therapeutics, Inc.**
medios informáticos	**Adobe Illustrator, Macintosh G3**
papel/impresión	**Strathmore escritura/Maran Printing**

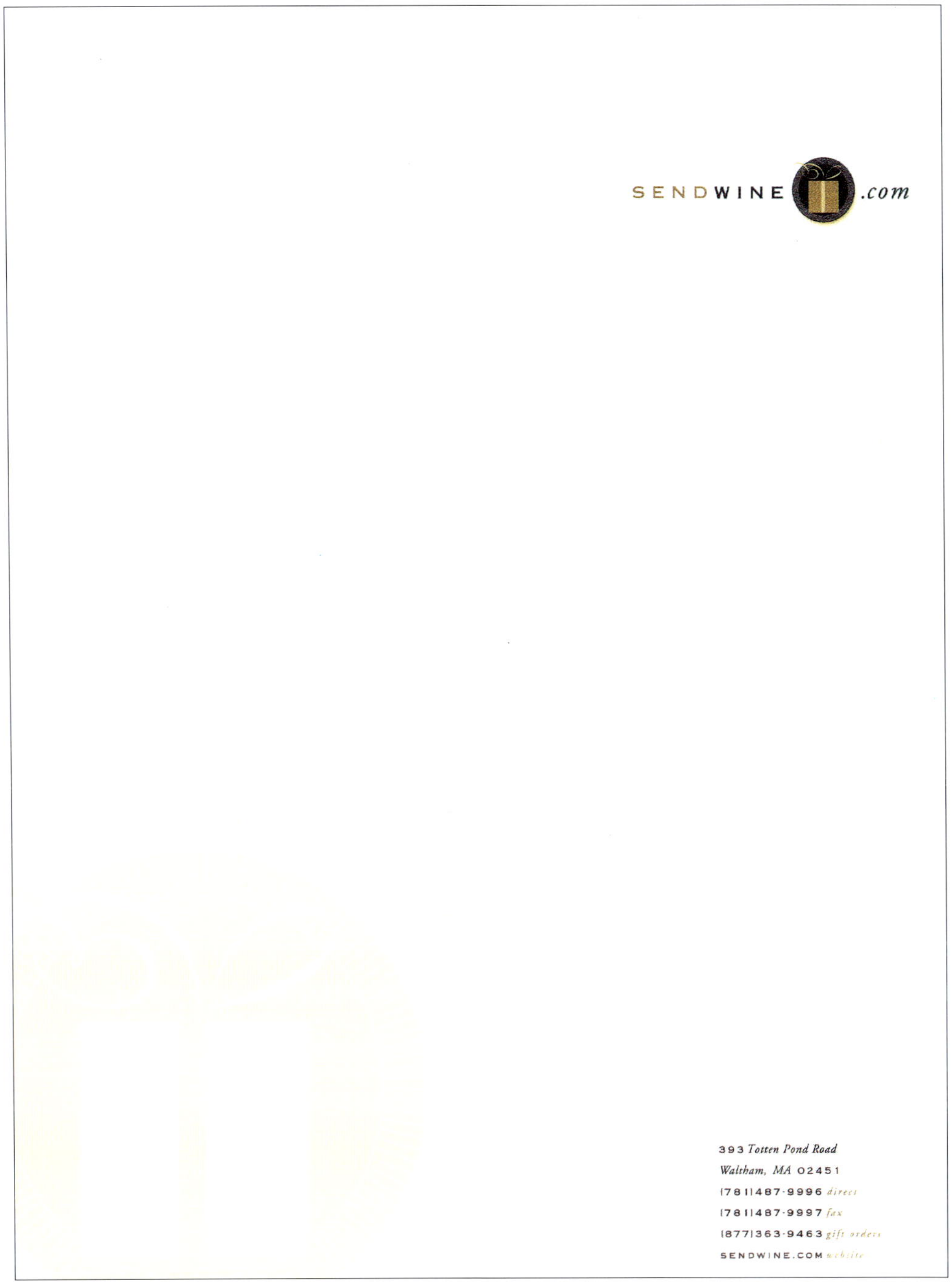

udio de diseño	Phillips Design Group
cción artística	Steve Phillips
diseño	Alison Goudreault, Susan Logher
cliente	Sendwine.com
s informáticos	Adobe Illustrator 7.0, Macintosh G3
apel/impresión	Strathmore escritura, Soft blanco/ BHF Printing

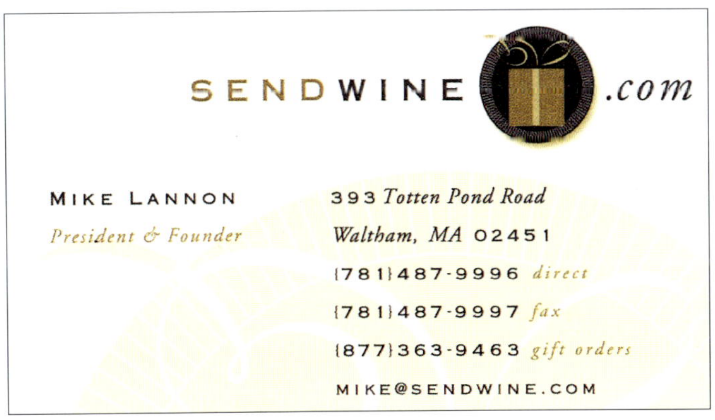

estudio de diseño	**Arrowstreet Graphic Design**
dirección artística	**Bob Lowe**
diseño	**Seth Londergan**
cliente	**Pet Corner, LLC**
medios informáticos	**Adobe Illustrator, Macintosh Power PC**
papel/impresión	**Poseidon blanco/Direct Printing**

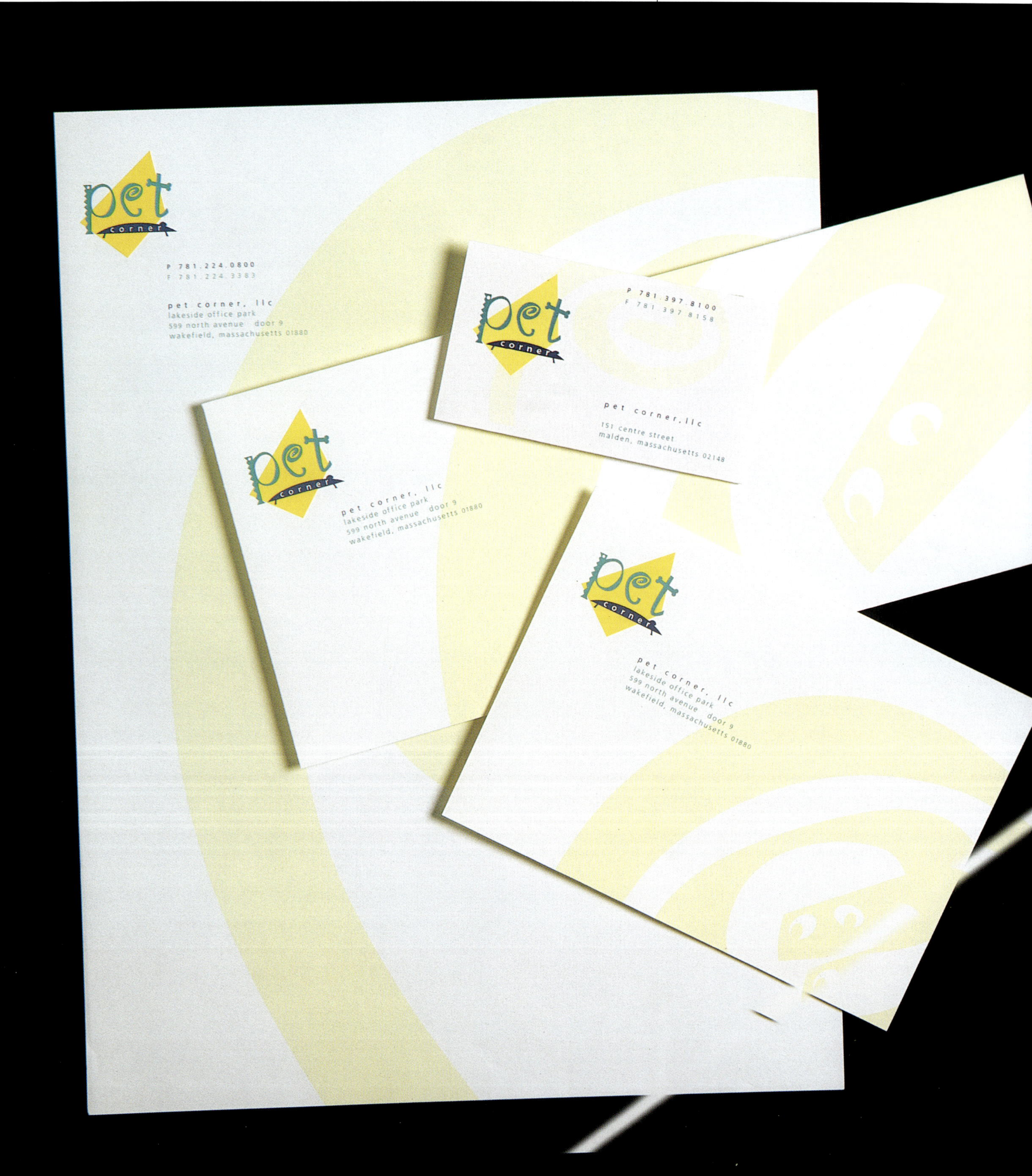

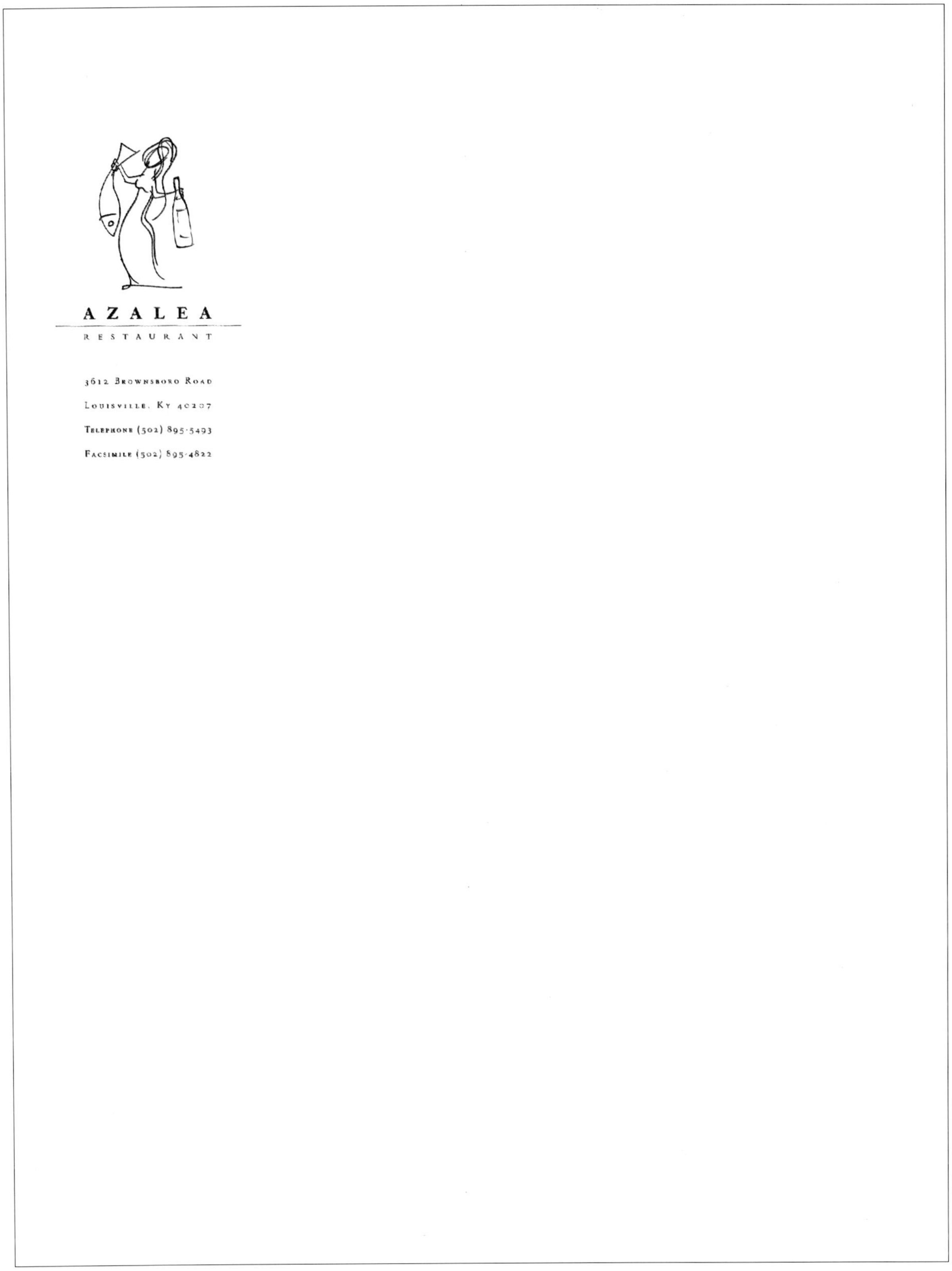

estudio de diseño	**Choplogic**
dirección artística	**Walter McCord**
diseño	**Walter McCord, Mary Cawein**
cliente	**Azalea**
papel/impresión	**Simpson Antiqua/Litografía a un color**

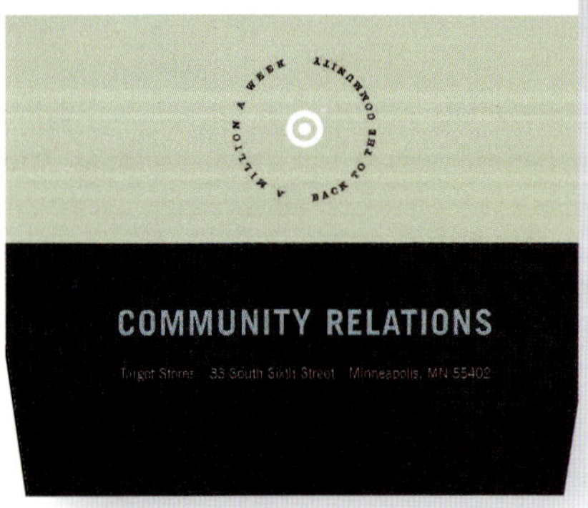

estudio de diseño | **Design Guys**
dirección artística | **Steven Sikora**
diseño | **Anne Peterson, Tom Riddle**
cliente | **Target Stores**
medios informáticos | **Quark XPress**
papel/impresión | **Strathmore escritura 80 lb./Challenge Printing**

estudio de diseño **Vestígio**
dirección artística **Emanuel Barbosa**
diseño **Emanuel Barbosa**
cliente **Latido**
medios informáticos **Macromedia FreeHand**
papel/impresión **Renova Print/Offset a dos colores**

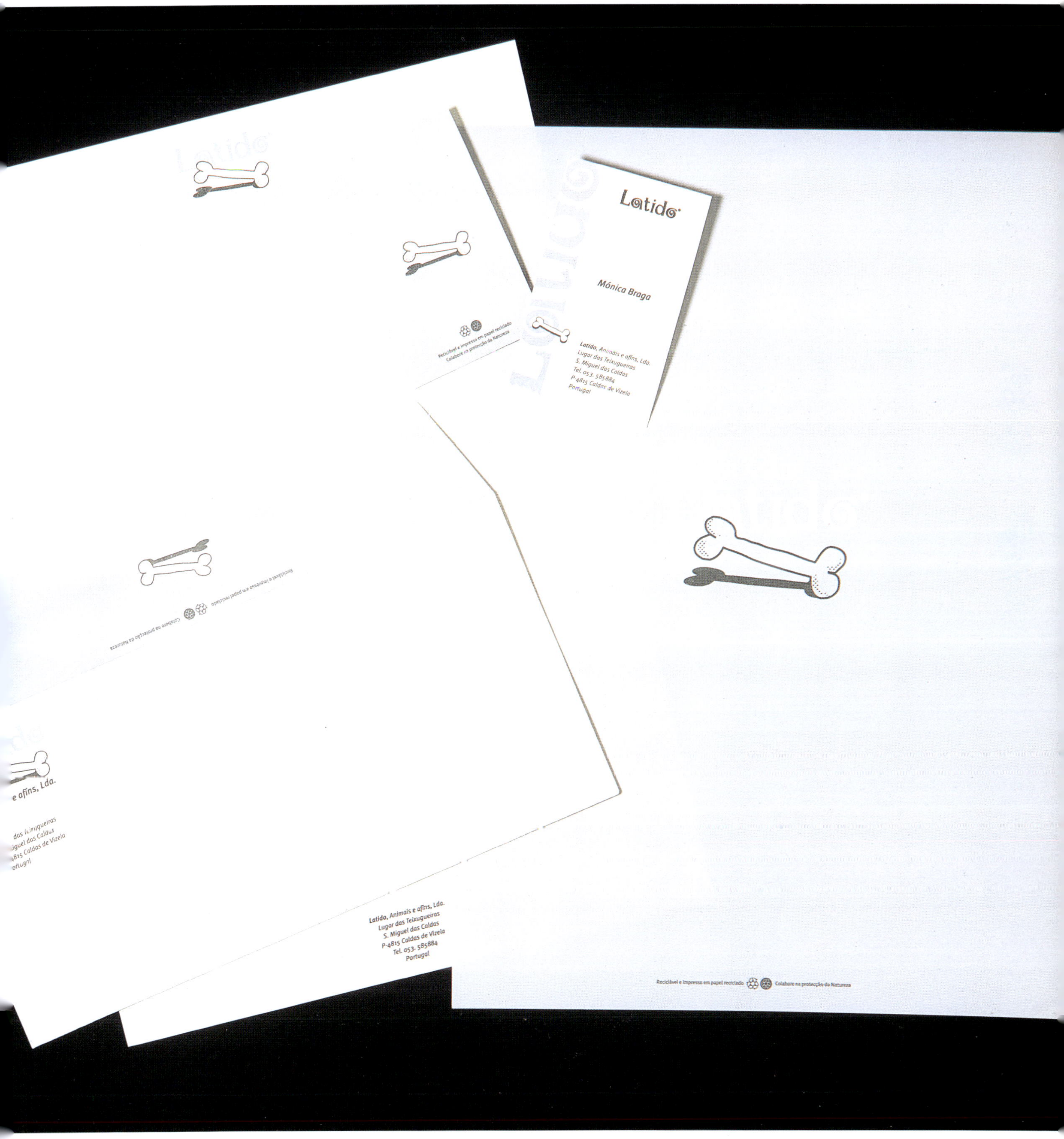

estudio de diseño	Marius Fahrner
dirección artística	Marius Fahrner
diseño	Marius Fahrner
cliente	'Rent a Bar' Barservice
medios informáticos	Adobe Illustrator, Quark XPress
papel/impresión	Römerturm Countryside/ Schickinger Werbedrull 2/0

estudio de diseño Vrontikis Design Office
dirección artística Petrula Vrontikis
diseño Christina Hsaio, Stationary: Petrula Vrontikis
cliente Kozo Hasegawa, Global Dining, Inc.
medios informáticos Adobe Photoshop, Quark XPress
papel/impresión Crosspointe Synergy/Login Printing

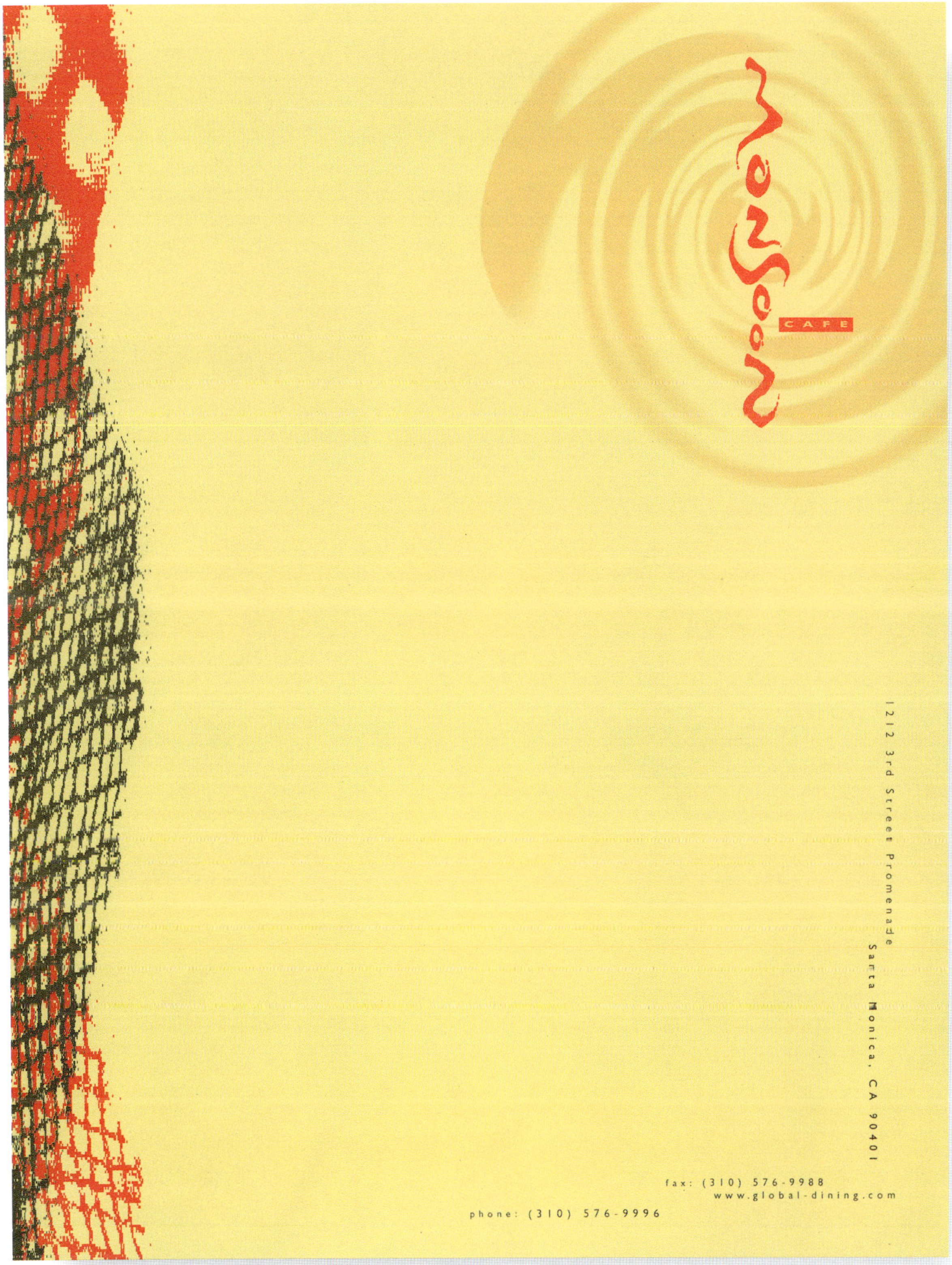

estudio de diseño	Mires Design
dirección artística	John Ball
diseño	John Ball, Miguel Perez, and Jeff Samaripa
cliente	dab fragrance sampling

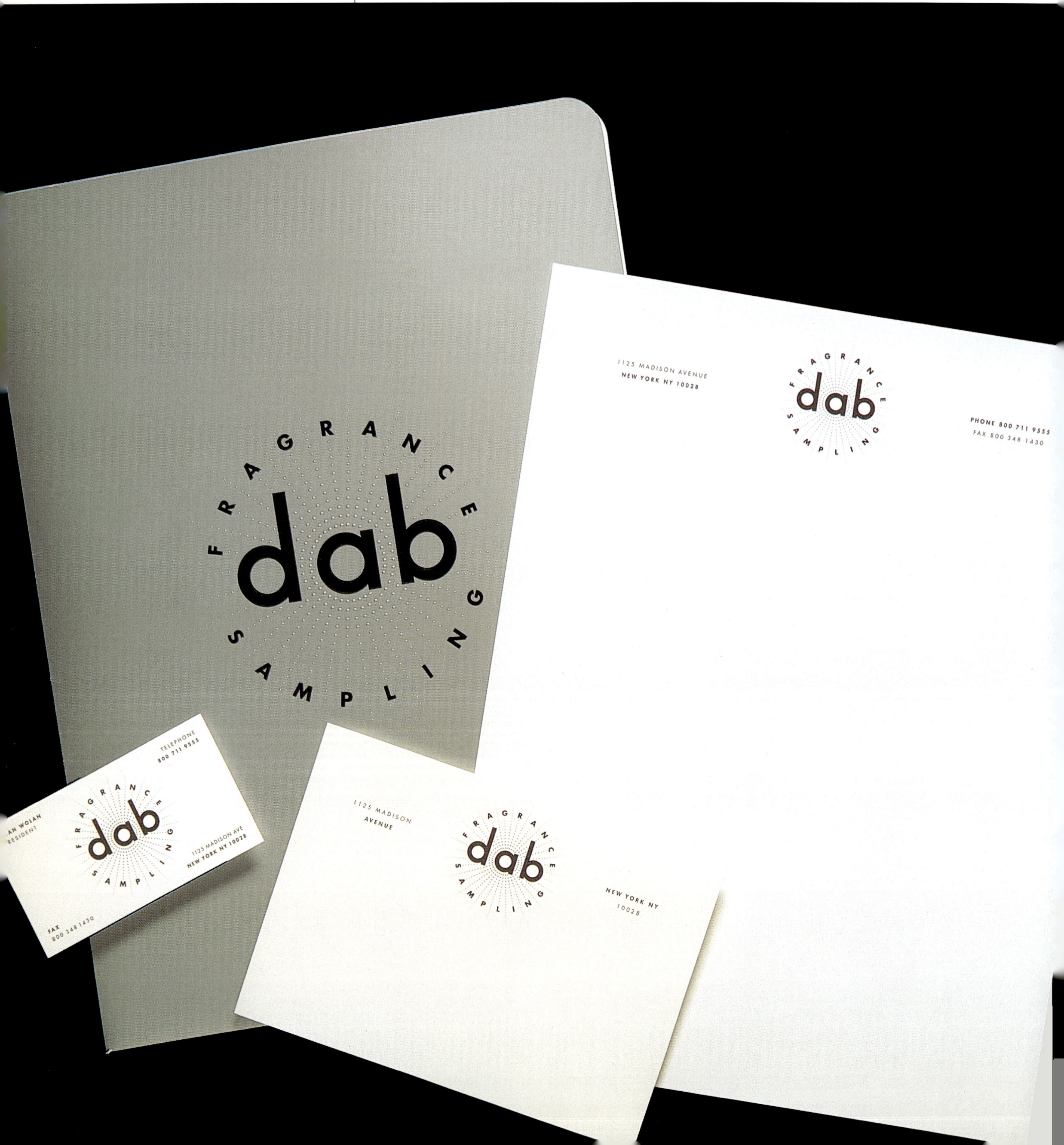

estudio de diseño	**Miriello Grafico, Inc.**
dirección artística	**Ron Miriello**
diseño	**Courtney Mayer**
cliente	**Divan**
medios informáticos	**Adobe Illustrator, Adobe Photoshop, Macintosh**
papel/impresión	**Litografía offset en tricromía sobre dos colores**

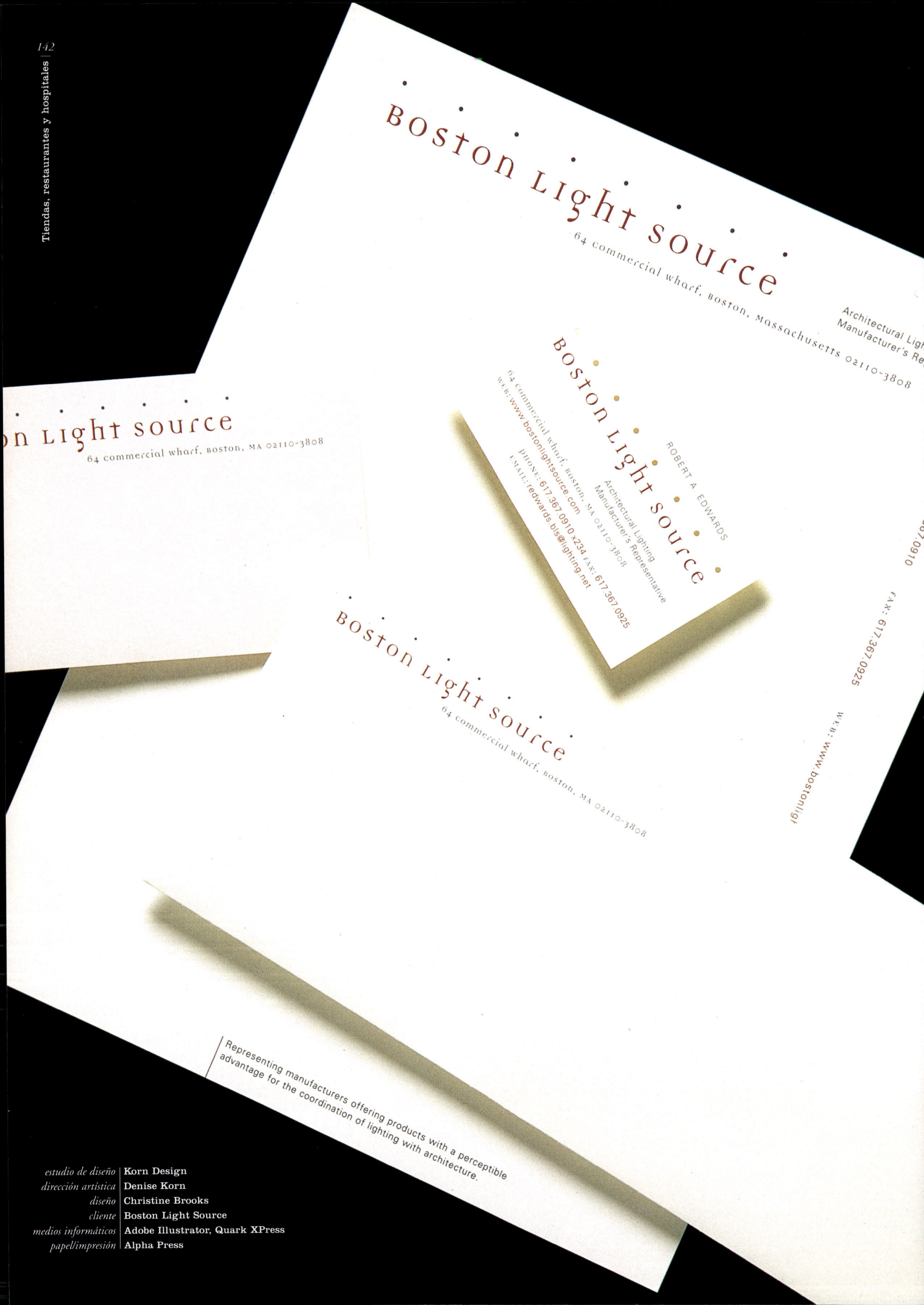

estudio de diseño	**Korn Design**
dirección artística	**Denise Korn**
diseño	**Christine Brooks**
cliente	**Boston Light Source**
medios informáticos	**Adobe Illustrator, Quark XPress**
papel/impresión	**Alpha Press**

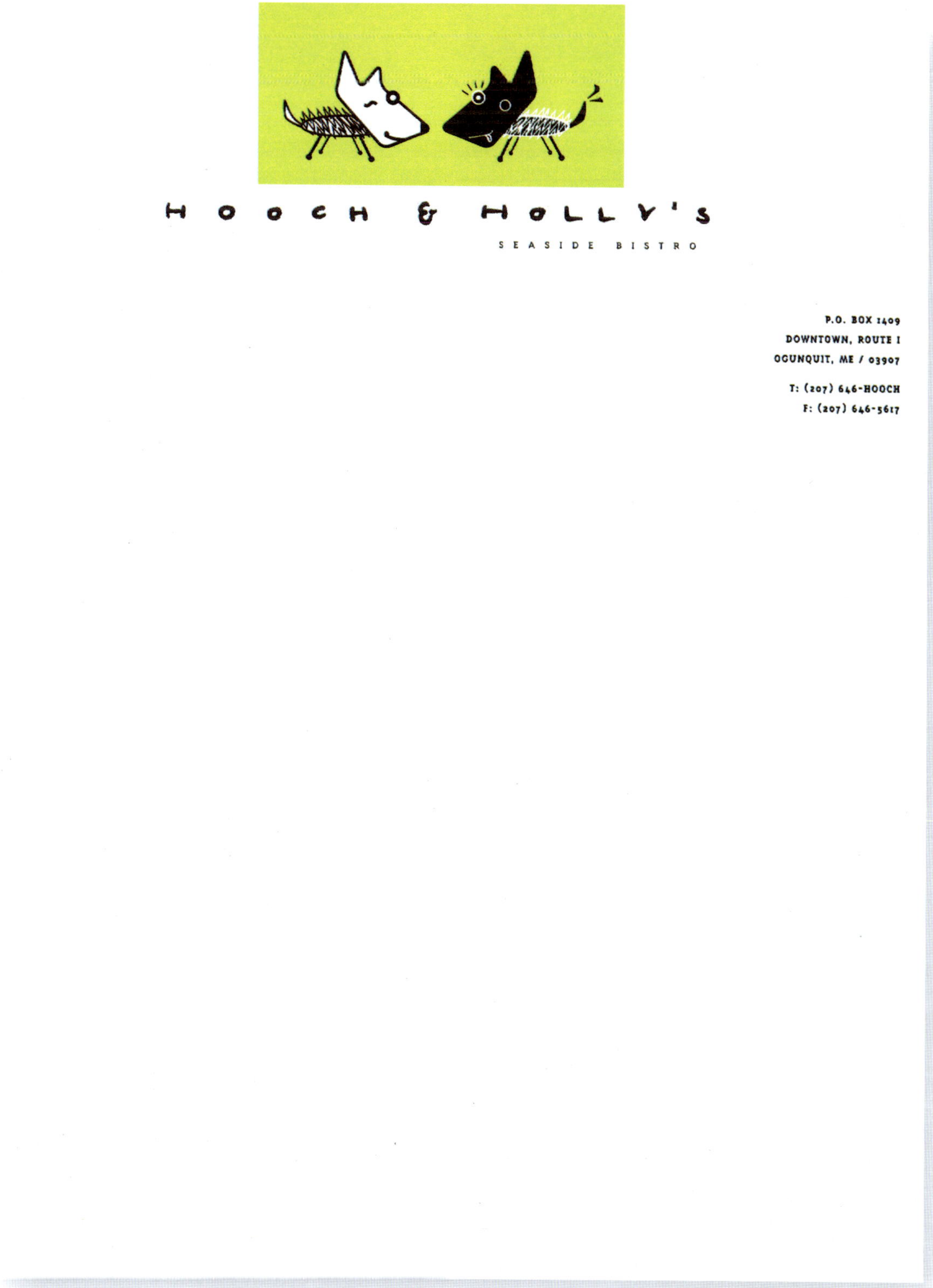

estudio de diseño	Korn Design
dirección artística	Denise Korn
diseño	Jenny Pelzek, Javier Cortés
cliente	Hooch & Holly's Restaurant
medios informáticos	Adobe Illustrator, Quark XPress, Macintosh Power PC
papel/impresión	Classic Crest - Neenah/Alpha Press

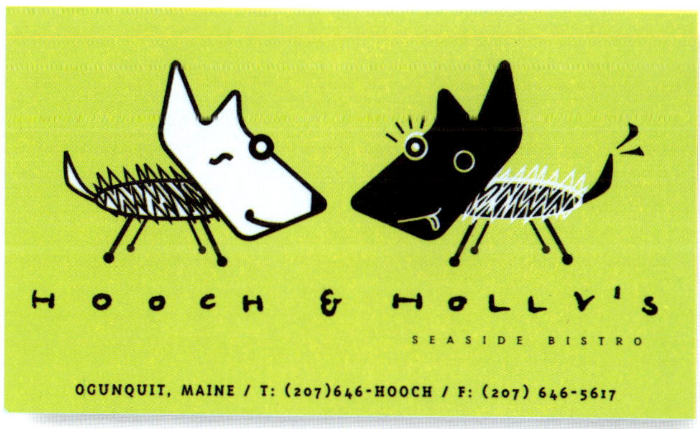

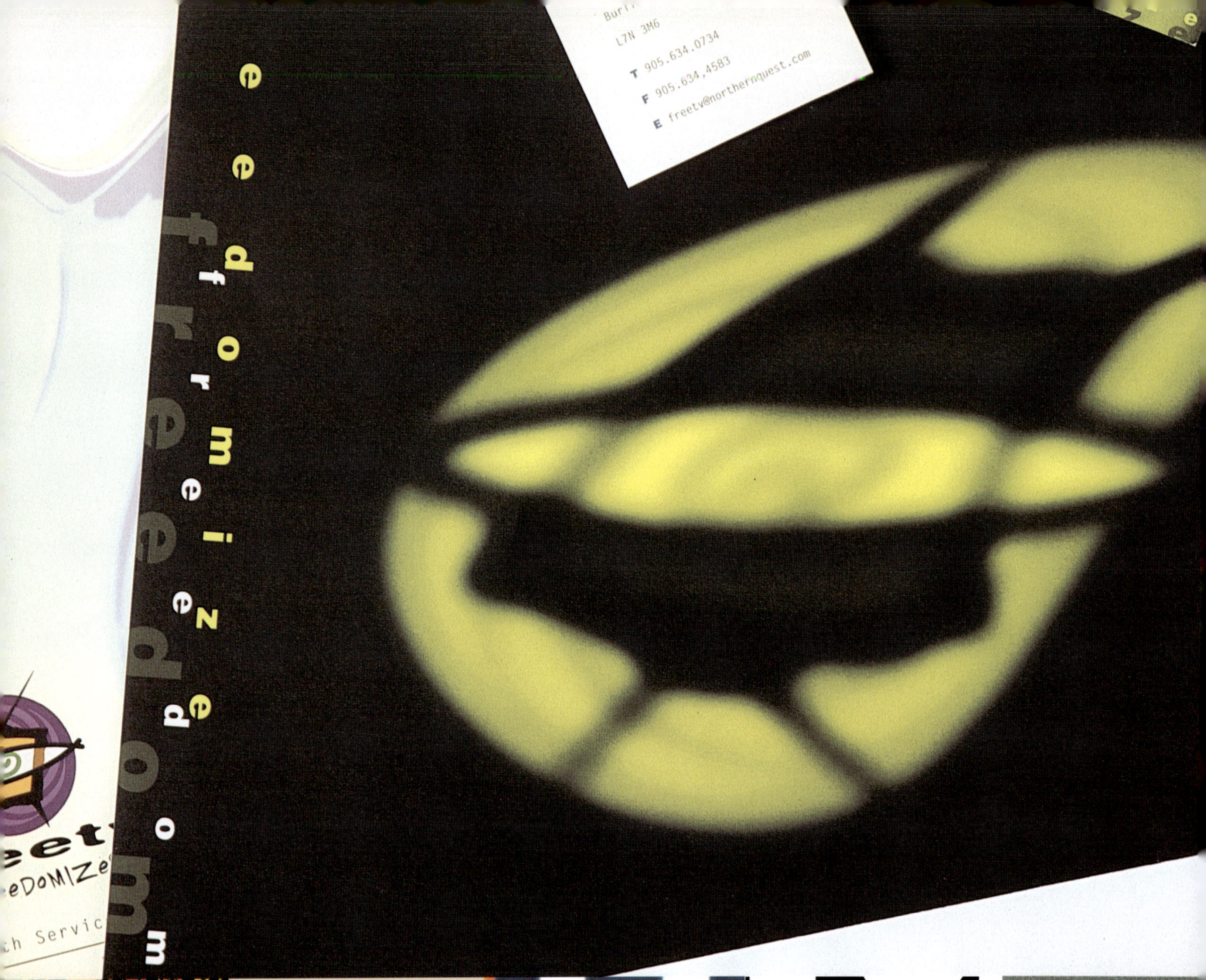

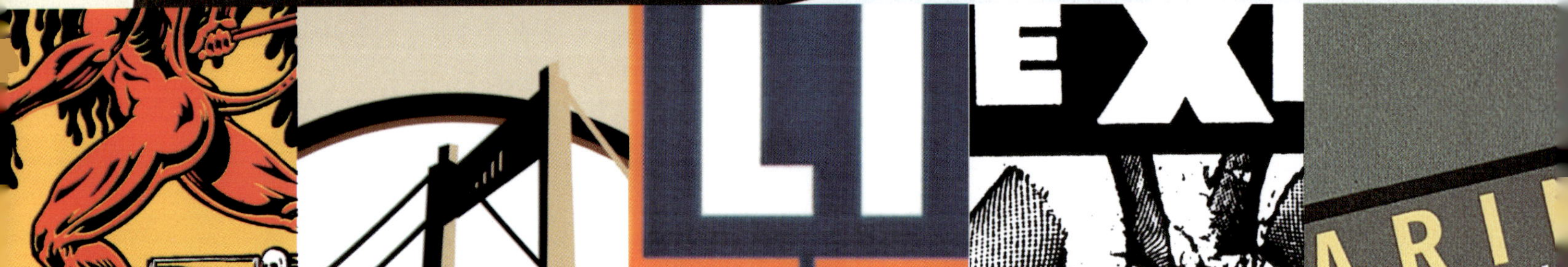

diversiones y ocio

estudio de diseño	**Cuppa Coffee Animation**
dirección artística	**Adam Shaheen**
diseño	**Julian Grey**
cliente	**Cuppa Coffee Animation**
papel/impresión	**Central Printing**

estudio de diseño | Brabender Cox
dirección artística | Stephen Smith
diseño | Stephen Smith
cliente | Breed Records
medios informáticos | Adobe Illustrator

estudio de diseño | what!design
dirección artística | Damon Meibers
diseño | Damon Meibers
cliente | Clearcut Recording
medios informáticos | Adobe Illustrator, Quark XPress
papel/impresión | Atlas Printing

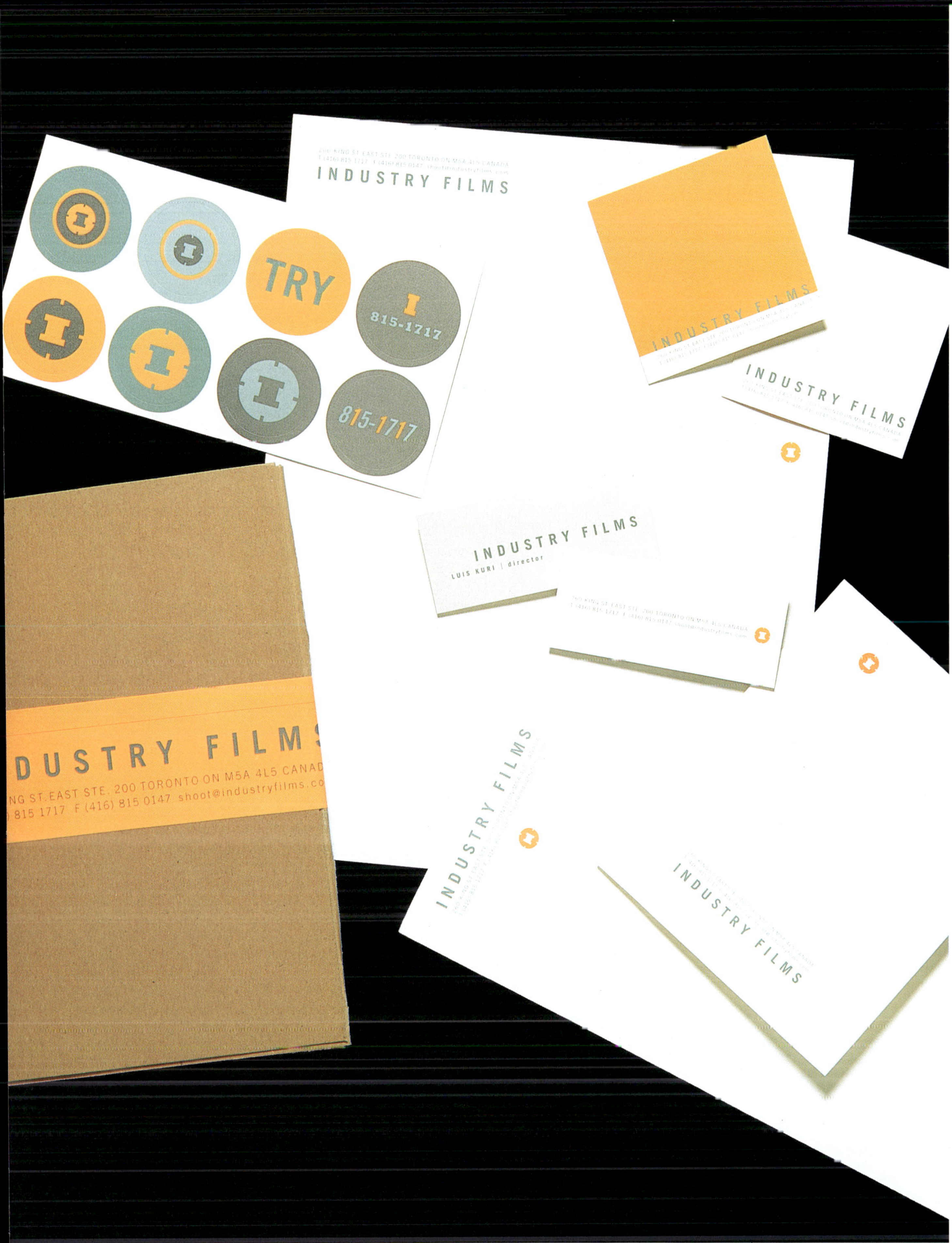

estudio de diseño	**Blok Design**
dirección artística	**Vanessa Eckstein**
diseño	**Vanessa Eckstein**
cliente	**Industry Films**
medios informáticos	**Adobe Illustrator, Quark XPress**
papel/impresión	**Strathmore Ultimate blanco/Offset**

estudio de diseño	**Mires Design**
dirección artística	**John Ball**
diseño	**John Ball, Miguel Perez**
ilustración	**Tracy Sabin**
cliente	**Nike Inc.**

estudio de diseño	**Mires Design**
dirección artística	**John Ball**
diseño	**John Ball, Deborah Hom**
cliente	**Nike, Inc.**

estudio de diseño	**DogStar Design**
dirección artística	**Jennifer Martin**
diseño	**Jennifer Martin**
cliente	**Roaring Tiger Films**
medios informáticos	**Macromedia FreeHand**

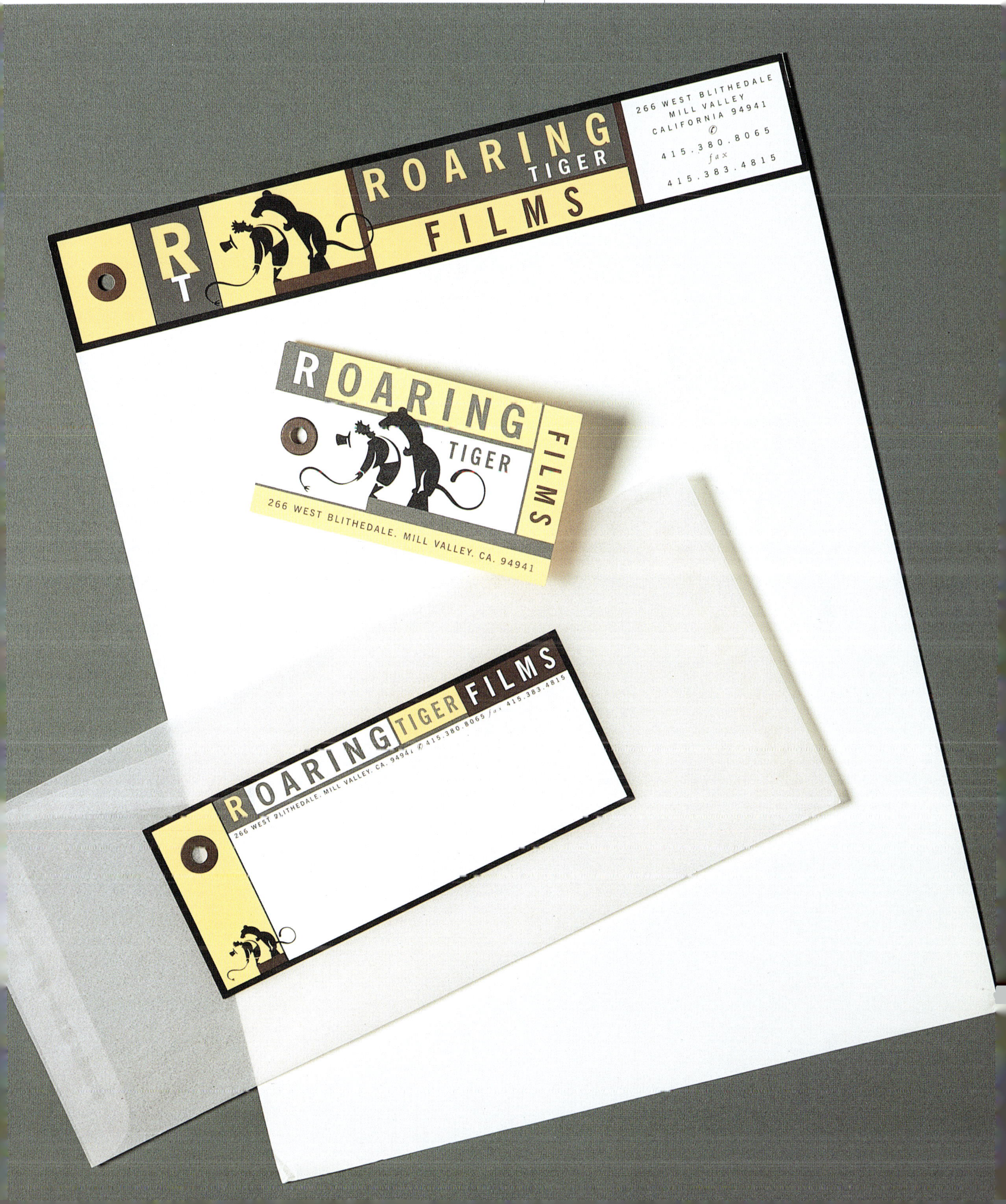

estudio de diseño	**The Riordon Design Group, Inc.**
dirección artística	**Ric Riordon**
diseño	**Dan Wheaton, Sharon Porter**
cliente	**Free TV**
medios informáticos	**Adobe Illustrator, Quark XPress, Adobe Photoshop**
papel/impresión	**Bravo/Contact Creative**

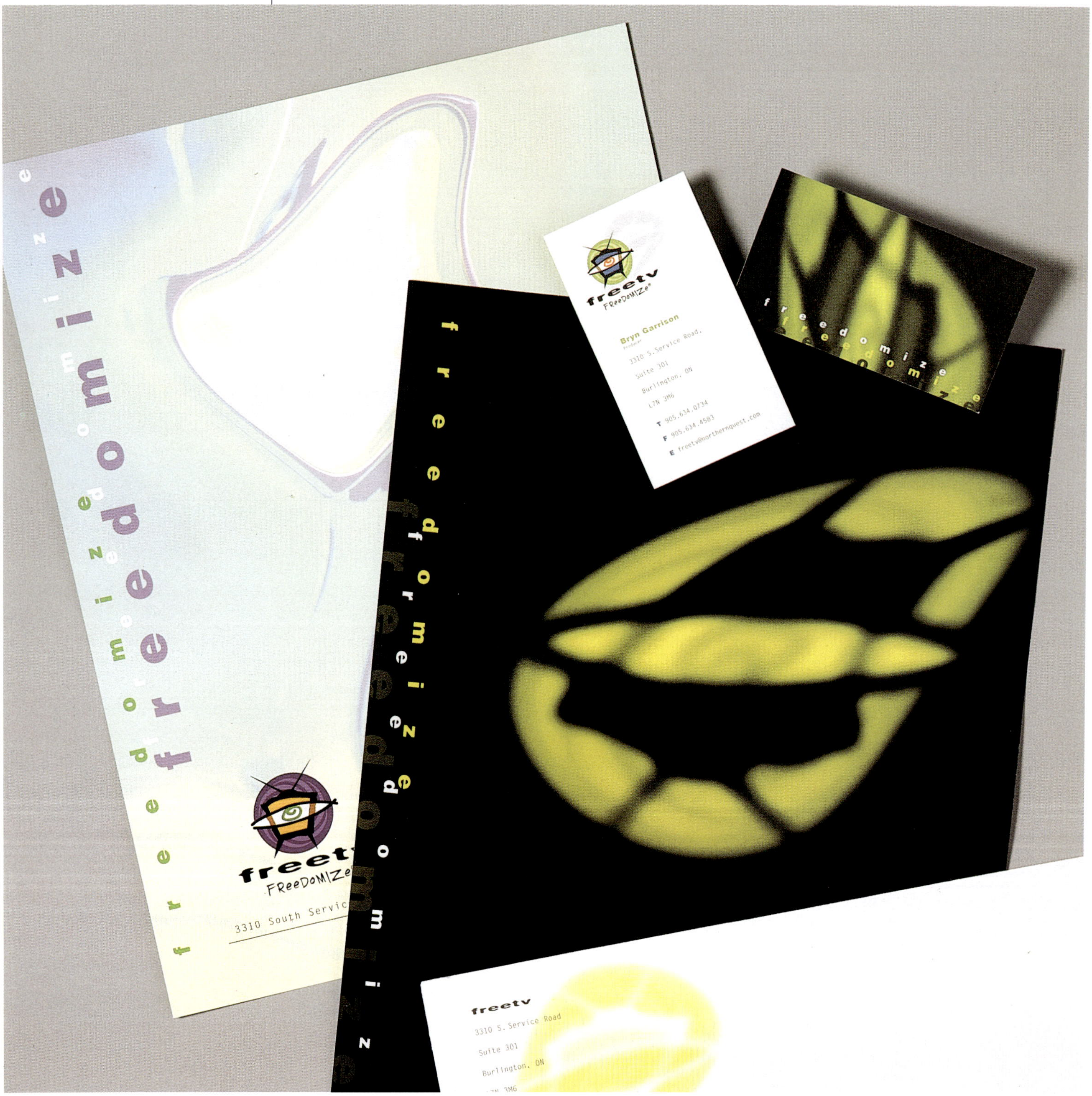

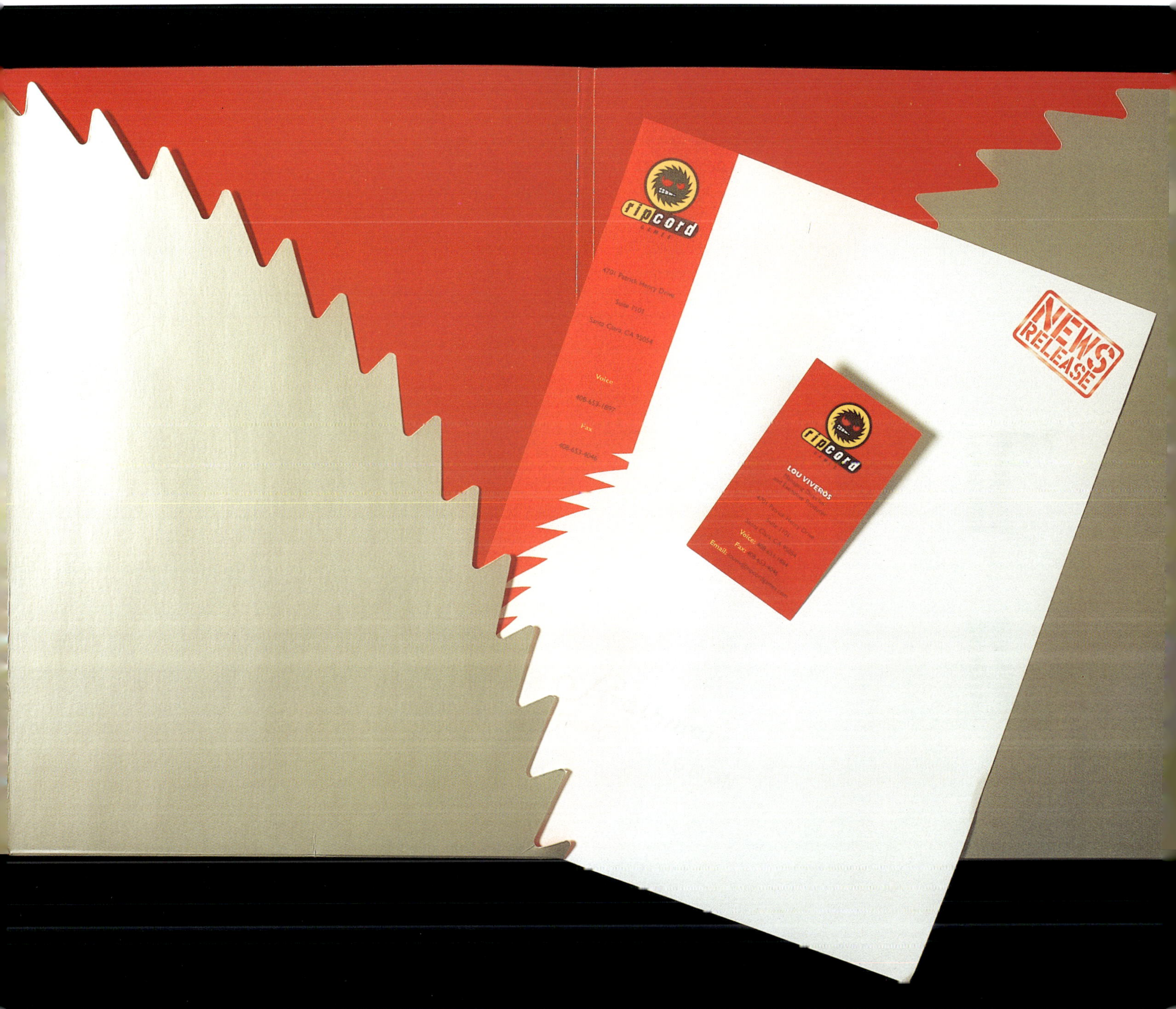

estudio de diseño	**Iron Design**
dirección artística	**Todd Edmonds**
diseño	**Jim Keller**
cliente	**Ripcord Games**
medios informáticos	**Adobe Illustrator**
papel/impresión	**Strathmore/Cuatricromía, plateado metálico**

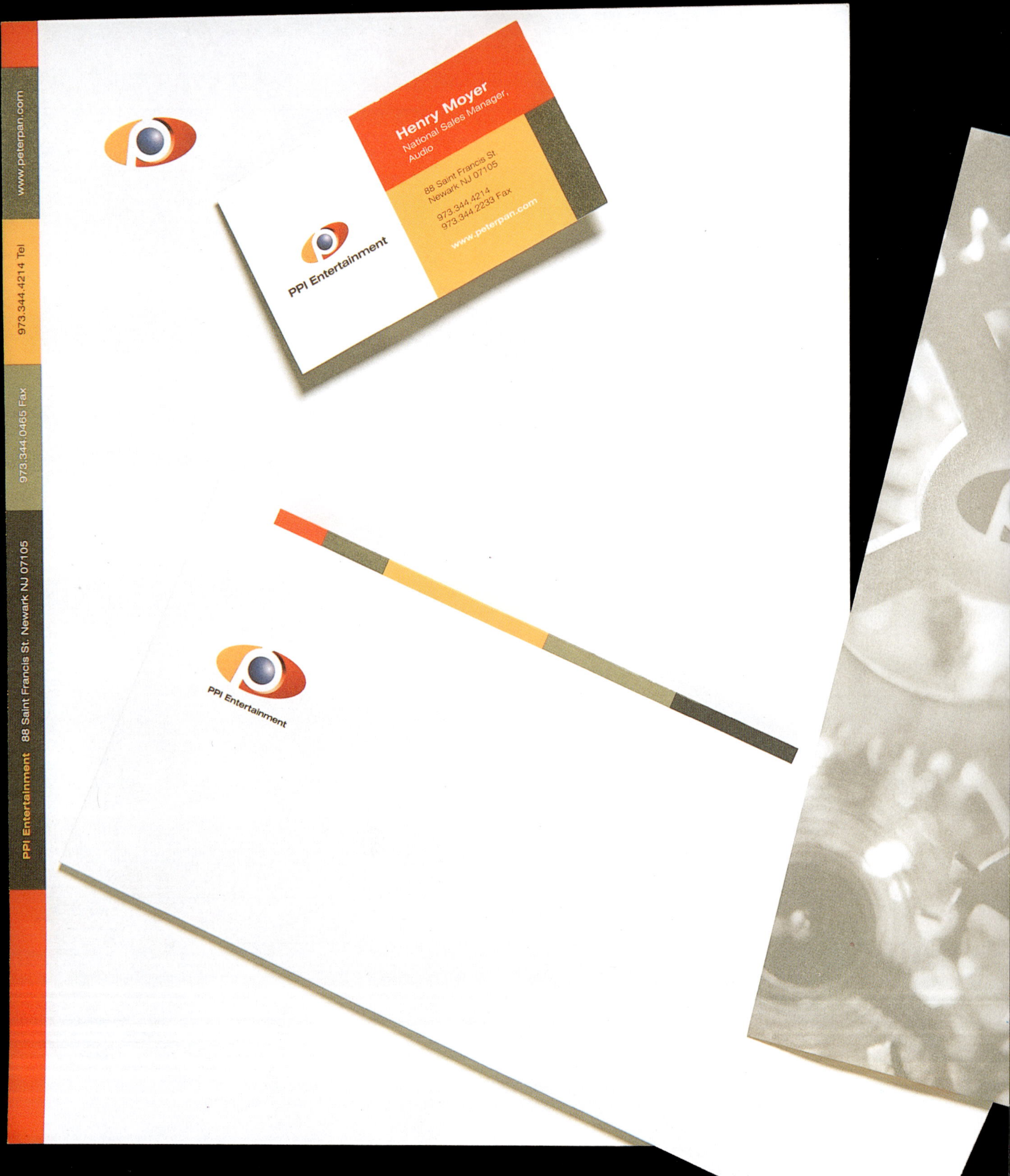

estudio de diseño | **Iron Design**
dirección artística | **Todd Edmonds**
diseño | **Ted Skibinski**
cliente | **PPI Entertainment**

estudio de diseño | **Mires Design**
dirección artística | **Jose Serrano**
diseño | **Jose Serrano, Miguel Perez**
cliente | **Hell Racer**

estudio de diseño | **Mires Design**
dirección artística | **Jose Serrano**
diseño | **Jose Serrano, Miguel Perez**
cliente | **Hell Racer**

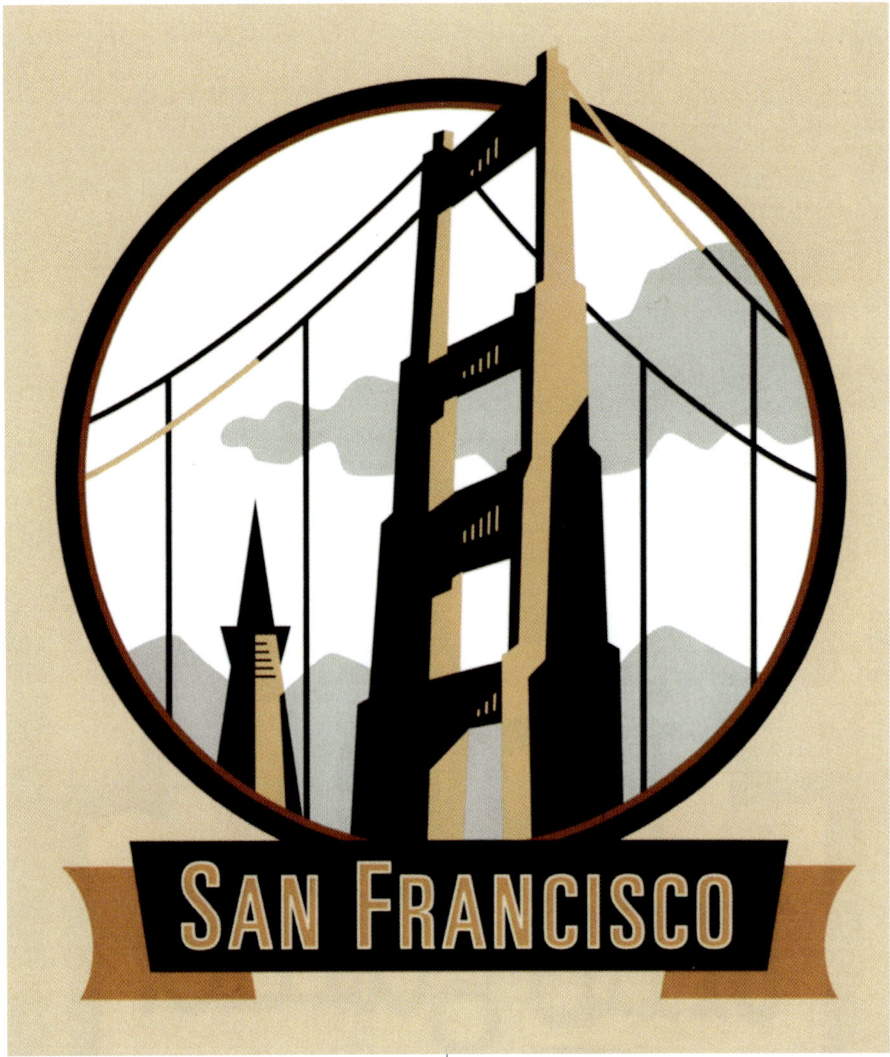

estudio de diseño	**Jim Lange Design**
dirección artística	**Kathleen Hughes**
diseño	**Jim Lange**
cliente	**Logotipo conferencia Asociación Biblioteca Pública**
medios informáticos	**Macintosh**

estudio de diseño | Karacters Design Group
diseño | Maria Kennedy
cliente | Eaglequest Golf Centers

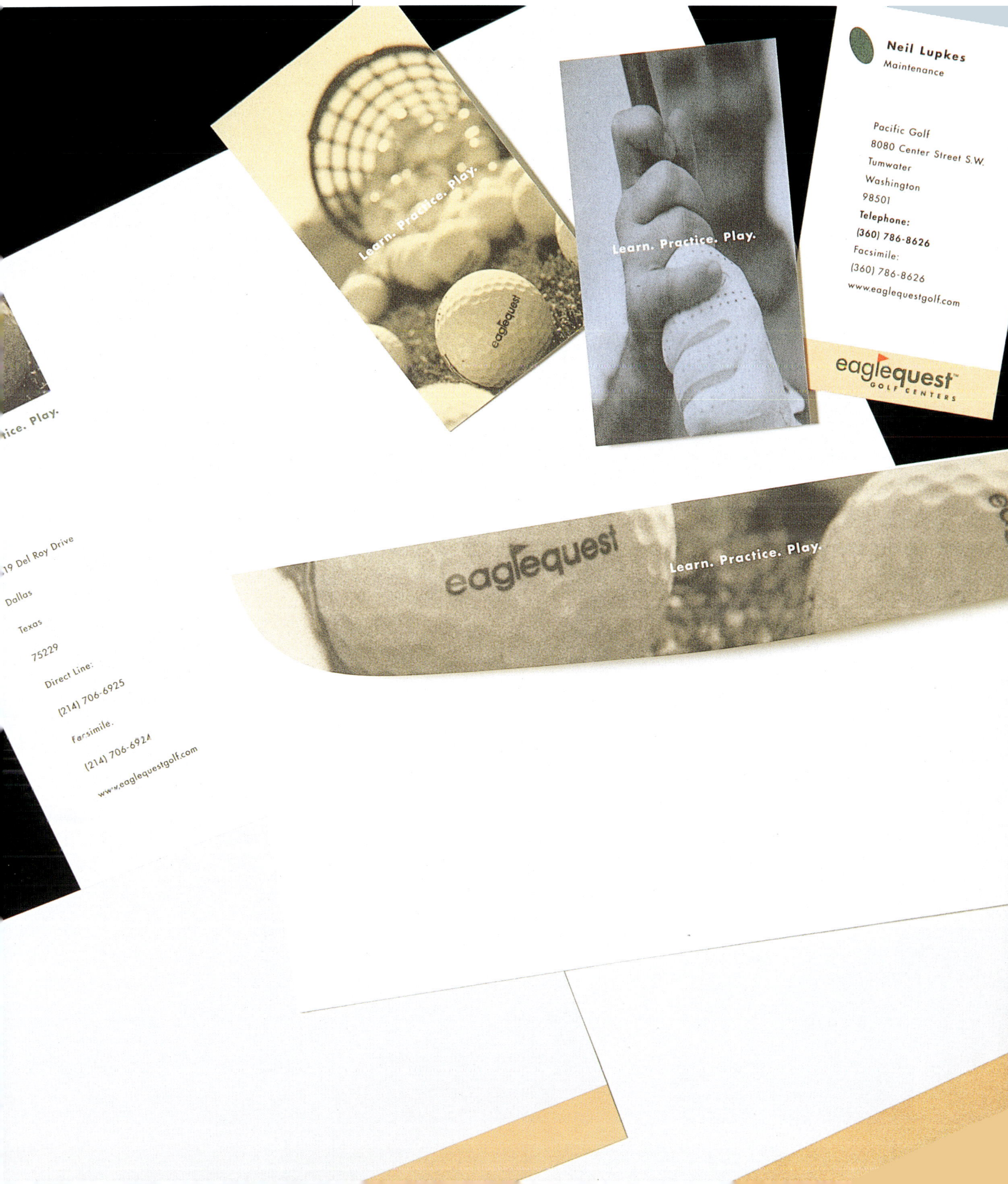

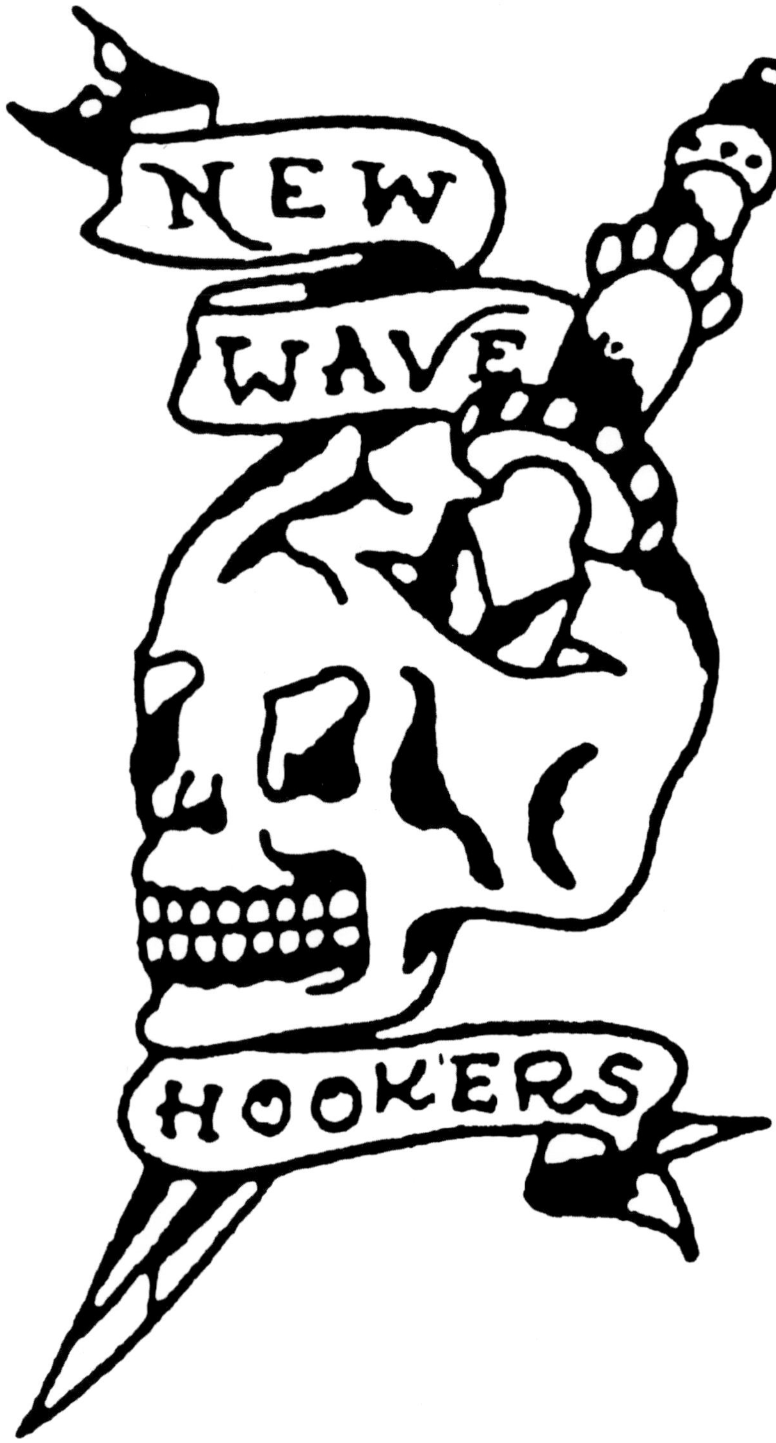

estudio de diseño | Art Chantry Design Company
diseño | Art Chantry
cliente | Estrus Records

estudio de diseño | Art Chantry Design Company
diseño | Art Chantry
cliente | The Showbox

estudio de diseño | Art Chantry Design Company
diseño | Art Chantry
cliente | Estrus Records

estudio de diseño | **Art Chantry Design Company**
diseño | **Art Chantry**
cliente | **Estrus Records**

estudio de diseño | **Art Chantry Design Company**
diseño | **Art Chantry**
cliente | **Hell's Elevator Productions**

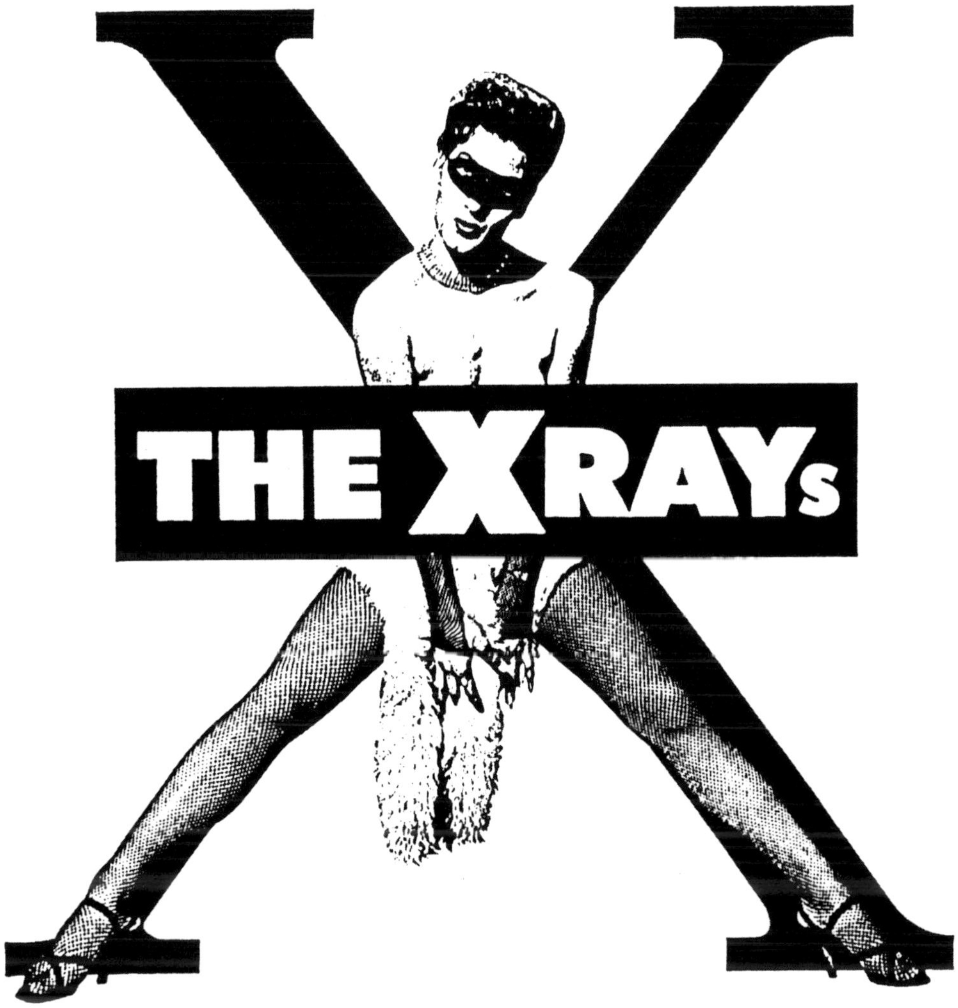

estudio de diseño | Art Chantry Design Company
diseño | Art Chantry
cliente | Empty Records

estudio de diseño **Sametz Blackstone Associates**
dirección artística **Will Cook**
diseño **Will Cook**
cliente **Provincetown Repertory Theatre**
medios informáticos **Macintosh Power PC, Quark XPress, Adobe Photoshop, Infinity**

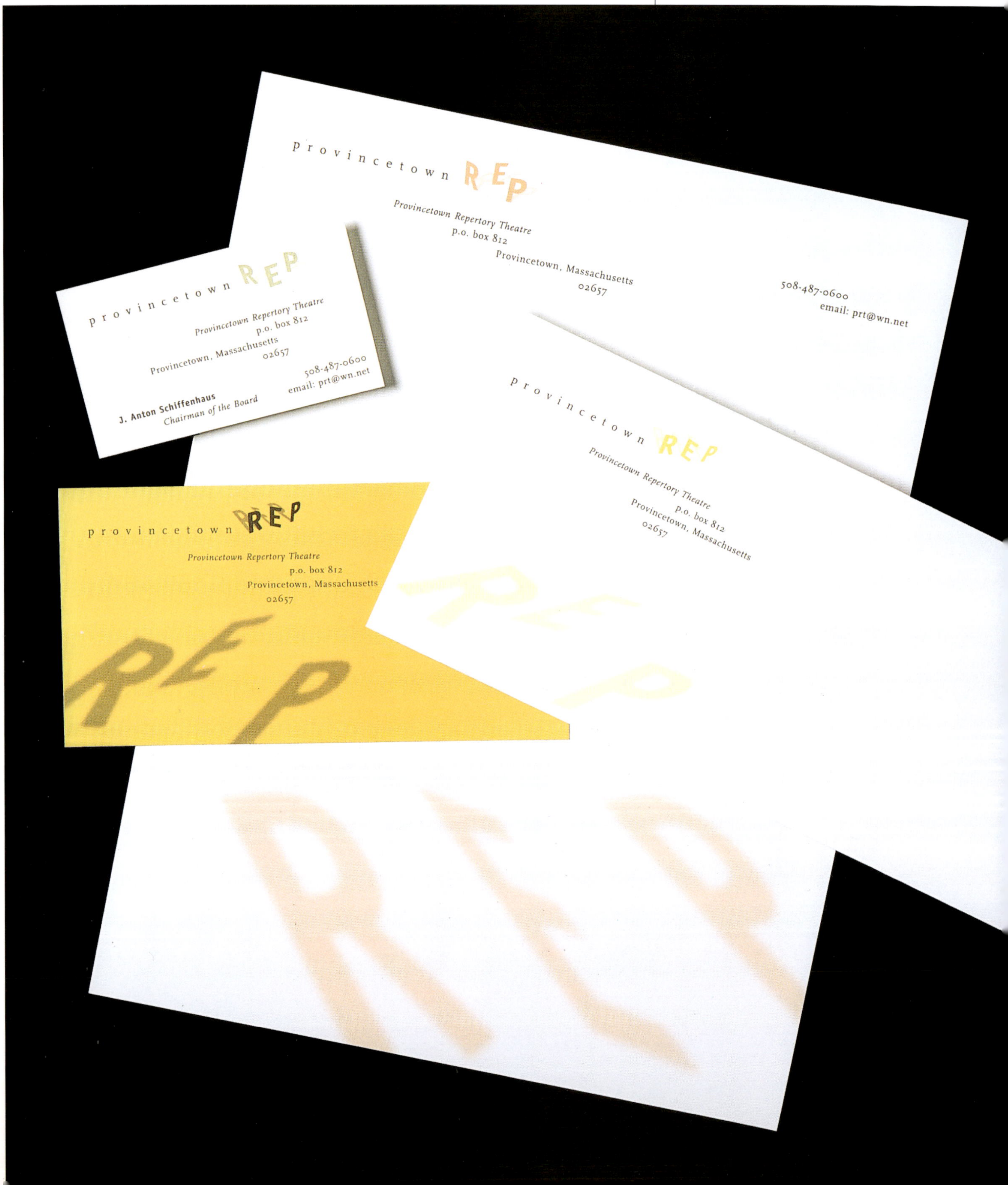

estudio de diseño	**Vrontikis Design Office**
dirección artística	**Petrula Vrontikis**
diseño	**Victor Corpuz, Stationary: Winnie Li**
cliente	**Mama Records**
medios informáticos	**Quark XPress, Adobe Illustrator**
papel/impresión	**Champion Benefit/Login Printing**

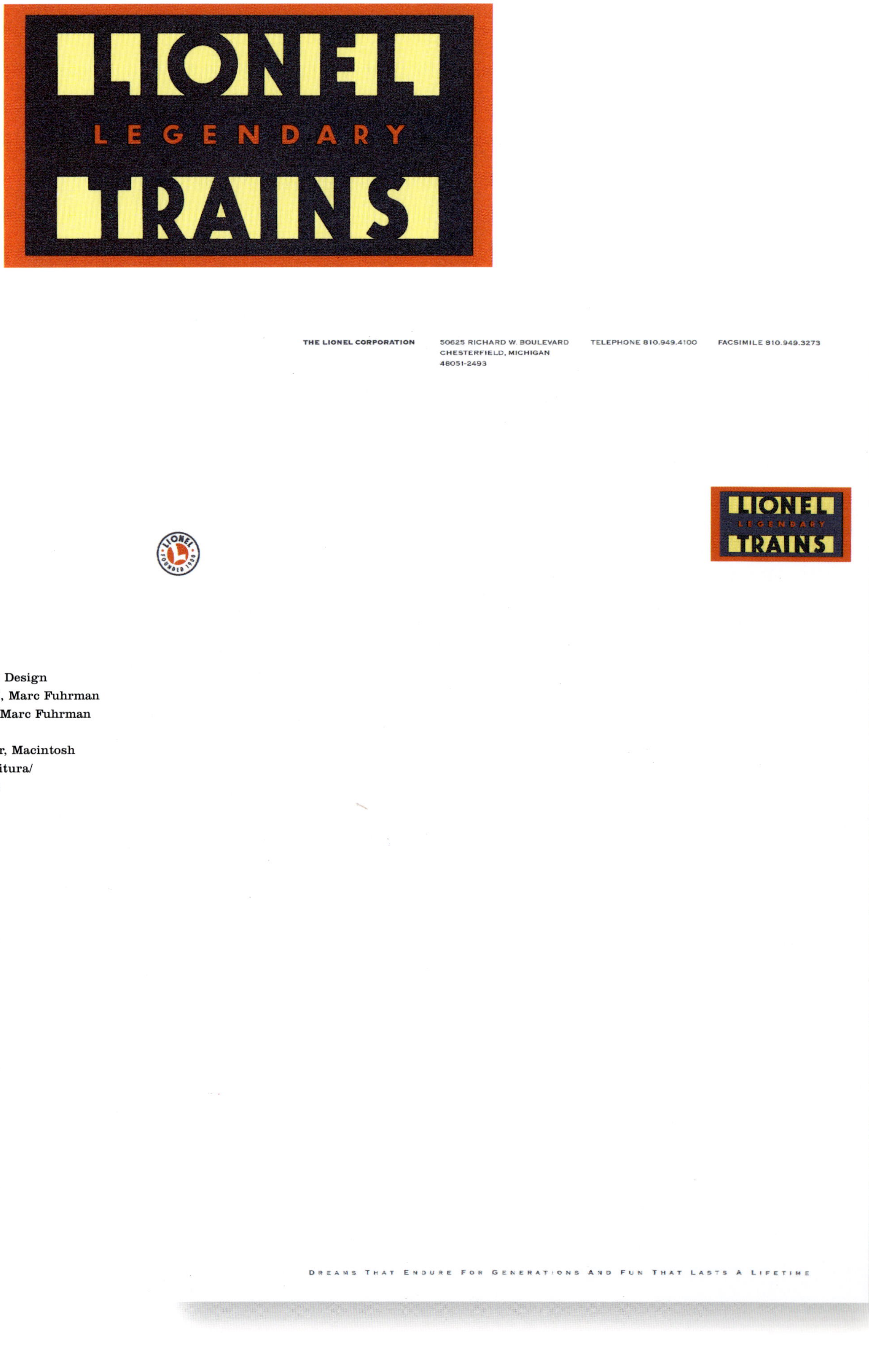

estudio de diseño **Michael Stanard Design**
dirección artística **Michael Stanard, Marc Fuhrman**
diseño **Michael Chang, Marc Fuhrman**
cliente **Lionel, LLC**
medios informáticos **Adobe Illustrator, Macintosh**
papel/impresión **Strathmore escritura/ Litografía offset**

estudio de diseño	Jim Lange Design
dirección artística	Jan Caille
diseño	Jim Lange
cliente	Triatlón de Chicago de Mrs. T
medios informáticos	Macintosh, Hand illustration
papel/impresión	Smith Printing

estudio de diseño **Sametz Blackstone Associates**
dirección artística **Robert Beerman**
diseño **Hania Khuri**
cliente **90.9 WBUR/The Connection**
medios informáticos **Quark XPress, Adobe Photoshop, Macintosh Power PC**
papel/impresión **Strathmore escritura satinado blanco 24 lb./Puritan Press**

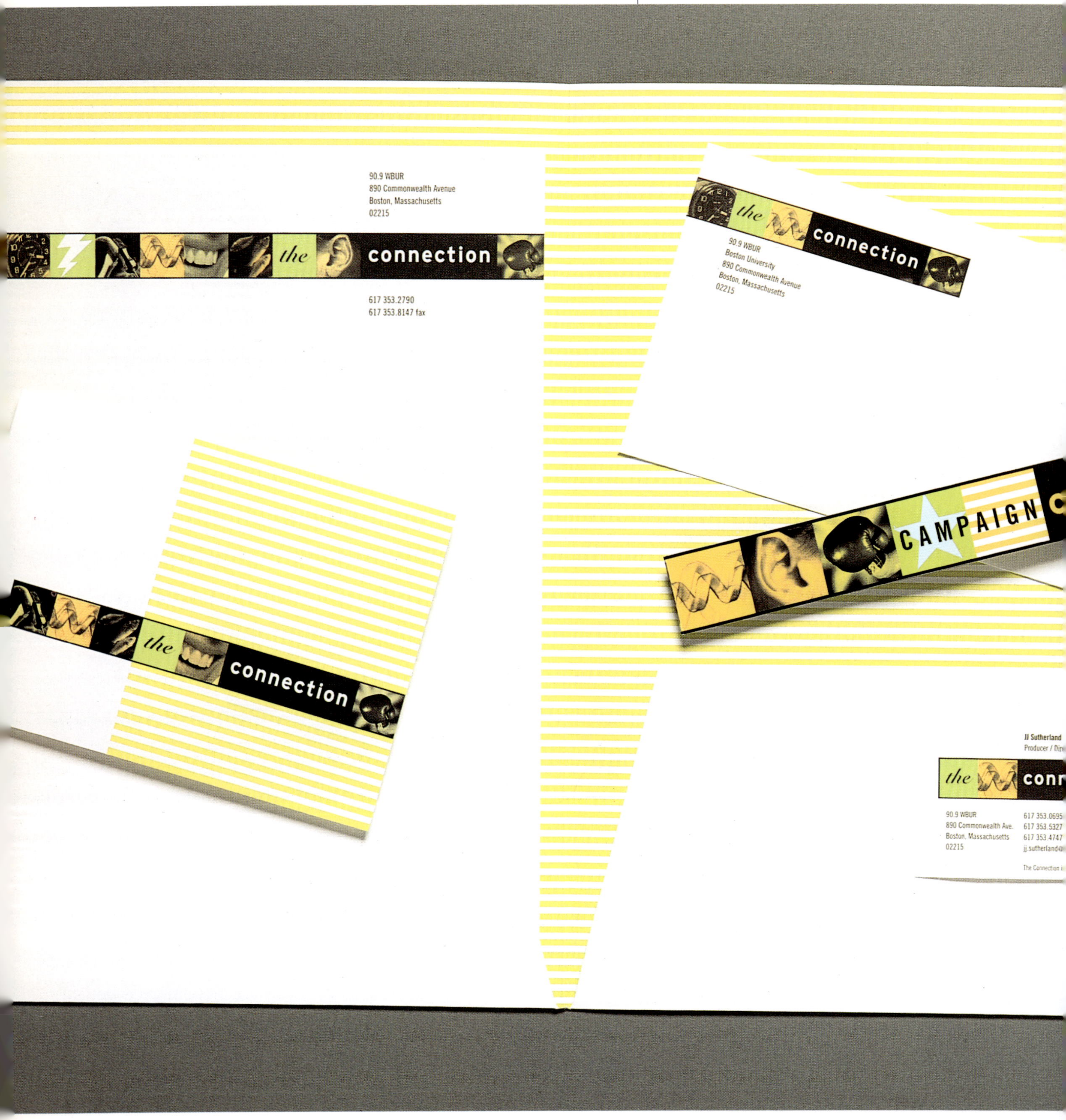

estudio de diseño | Segura, Inc.
dirección artística | Carols Segura
diseño | Colin Metcalf
cliente | Q101 Radio
medios informáticos | Adobe Photoshop, Adobe Illustrator
papel/impresión | MTG Productions

estudio de diseño	Selbert Perkins Design
dirección artística	Robin Perkins
dirección de diseño	Greg Welch
diseño	John Lutz, Ingrid Langhout, Julie D'Andrea
cliente	The Jerde Partnership International, Inc.

estudio de diseño	Selbert Perkins Design
dirección artística	Robin Perkins, Clifford Selbert
diseño	Gemma Lawson, Heather Watson
cliente	The Jerde Partnership International, Inc.

estudio de diseño Segura, Inc.
dirección artística Carlos Segura
diseño Carlos Segura, Susana Detembleque
cliente MCA
medios informáticos Adobe Photoshop, Adobe Illustrator

estudio de diseño	**Simon & Goetz Design**
dirección artística	**Ruediger Goetz**
diseño	**Ruediger Goetz**
ilustración	**Manuela Schmidt**
cliente	**ZDF**

estudio de diseño	**Simon & Goetz Design**
dirección artística	**Ruediger Goetz**
diseño	**Ruediger Goetz**
ilustración	**Elke Boehm**
cliente	**ZDF**

estudio de diseño	**Simon & Goetz Design**
dirección artística	**Ruediger Goetz**
diseño	**Beth Martin, Jorge Waldschuetz**
cliente	**Helkon Media Filmvertries GMBH**

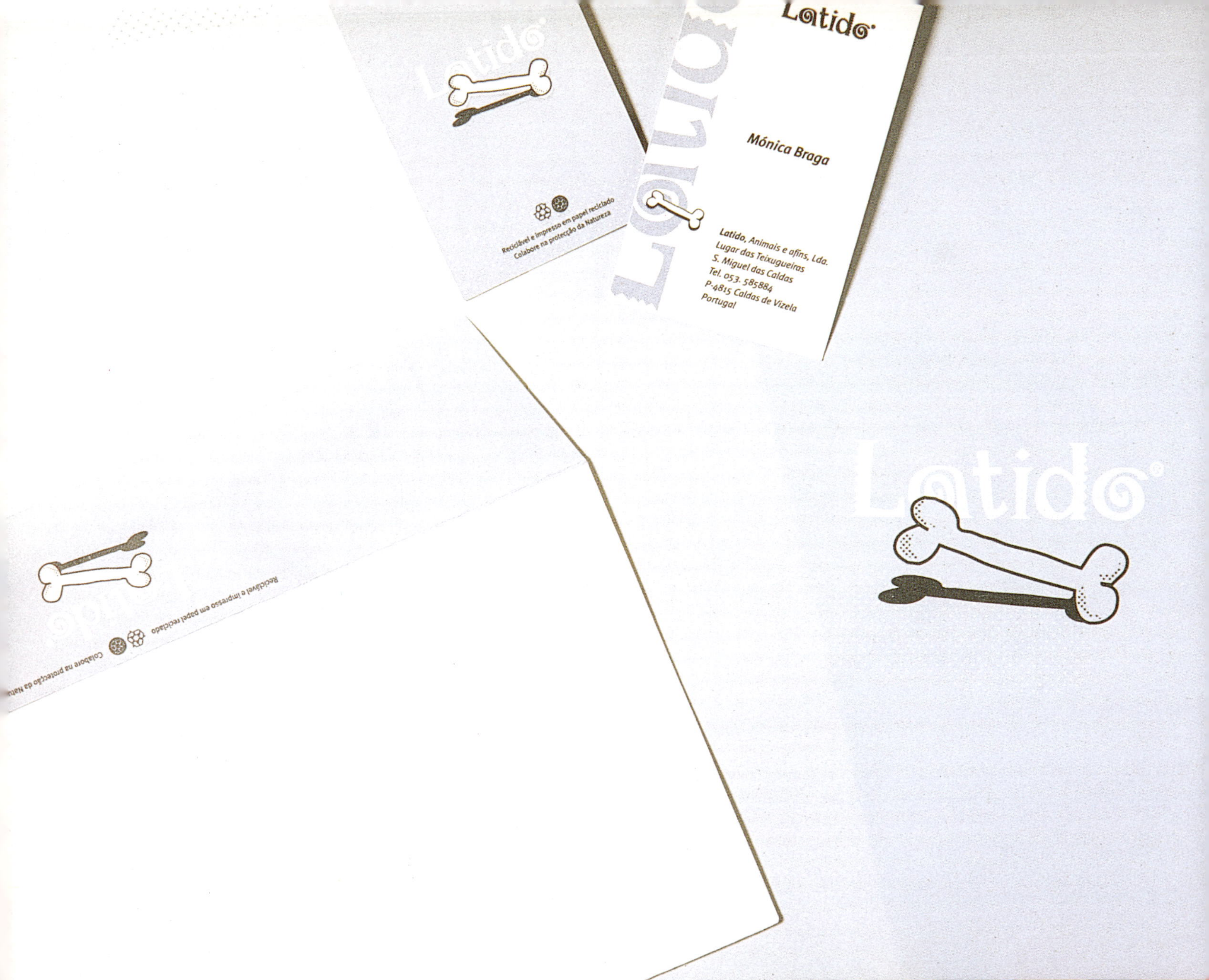

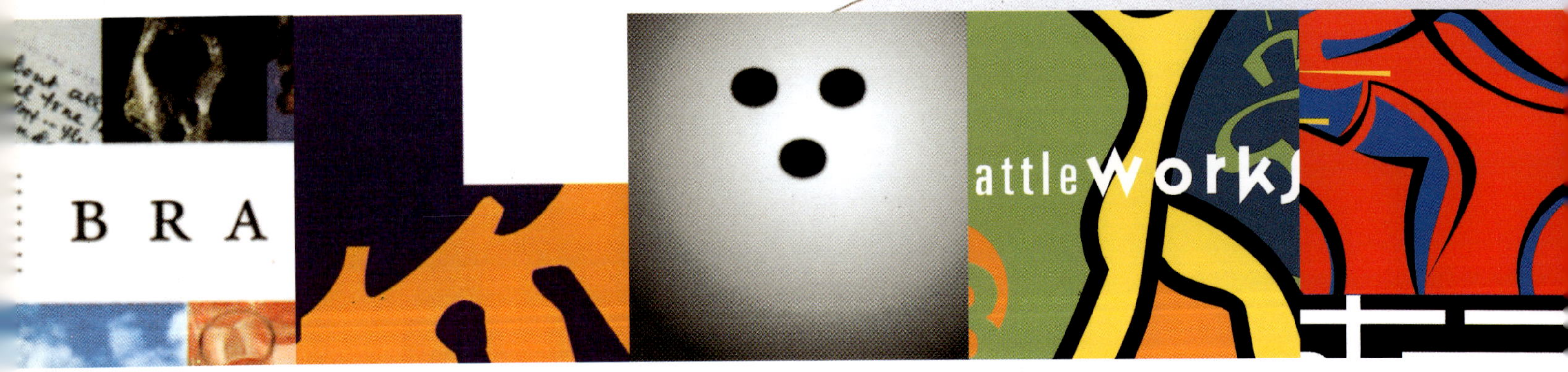

educación, salud y entidades no lucrativas

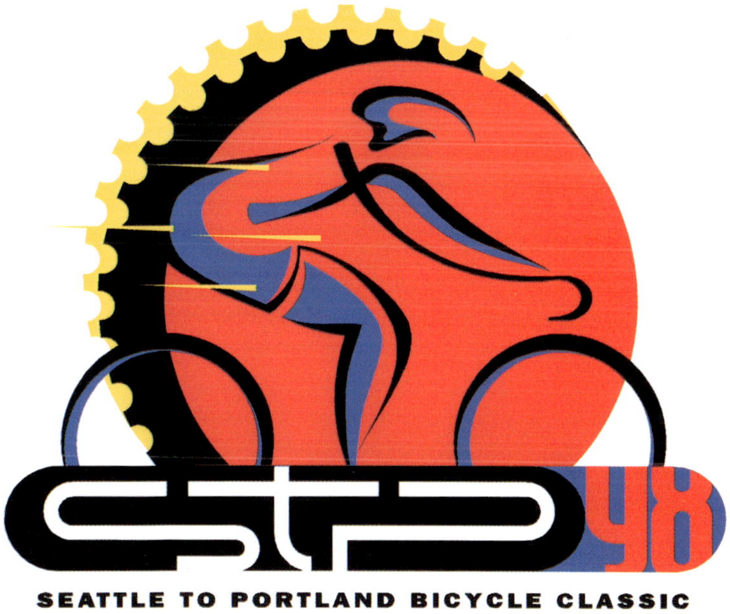

estudio de diseño	That's Cadiz! Originals
dirección artística	Mineleo Cadiz
diseño	Mineleo Cadiz
cliente	Cascade Bicycle Club
medios informáticos	Macromedia FreeHand 8.0

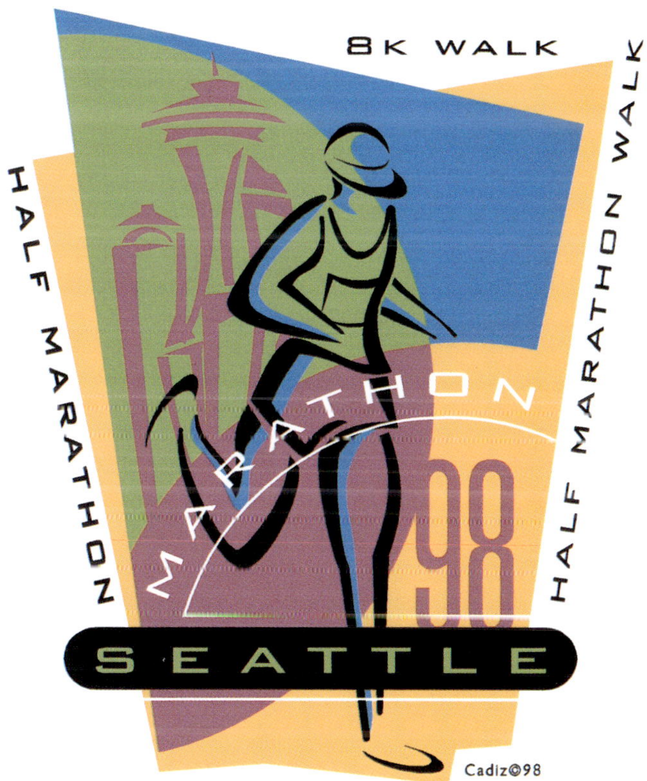

estudio de diseño	That's Cadiz! Originals
dirección artística	Mineleo Cadiz
diseño	Mineleo Cadiz
cliente	Seattle Marathon Association
medios informáticos	Macromedia FreeHand 8.0

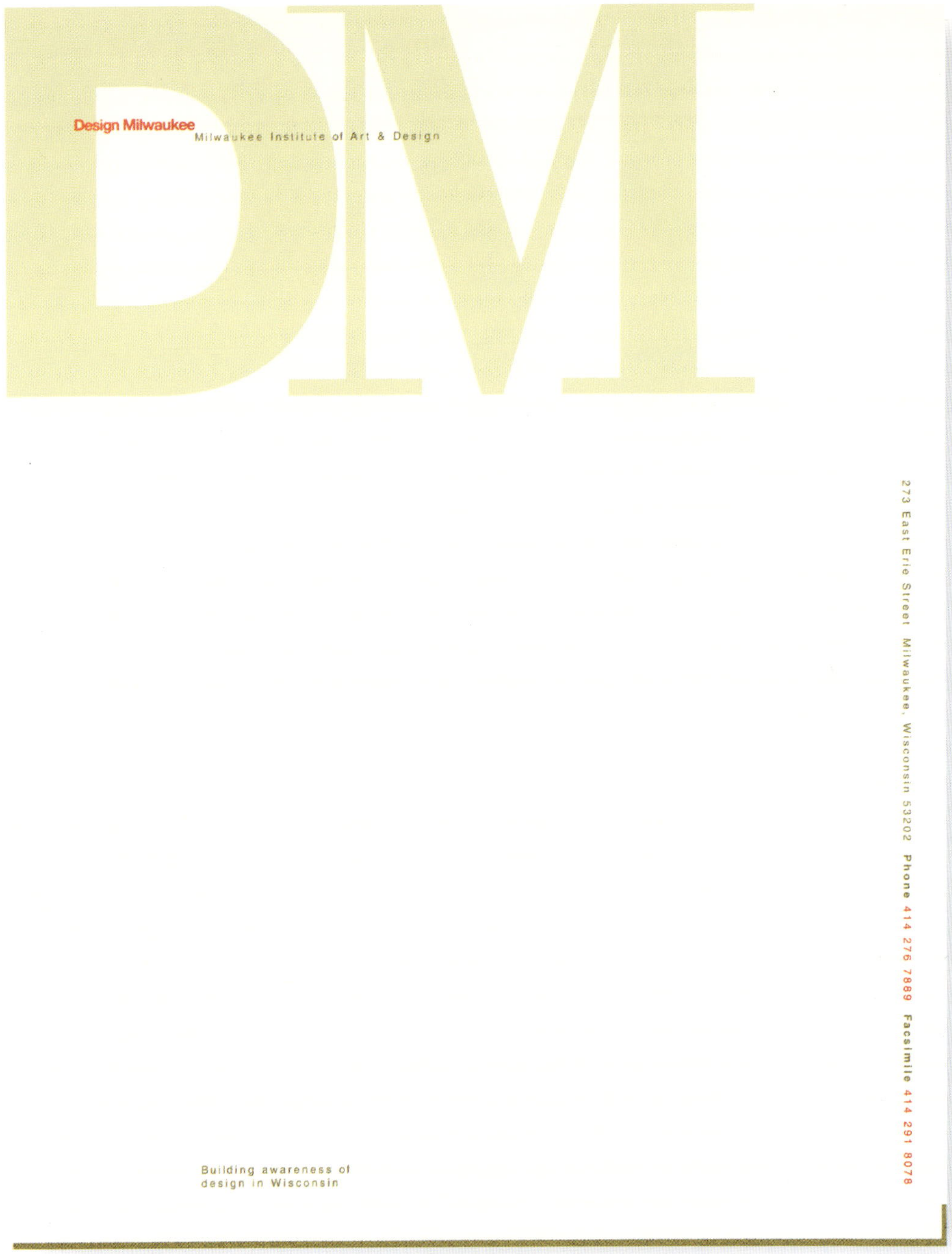

estudio de diseño **Becker Design**
dirección artística **Neil Becker**
diseño **Neil Becker**
cliente **Design Milwaukee**
medios informáticos **Quark XPress**

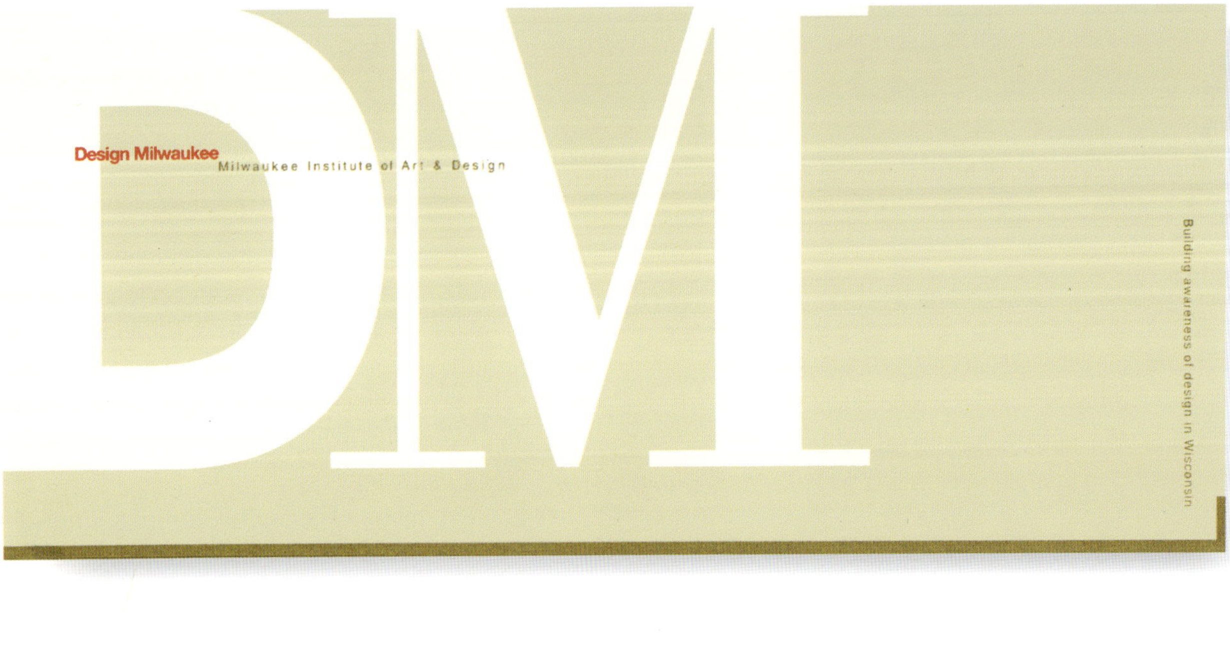

estudio de diseño	**Walker Pinfold Associates London**
dirección artística	**Catherine Thomas**
diseño	**Clare Wilson**
cliente	**Lampeter University-Estudios australianos**
medios informáticos	**Quark XPress, Adobe Illustrator**
papel/impresión	**Zanders Lana Graphic/Litografía a dos colores**

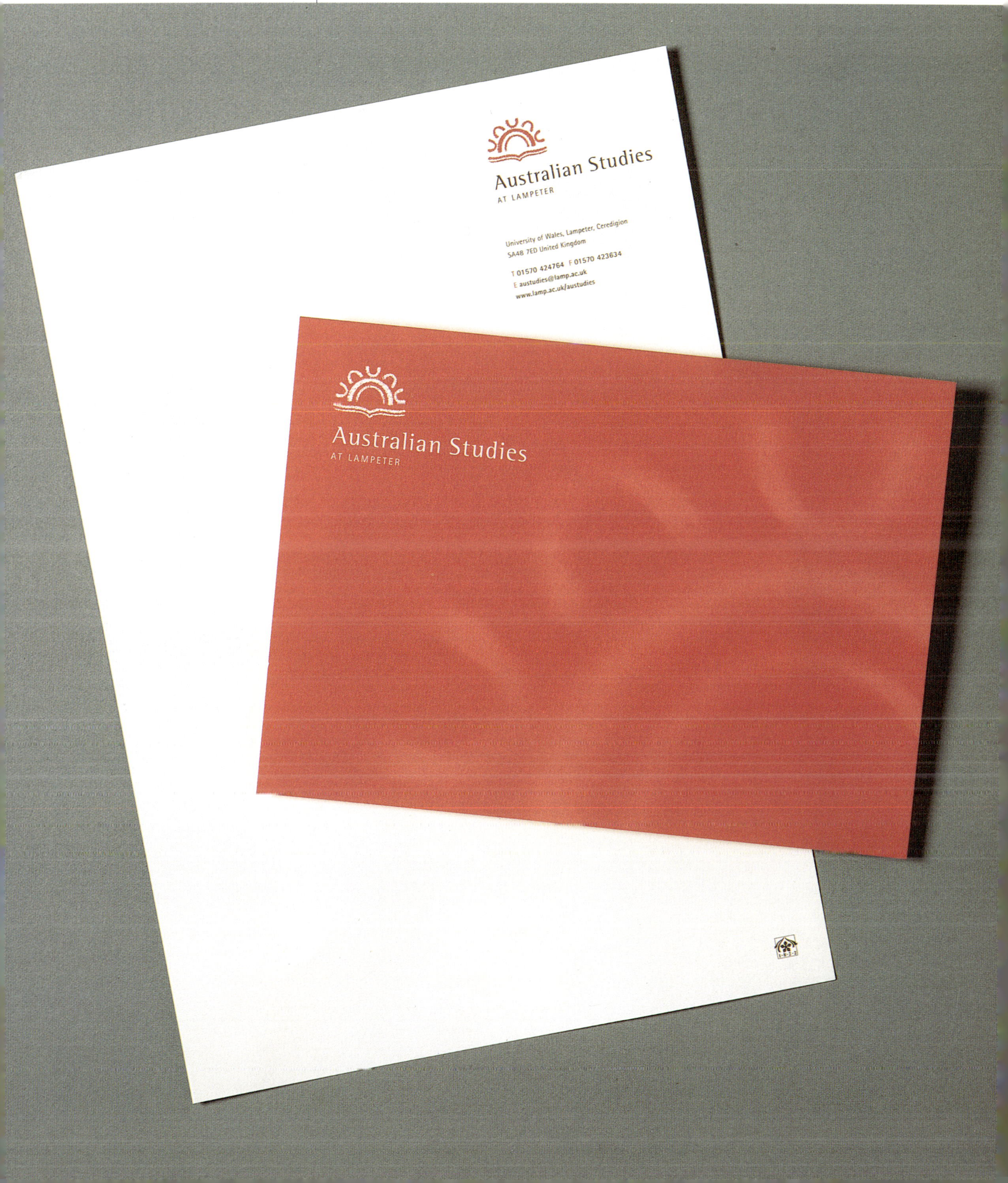

estudio de diseño	**Sayles Graphic Design**
dirección artística	**John Sayles**
diseño	**John Sayles**
cliente	**Goodtime Jazz Festival**
medios informáticos	**Macintosh**
papel/impresión	**Neenah títulos/Offset**

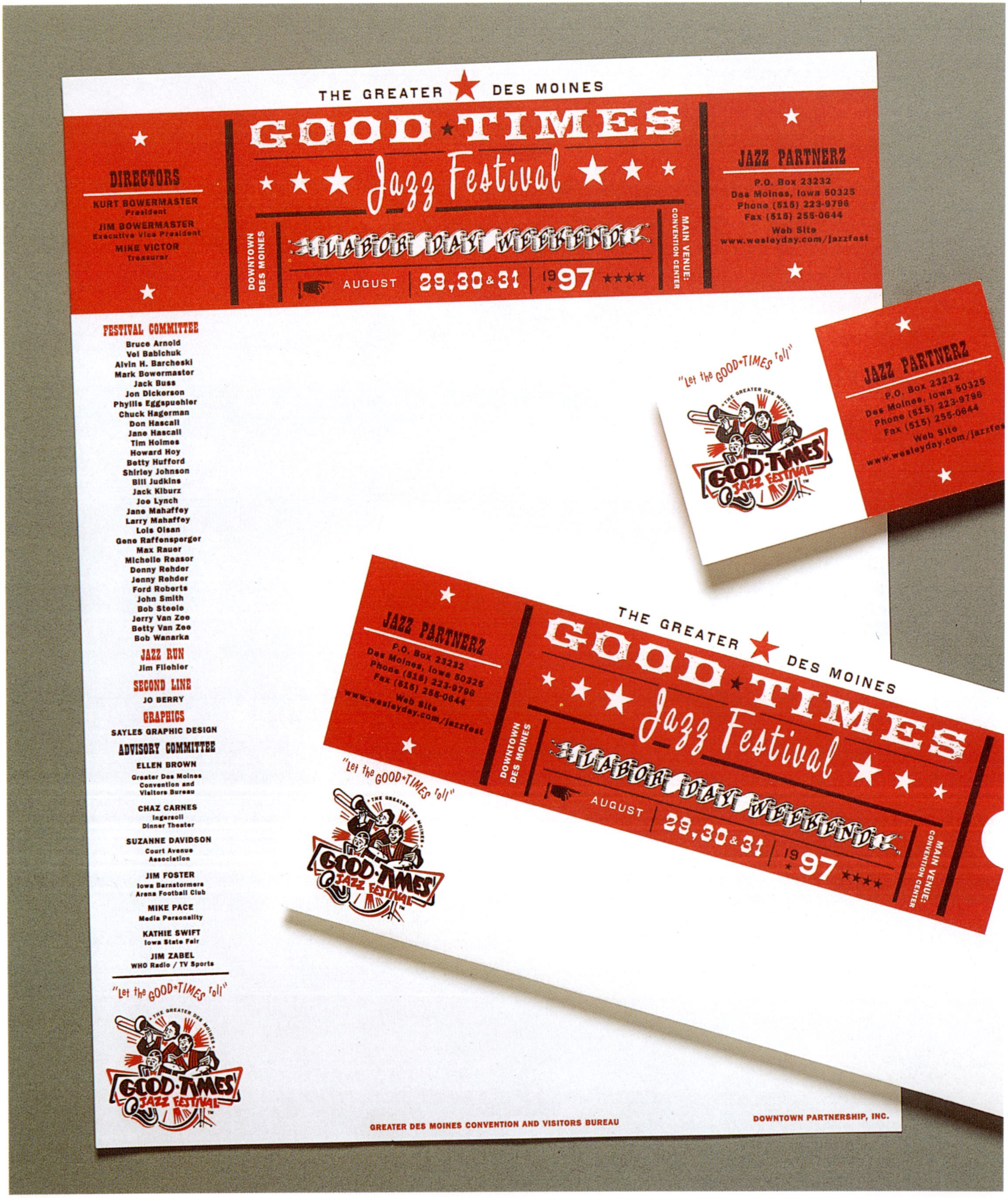

BOCATRIOL®
calcitriol

estudio de diseño	**Leo Pharmaceutical Products**
dirección artística	**Martin Isbrand**
diseño	**Martin Isbrand**
cliente	**Leo Pharmaceutical Products**

KLSO

estudio de diseño	**Werk-Haus**
diseño	**Ezrah Rahim, Paggie Chin Lee Choo**
cliente	**Sociedad de la Orquesta Sinfónica de Kuala Lumpur**
medios informáticos	**Macintosh**

Seven Tepees Youth Program

estudio de diseño	**Patricia Bruning Design**
dirección artística	**Patricia Bruning**
diseño	**Patricia Bruning, Fran Terry**
cliente	**Seven Tepees Youth Program**
medios informáticos	**Quark XPress 3.32, Adobe Illustrator 6.0, Macintosh 7100 Power PC**
papel/impresión	**Hamilton Press**

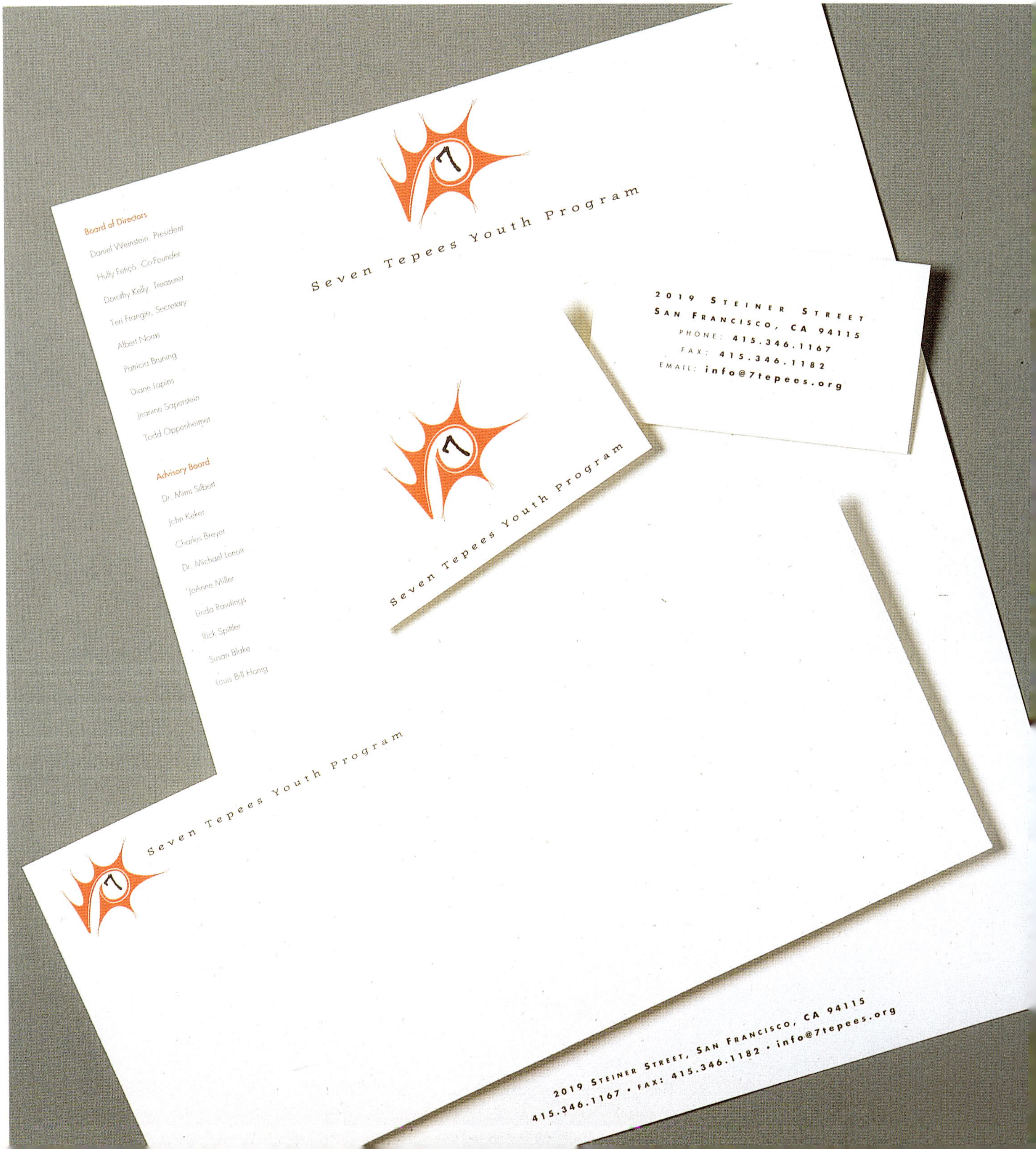

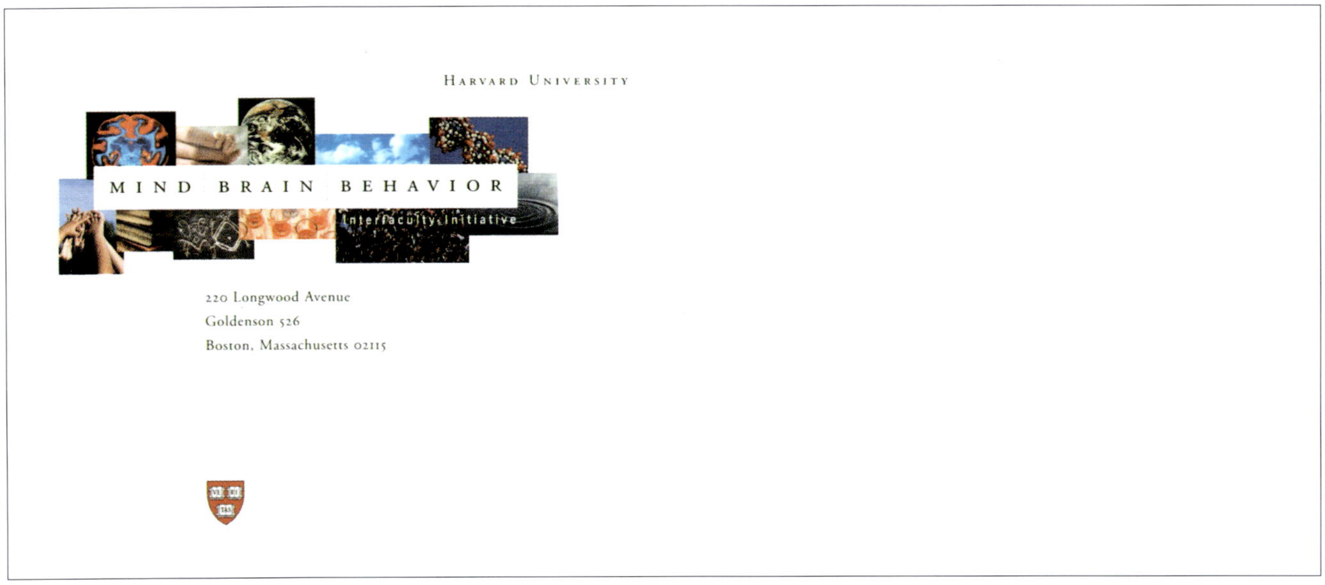

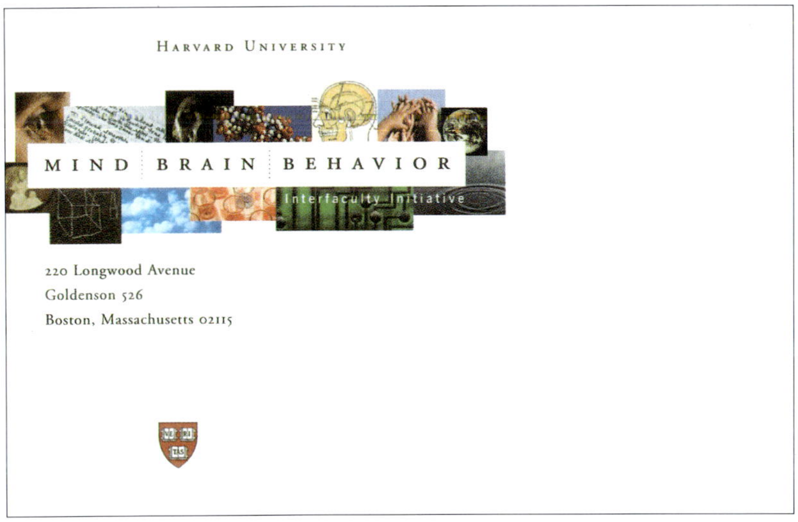

estudio de diseño	**Visual Dialogue**
dirección artística	**Fritz Klaetke**
diseño	**Fritz Klaetke, David Kraljic**
cliente	**Universidad de Harvard**
medios informáticos	**Quark XPress, Adobe Photoshop, Macintosh Power PC**
papel/impresión	**Strathmore Elements/Color Express**

estudio de diseño	**The Point Group**
diseño	**David Howard**
cliente	**Big Brothers & Big Sisters of Dallas**
medios informáticos	**Adobe Illustrator**

SUMMIT 1999

estudio de diseño	**Leo Pharmaceutical Products**
dirección artística	**Martin Isbrand**
diseño	**Martin Isbrand**
cliente	**Leo Pharmaceutical Products**

estudio de diseño	**Vanderbyl Design**
dirección artística	**Michael Vanderbyl**
diseño	**Michael Vanderbyl, Erica Wilcott**
cliente	**The American Center for Wine, Food & the Arts**
medios informáticos	**Quark XPress, Adobe Illustrator**
papel/impresión	**Cranes Crest/Trade Engraving**

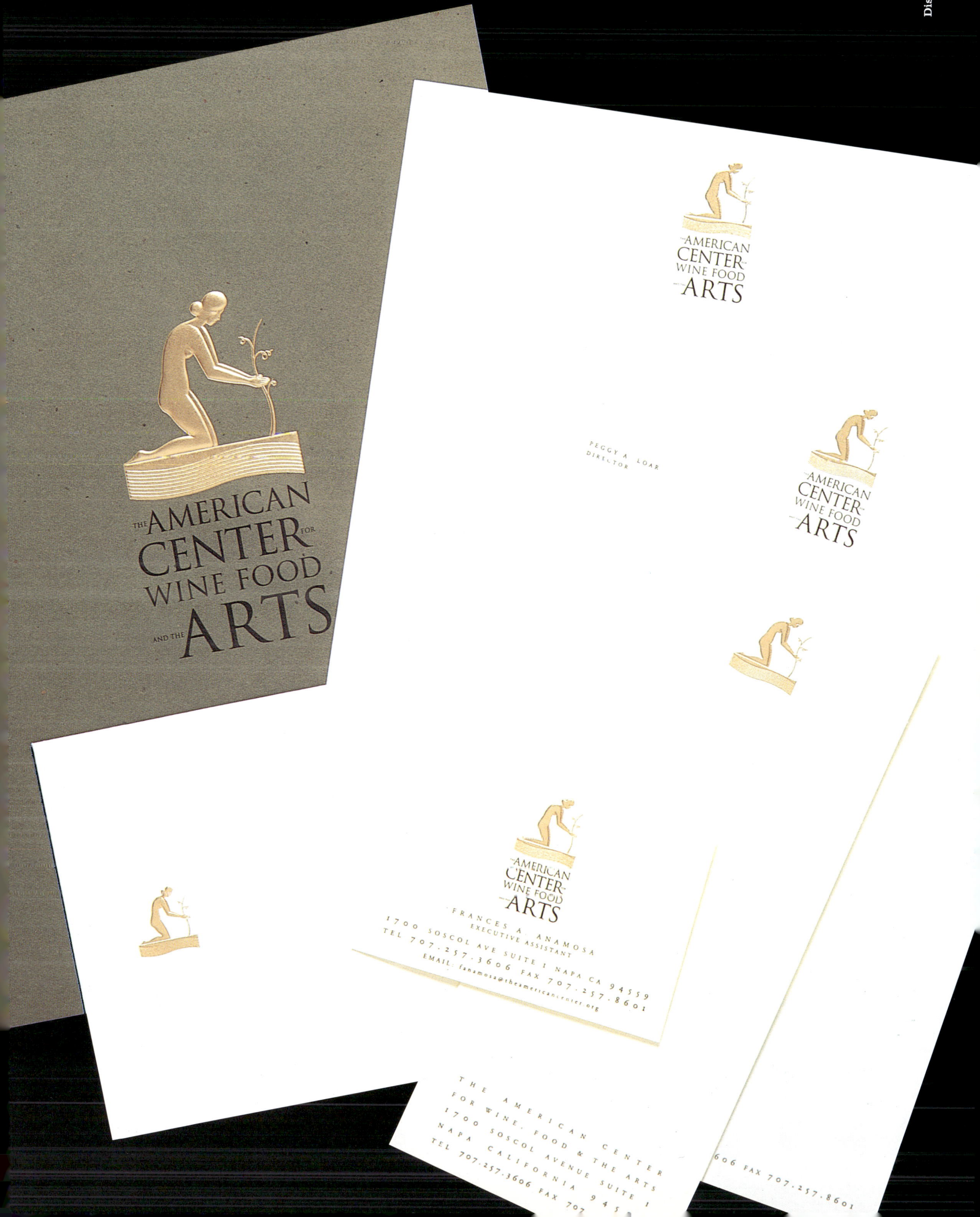

estudio de diseño | **Sayles Graphic Design**
dirección artística | **John Sayles**
diseño | **John Sayles**
cliente | **Sue Roberts Health Concepts**
medios informáticos | **Macintosh**
papel/impresión | **Neenah ecológico natural/Offset en cuatricromía**

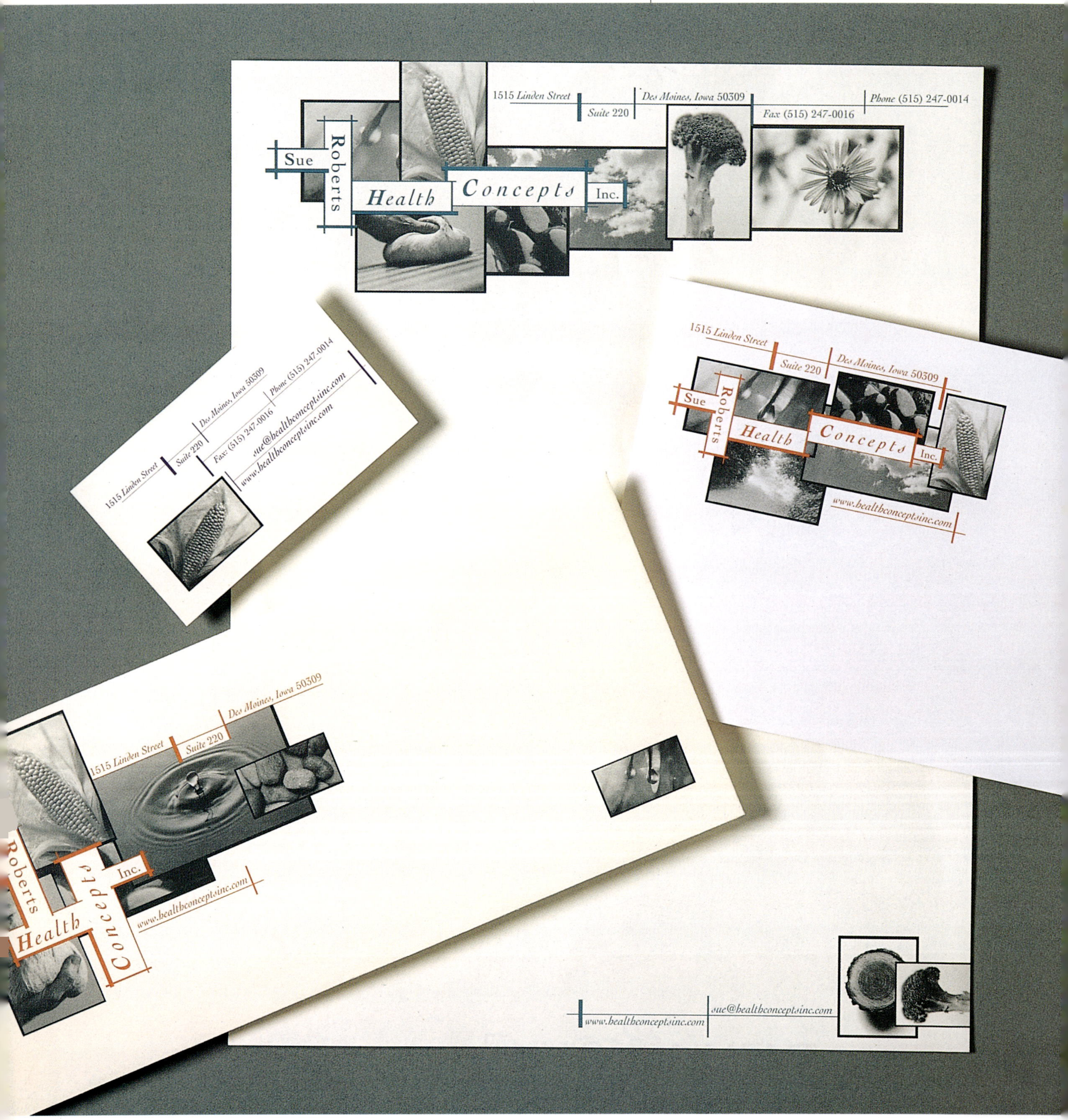

estudio de diseño	**That's Cadiz! Originals**
dirección artística	**Mineleo Cadiz**
diseño	**Mineleo Cadiz**
cliente	**Seattle Works**
medios informáticos	**Macromedia FreeHand 8.0**

estudio de diseño | **Odeon Zwo**
dirección artística | **Boris Eisenberg**
diseño | **Dmitri Lavrow**
cliente | **Ayuntamiento de Hannover**

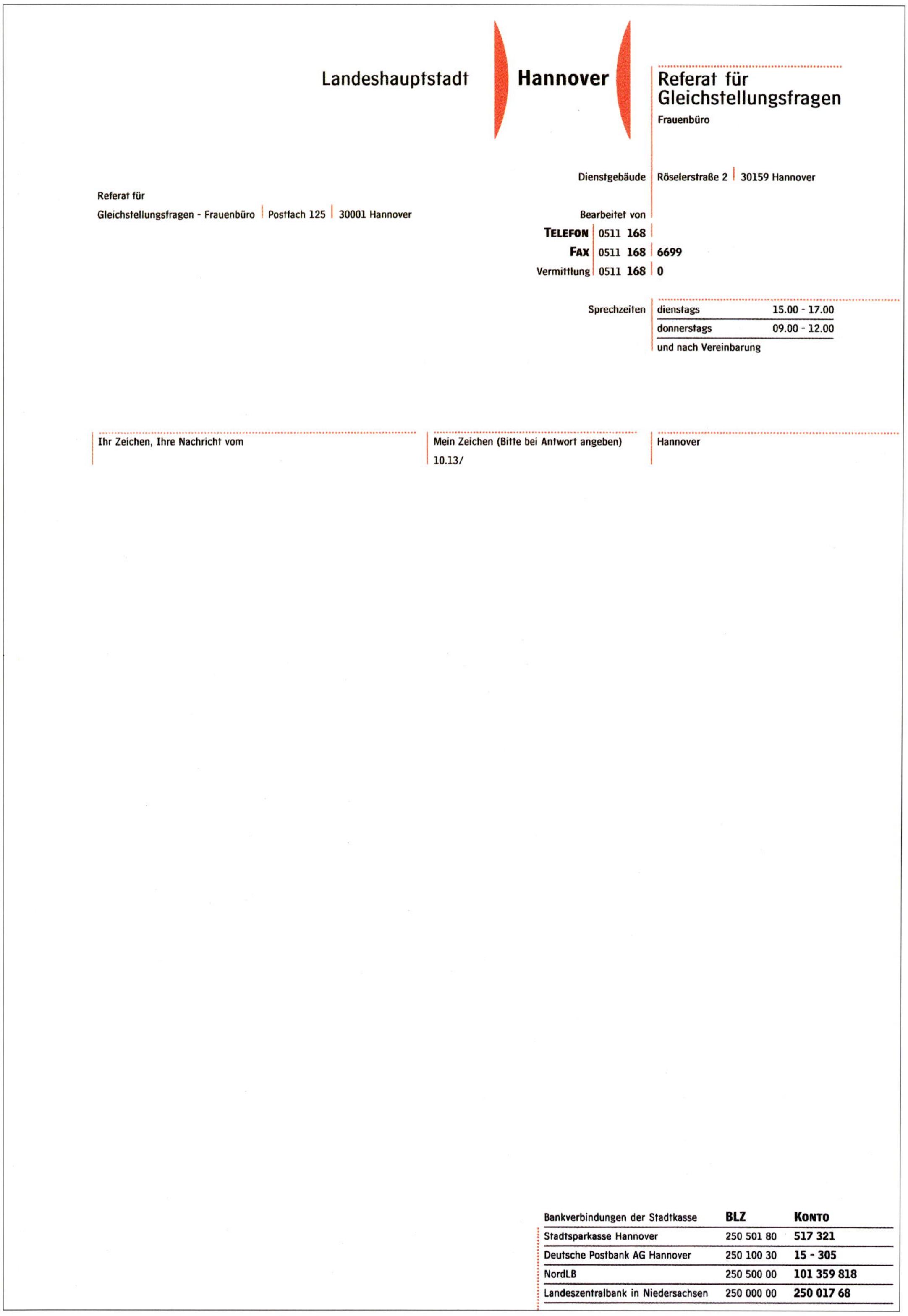

Landeshauptstadt **Hannover**

Referat für Gleichstellungsfragen
Frauenbüro

Dienstgebäude | Röselerstraße 2 | 30159 Hannover

Referat für
Gleichstellungsfragen - Frauenbüro | Postfach 125 | 30001 Hannover

Bearbeitet von
Telefon | 0511 **168** |
Fax | 0511 **168** | **6699**
Vermittlung | 0511 **168** | **0**

Sprechzeiten

dienstags	15.00 - 17.00
donnerstags	09.00 - 12.00
und nach Vereinbarung	

Ihr Zeichen, Ihre Nachricht vom | Mein Zeichen (Bitte bei Antwort angeben) 10.13/ | Hannover

Bankverbindungen der Stadtkasse	**BLZ**	**Konto**
Stadtsparkasse Hannover	250 501 80	**517 321**
Deutsche Postbank AG Hannover	250 100 30	**15 - 305**
NordLB	250 500 00	**101 359 818**
Landeszentralbank in Niedersachsen	250 000 00	**250 017 68**

estudio de diseño	**Made in mouse**
dirección artística	**David Hairion**
diseño	**Sandrine Langlet**
cliente	**Médiathèque de Cavaillon**
medios informáticos	**Macintosh Illustrator, Quark XPress**
papel/impresión	**Rive/Offset**

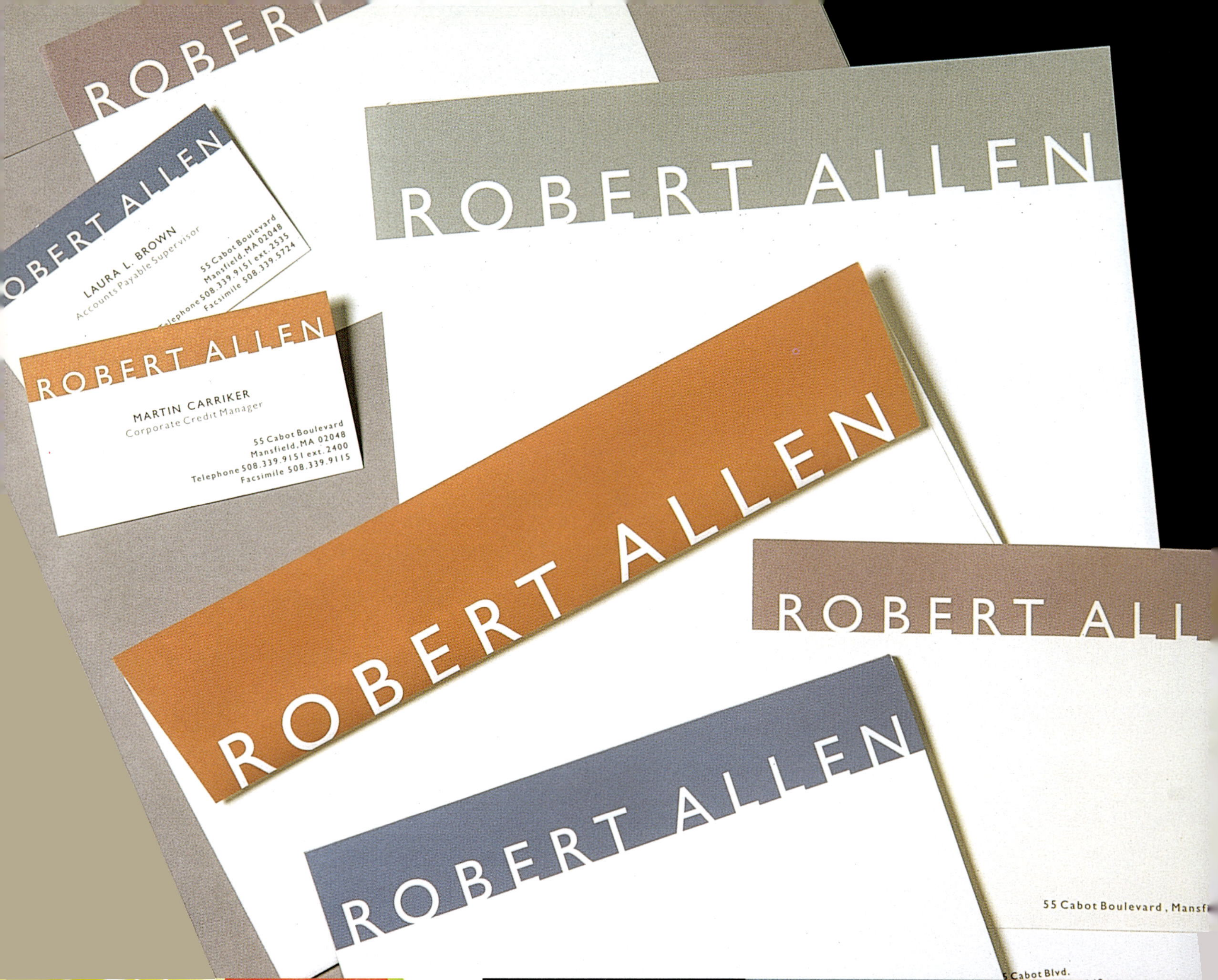
ROBERT ALLEN
LAURA L. BROWN
Accounts Payable Supervisor
55 Cabot Boulevard
Mansfield, MA 02048
Telephone 508.339.9151 ext. 2535
Facsimile 508.339.5724
ROBERT ALLEN
MARTIN CARRIKER
Corporate Credit Manager
55 Cabot Boulevard
Mansfield, MA 02048
Telephone 508.339.9151 ext. 2400
Facsimile 508.339.9115
ROBERT ALLEN
ROBERT ALLEN
ROBERT ALLEN
55 Cabot Boulevard , Mansf

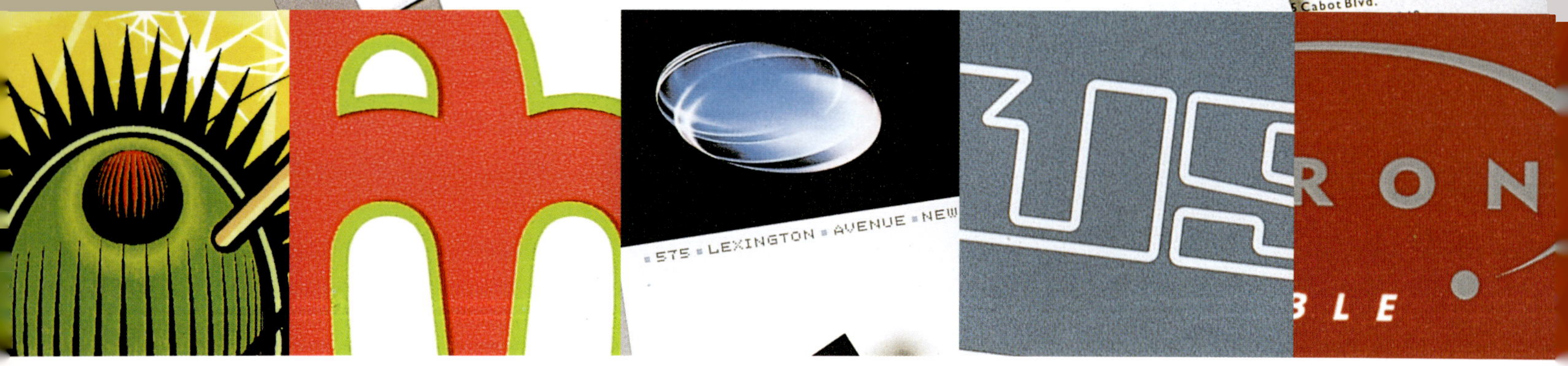
575 LEXINGTON AVENUE NEW

varios

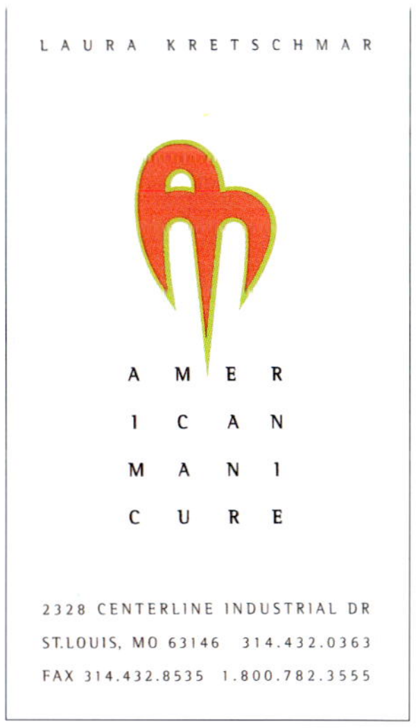

estudio de diseño **Bartels & Company**
dirección artística **David Bartels**
diseño **Ron Rodemacher, Don Strandel**
cliente **American Manicure**
medios informáticos **Adobe Illustrator, Macintosh**
papel/impresión **Midwest Printing**

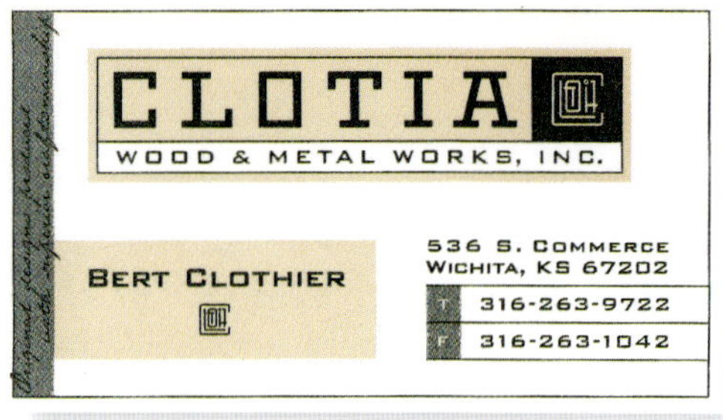

estudio de diseño | Insight Design Communications
dirección artística | Tracy Holdeman, Sherrie Holdeman
diseño | Tracy Holdeman, Sherrie Holdeman
cliente | Clotia, trabajos en madera y metal
medios informáticos | Macromedia FreeHand 7.0, Macintosh

estudio de diseño **Segura, Inc.**
dirección artística **Carlos Segura**
diseño **Carlos Segura**
cliente **[T-26]**
medios informáticos **Adobe Illustrator**
papel/impresión **Mohawk/Prensa tipográfica Rohner**

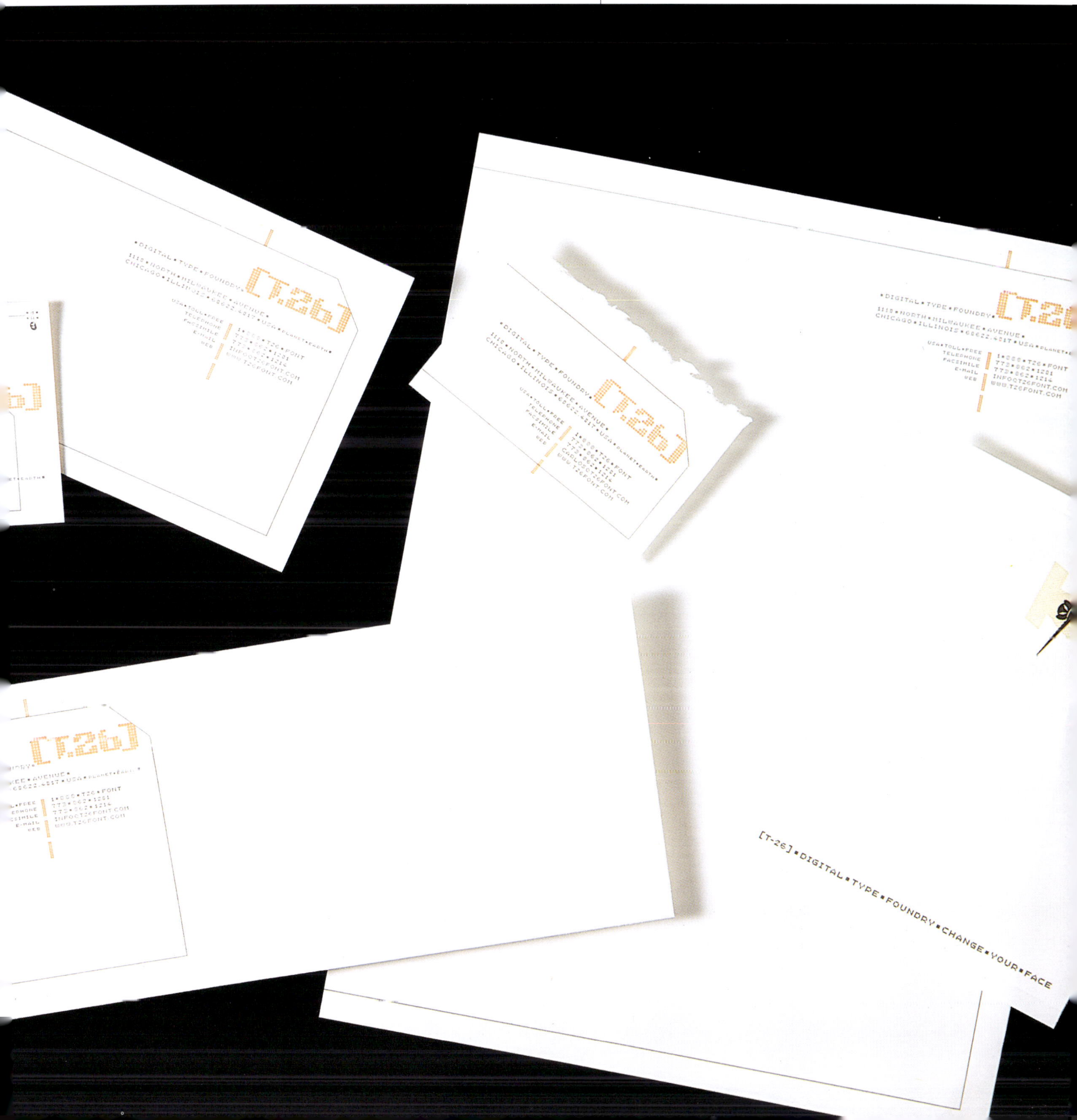

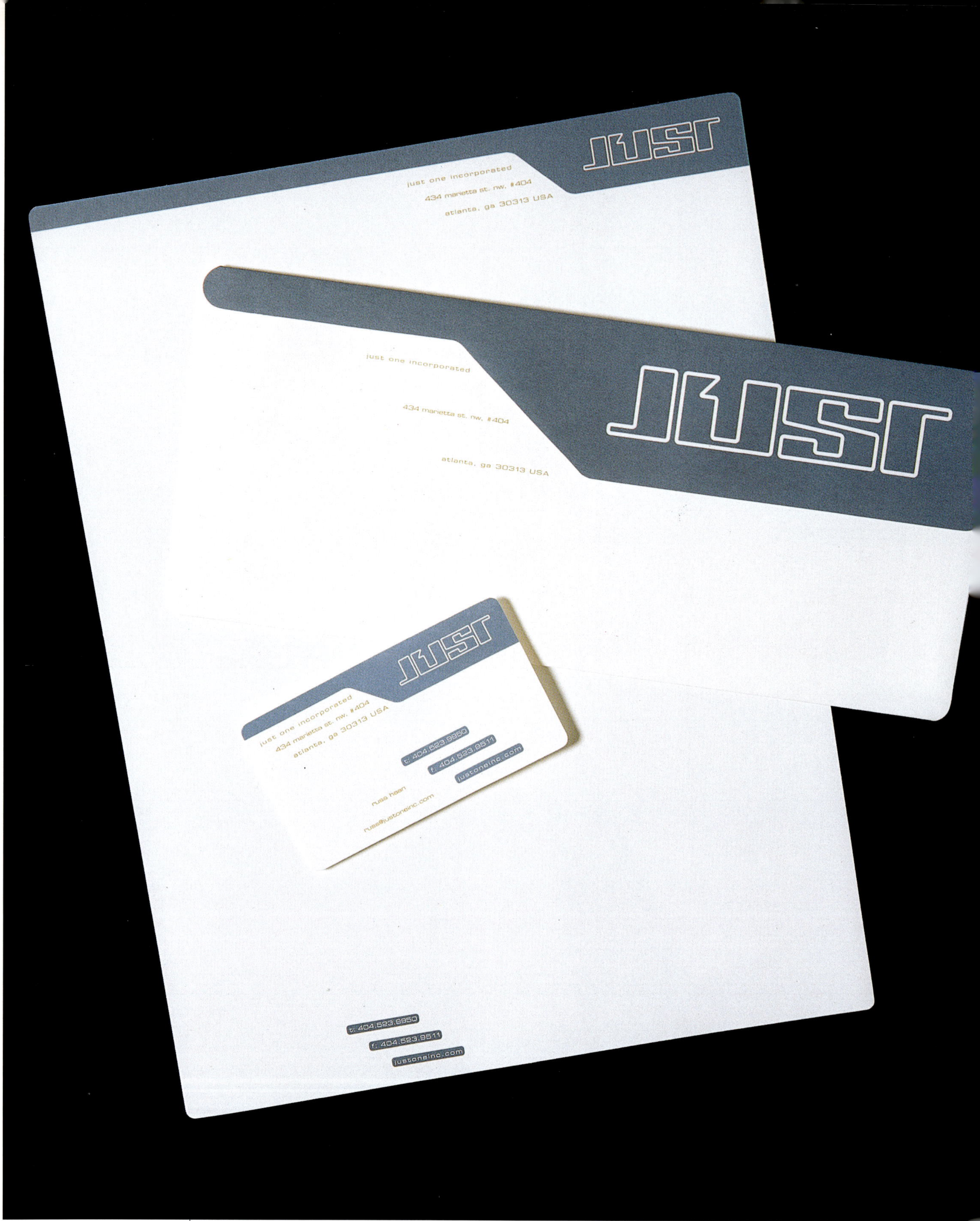

estudio de diseño | **After Hours Creative**
diseño | **After Hours Creative**
cliente | **Just One**

estudio de diseño	Synergy Design
diseño	Leon Alvarado
cliente	Mega Estacíon
medios informáticos	Macromedia FreeHand, Macintosh
papel/impresión	Varios

estudio de diseño	Murrie Lienhart Rysner
dirección artística	Linda Voll
diseño	Linda Voll
cliente	The Fine Line
medios informáticos	Adobe Illustrator

schwer präzision

Schwer Präzision GmbH Hauptstraße 148 D - 78588 Denkingen

Schwer Präzision GmbH
Drehteile u. Techn. Produkte
Hauptstraße 148
D - 78588 Denkingen

Telefon
07424 / 98 15-0
Fax
07424 / 98 15-30

Registergericht Tuttlingen
HRB 571 Sp. Sitz: Denkingen
Geschäftsführer: Klaus Schwer
USt.-Id.-Nr. DE 811731829

Kreissparkasse Spaichingen
643 500 70 Kto 455 095
Raiffeisenbank Denkingen
643 626 13 Kto 50 444 000

estudio de diseño	**revoLUZion**
dirección artística	**Bernd Luz**
diseño	**Bernd Luz**
cliente	**Schwer Präzision**
medios informáticos	**Macromedia FreeHand, Macintosh**

estudio de diseño | Russell, Inc.
dirección artística | Bob Russell
cliente | Cancom, Inc.

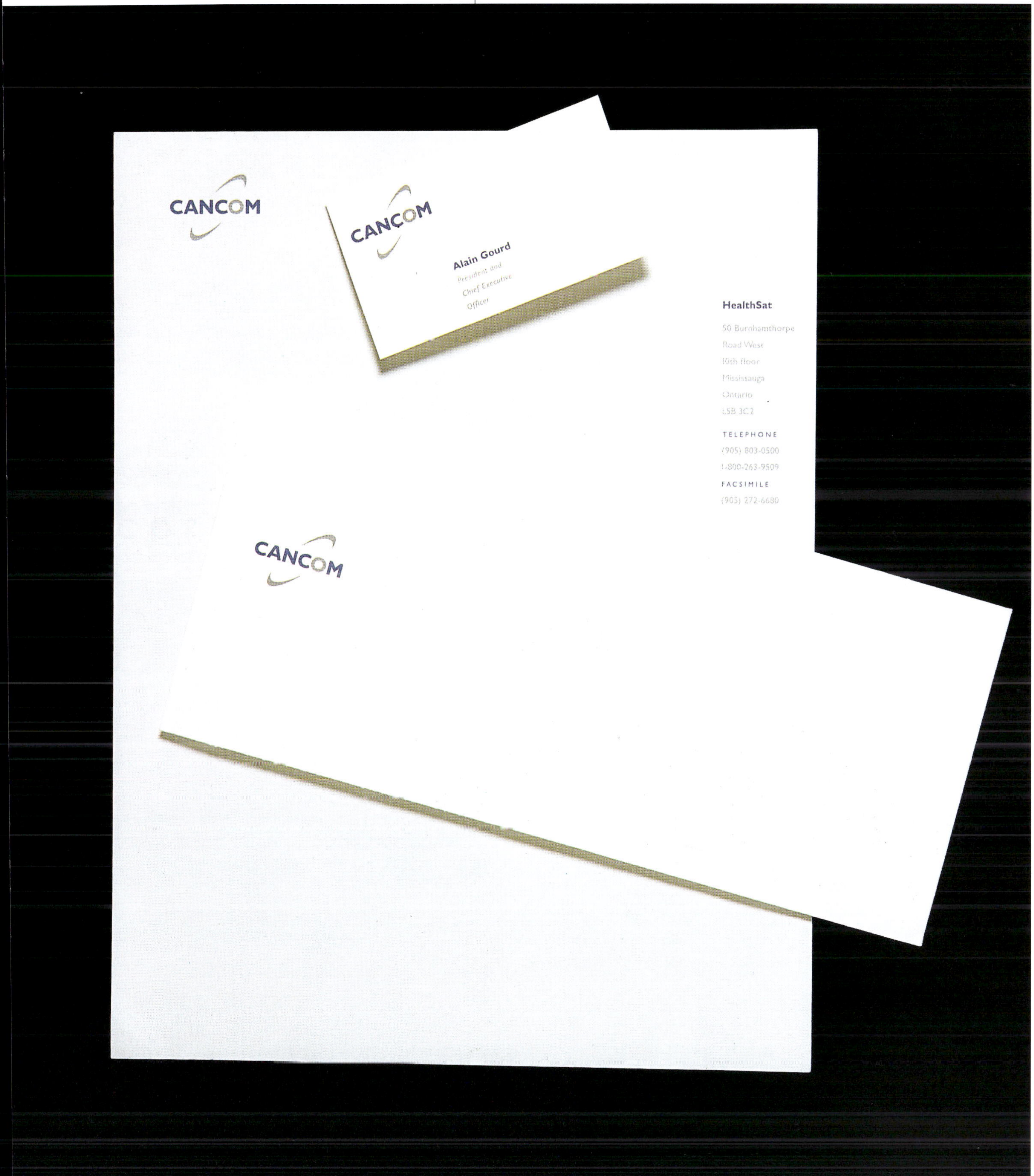

estudio de diseño	**Segura, Inc.**
dirección artística	**Carlos Segura**
diseño	**Carlos Segura**
cliente	**Blue Rock**
medios informáticos	**Adobe Photoshop, Adobe Illustrator**

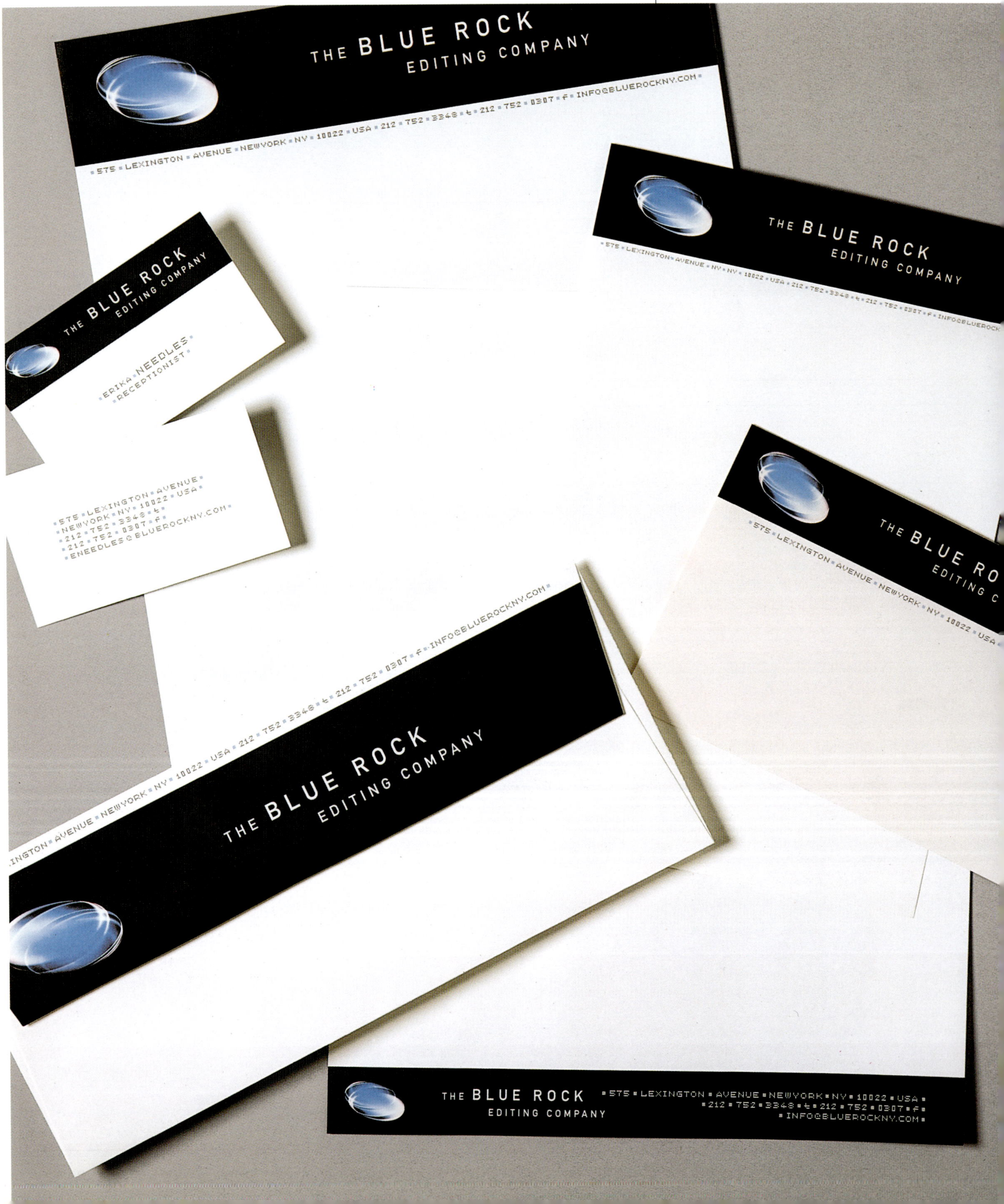

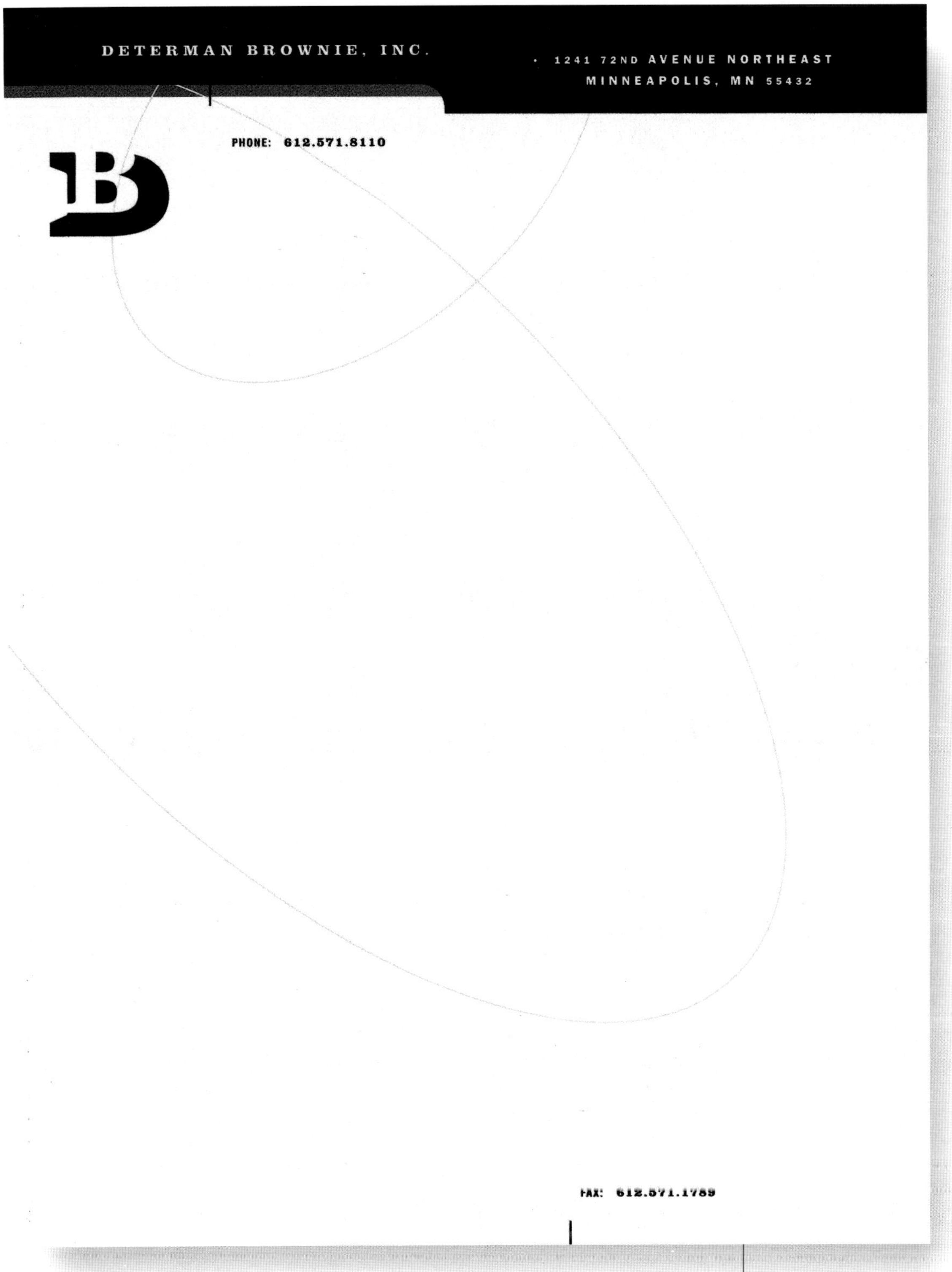

estudio de diseño	**Design Center**
dirección artística	**John Reger**
diseño	**Jon Erickson**
cliente	**Determan Brownie, Inc.**
medios informáticos	**Macromedia FreeHand, Macintosh**
papel/impresión	**Strathmore escritura/ Wallace Carlson**

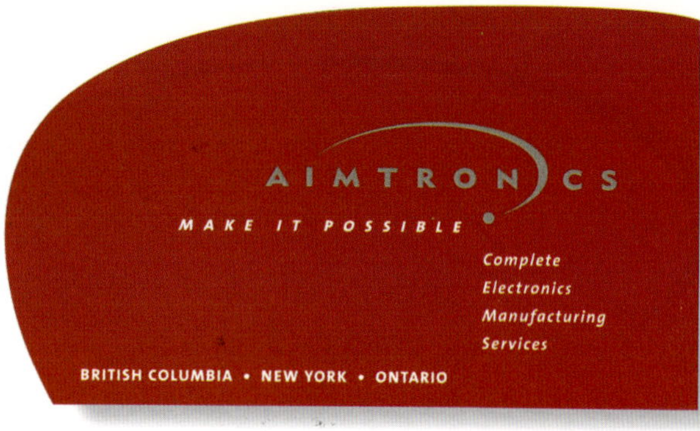

estudio de diseño	Big Eye Creative
dirección artística	Perry Chua, Nancy Yeasting
diseño	Perry Chua, Nancy Yeasting
cliente	Aimtronics Corporation
medios informáticos	Adobe Illustrator, Macintosh Power PC
papel/impresión	Tarjetas: McCoy seda, Resto: Classic Printing

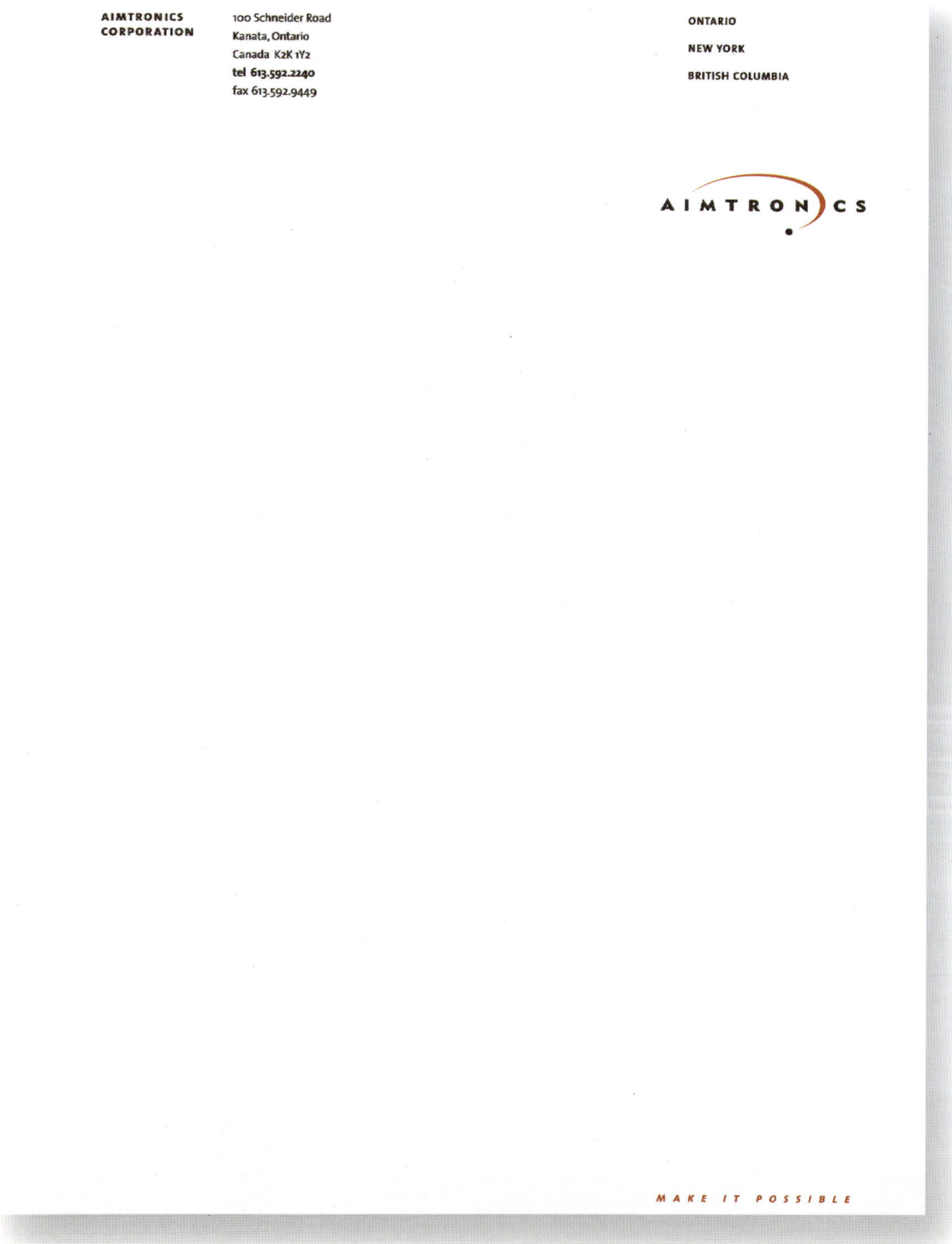

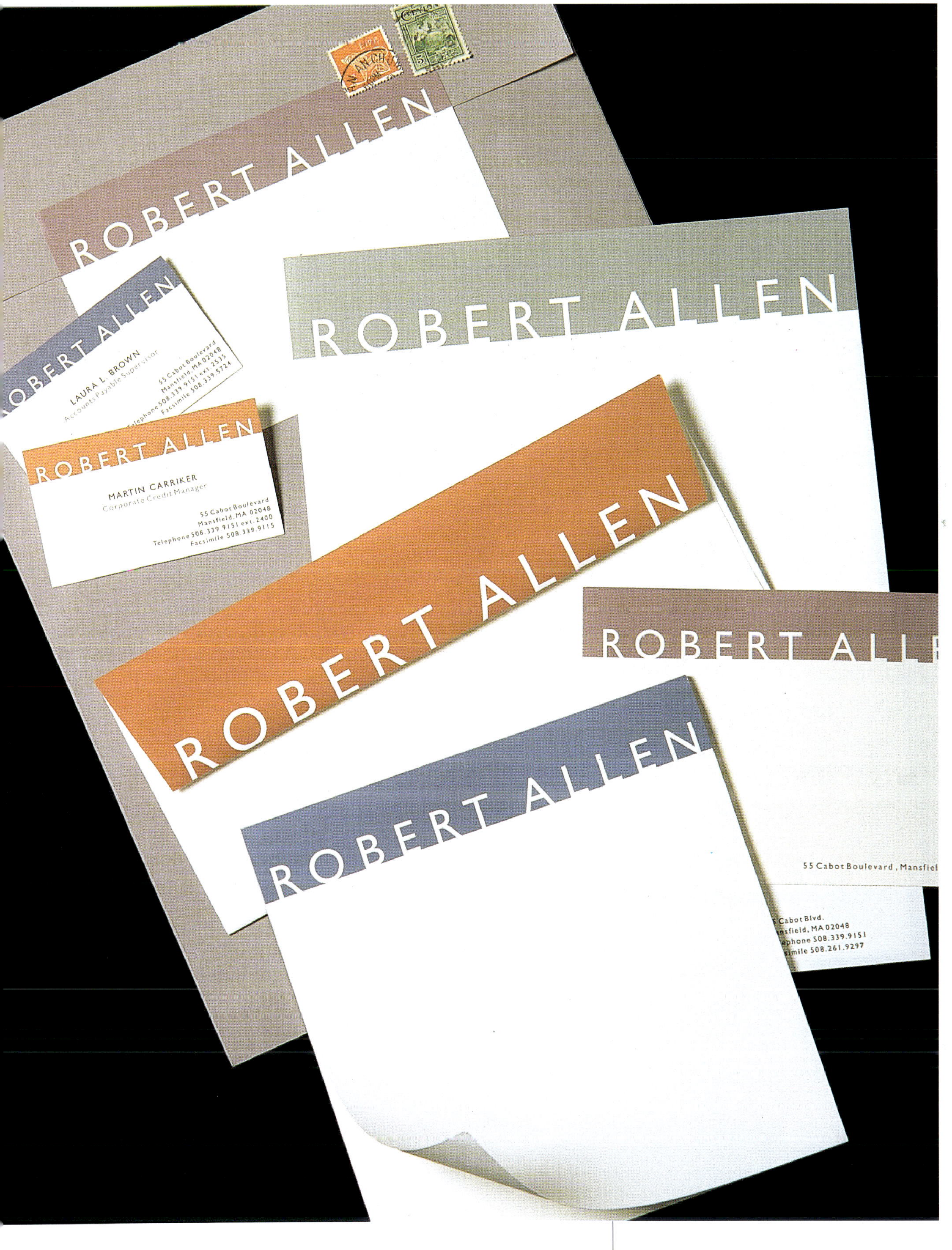

estudio de diseño	**Slover and Company**
dirección artística	**Susan Slover**
diseño	**Tamara Behar**
cliente	**Robert Allen Contract Fabrics**
medios informáticos	**Adobe Illustrator, Quark XPress, Macintosh Power PC**
papel/impresión	**Offset a dos colores**

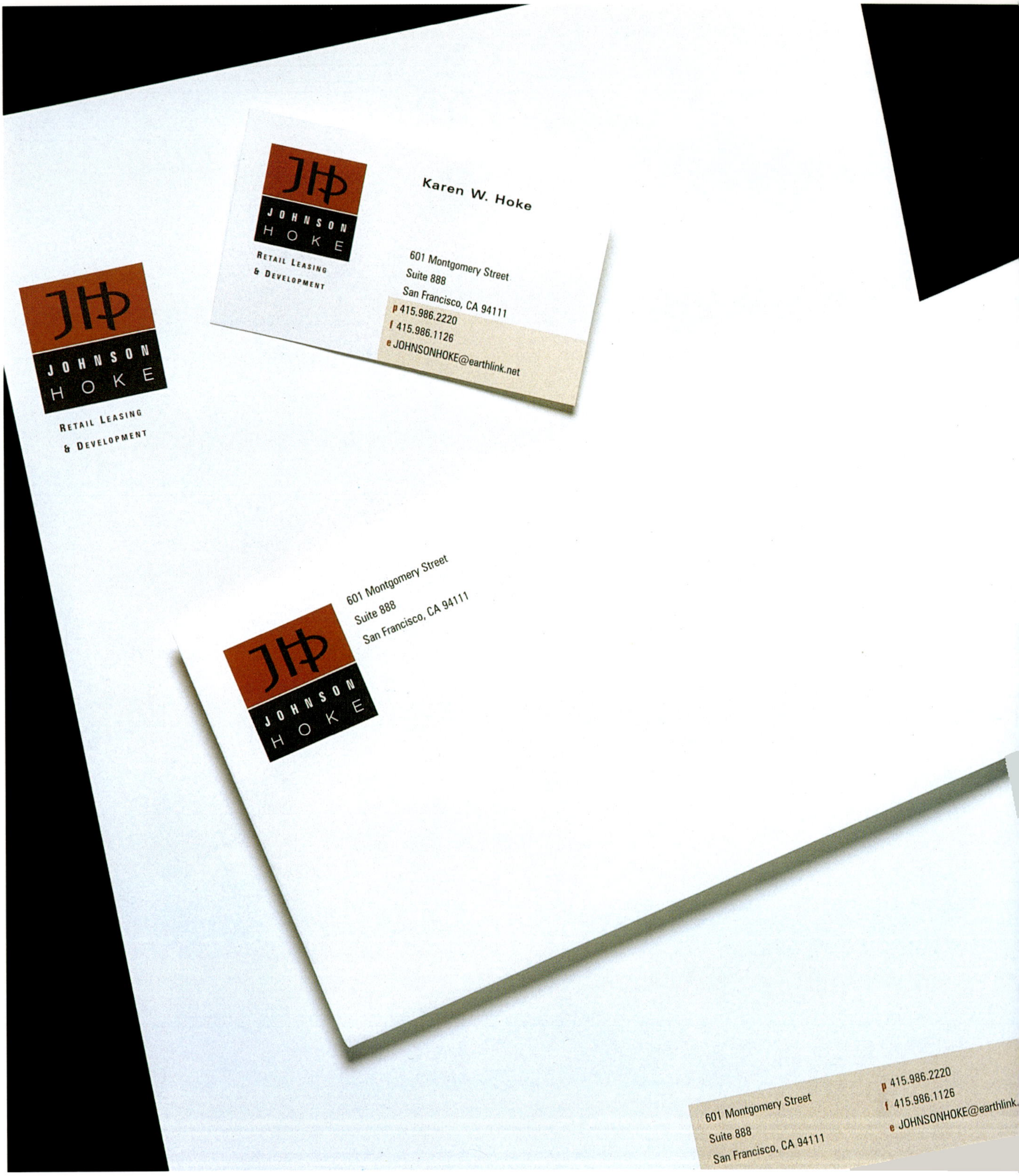

estudio de diseño	**Patricia Bruning Design**
dirección artística	**Patricia Bruning**
diseño	**Patricia Bruning, Fran Terry**
cliente	**Johnson Hoke**
medios informáticos	**Quark XPress 3.32, Adobe Illustrator 6.0, Macintosh 7100 Power PC**
papel/impresión	**Golden Dragon Printing**

JOHNSON HOKE

estudio de diseño	**Stewart Monderer Design, Inc.**
dirección artística	**Stewart Monderer**
diseño	**Aime Lecusay**
cliente	**NBase Xyplex**
medios informáticos	**Adobe Illustrator, Macintosh G3**

JUNOVIA

estudio de diseño	**Robert Bailey Incorporated**
dirección artística	**Dan Franklin**
diseño	**Dan Franklin, Connie Lightner**
cliente	**Junovia Distributing**
medios informáticos	**Macromedia FreeHand 7.0, Quark XPress**
papel/impresión	**Classic Crest/ Michael's Printing**

JUNOVIA

JUNOVIA DISTRIBUTING, LLC
DISTRIBUTOR *of* PREMIUM CIGARS & ACCESSORIES

8048 SW EDGEWATER DRIVE WEST • WILSONVILLE, OREGON 97070 • 503 694.6620 *tel* • 503 694.5094 *fax*

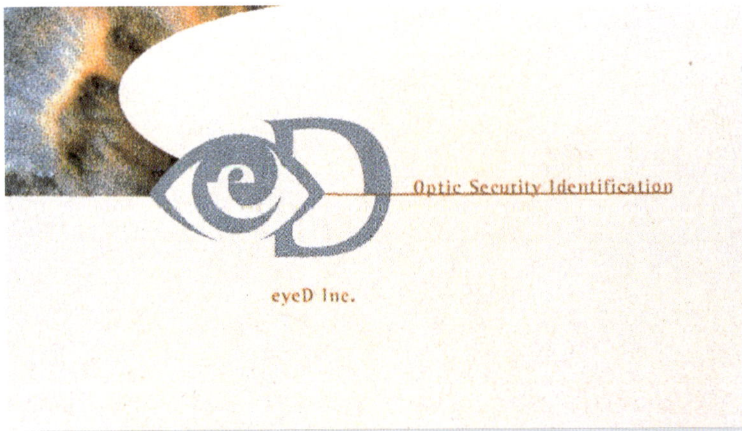

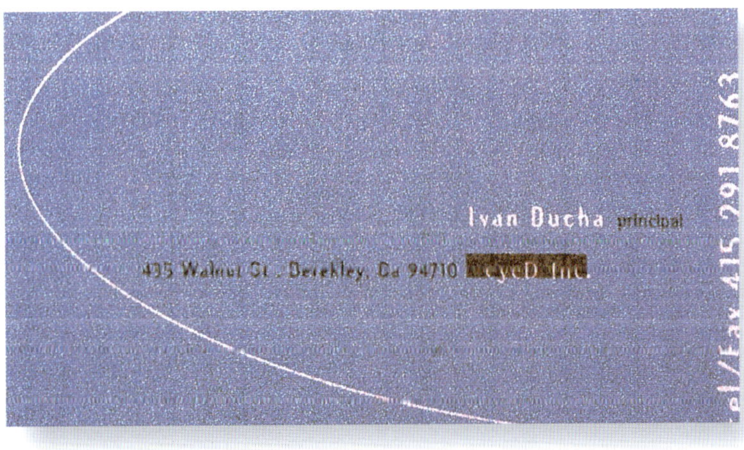

estudio de diseño	**Cynthia Patten**
dirección artística	**Cynthia Patten**
diseño	**Cynthia Patten**
cliente	**Eye D**
medios informáticos	**Quark XPress 3.32, Adobe Illustrator 6.0, Macintosh 7100 Power PC**
papel/impresión	**French Paper Frostone (Iceberg)/ Impresora de chorro de tinta Epson**

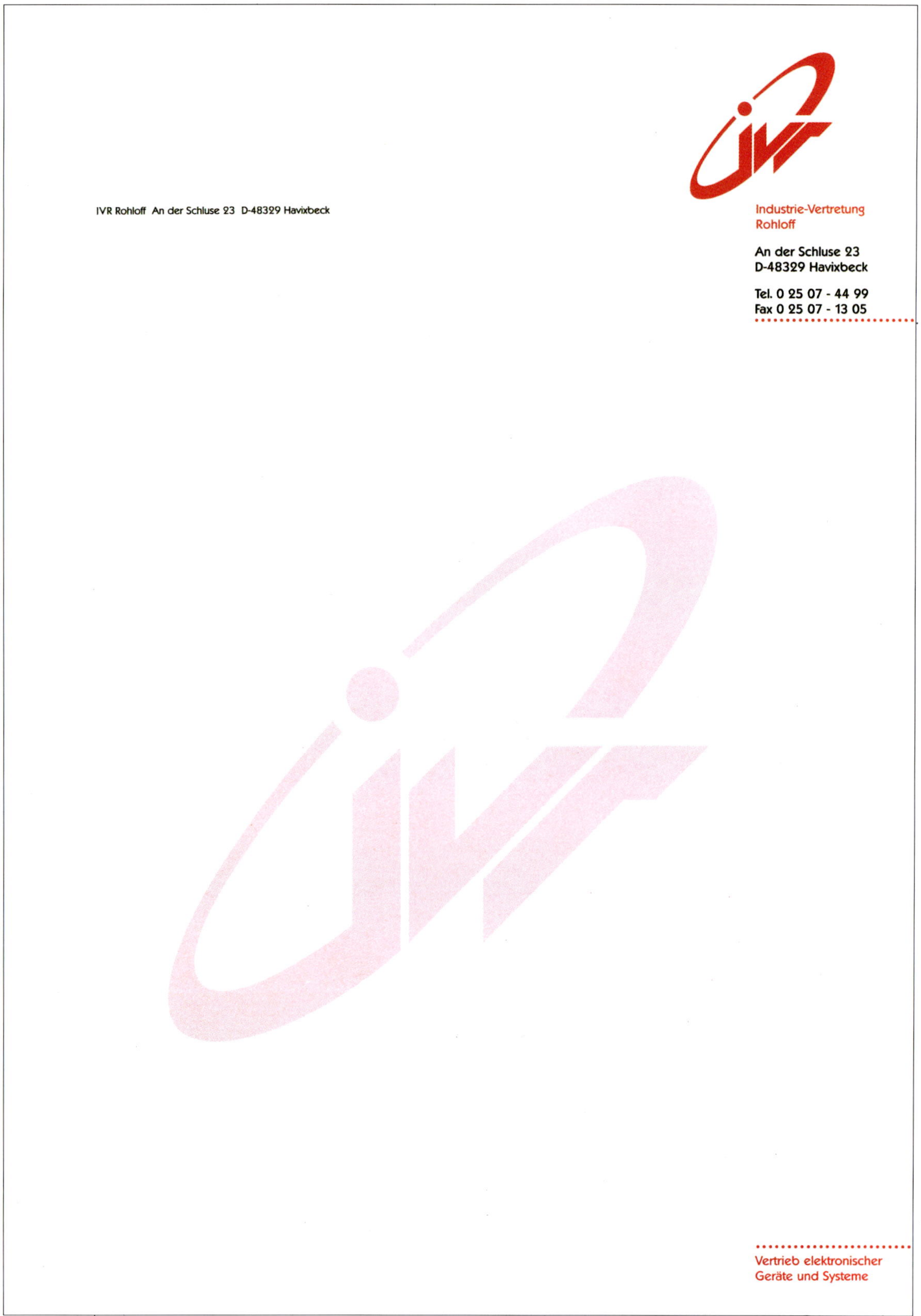

estudio de diseño	**revoLUZion**
dirección artística	**Bernd Luz**
diseño	**Bernd Luz**
cliente	**IVR Rohloff**
medios informáticos	**Macromedia Freehand, Macintosh**

estudio de diseño	**revoLUZion**
dirección artística	**Bernd Luz**
diseño	**Bernd Luz**
cliente	**revoLUZion/autopromoción**
medios informáticos	**Adobe Photoshop, Quark XPress, Macintosh**

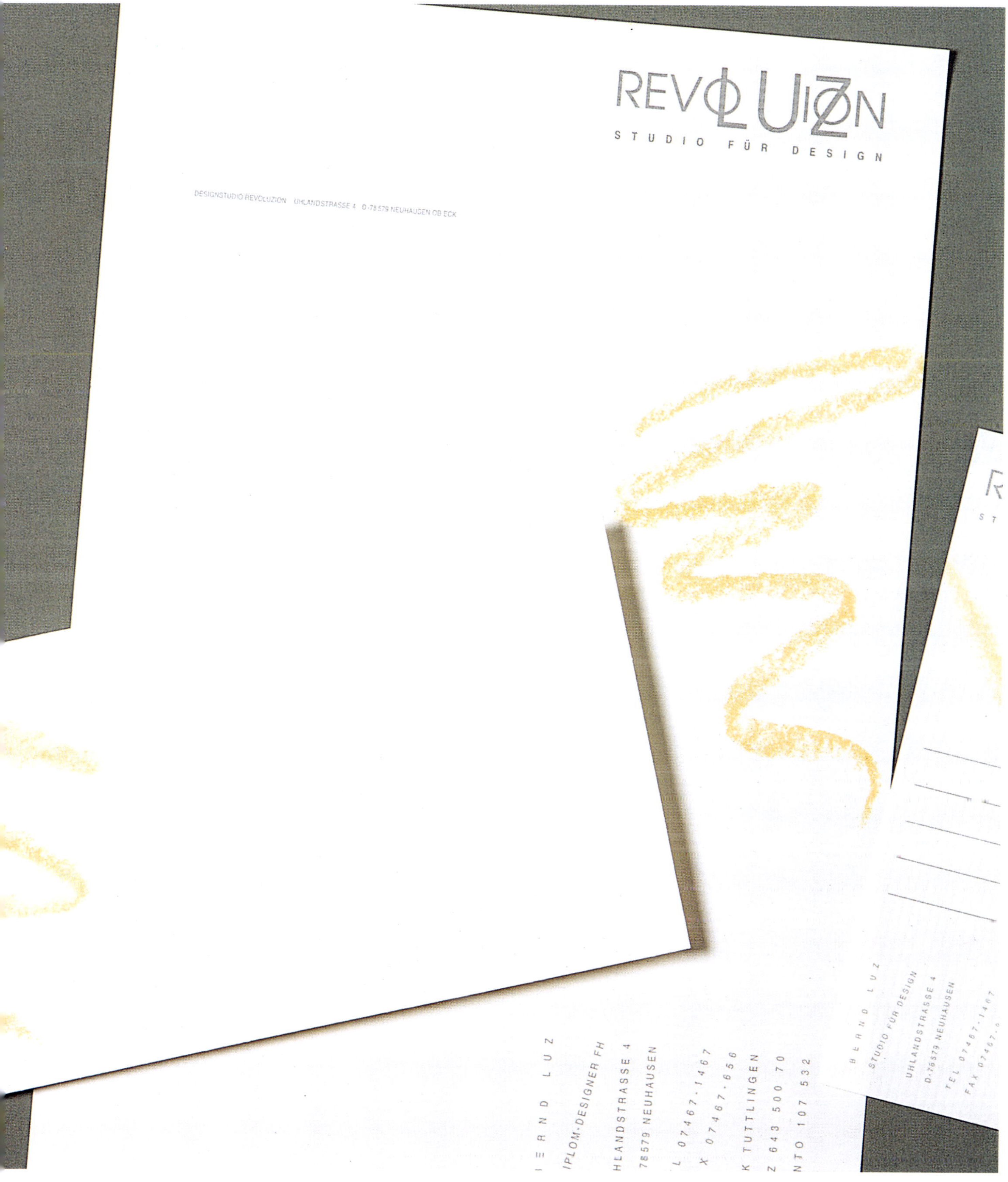

estudio de diseño | **Elixir Design, Inc.**
dirección artística | **Jennifer Jerde**
diseño | **Nathan Durant**
cliente | **Perspecta**
medios informáticos | **Adobe Illustrator**

estudio de diseño | **Elixir Design, Inc.**
dirección artística | **Jennifer Jerde**
diseño | **Nathan Durant**
cliente | **Athleta**
medios informáticos | **Adobe Illustrator**

estudio de diseño	Towers Perrin - Creative Media Group
dirección artística	Jim Kohler
diseño	Geoff Stone
cliente	Towers Perrin
medios informáticos	Quark Xpress, Adobe Photoshop, Adobe Illustrator, Macintosh

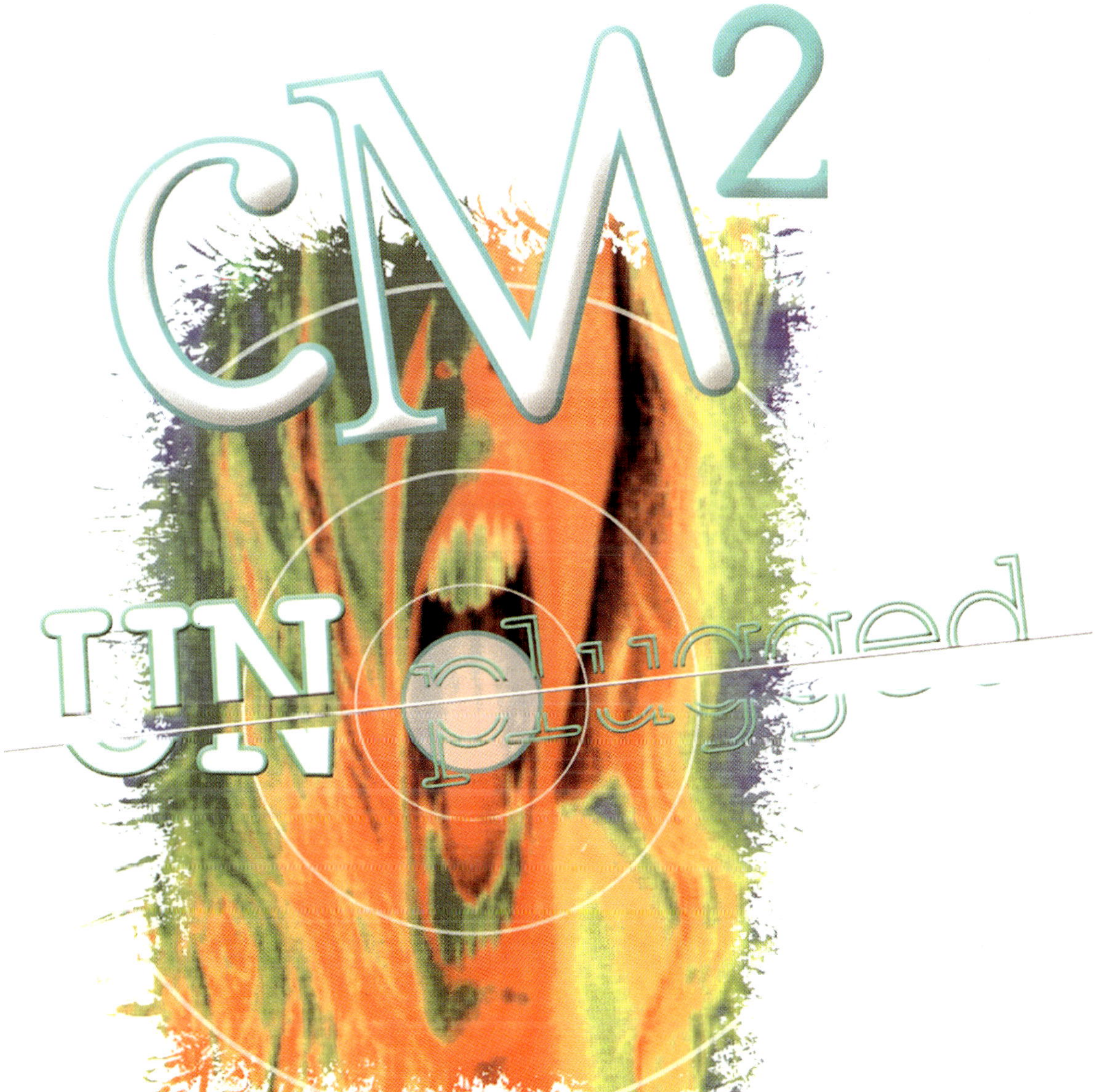

directorio

AC/DC-Art Chantry Design Company
P.O. Box 4069
Seattle, WA 98104

Acro Media, Inc.
431 Highway 33
Kelowna, BC
Canadá

After Hours Creative
1201 East Jefferson B100
Phoenix, AZ 85034

Anne Gordon Design Pty. Ltd.
1 Caledonia Street
Paddington NSW 2021
Australia

Arrowstreet Graphic Design
212 Elm Street
Sommerville, MA 02144

Art-Direction & Design
Schröderstiftstrasse 28
20146 Hamburgo
Alemania

Barbara Chan Design
614 South Saint Andrews, Suite 409
Los Angeles, CA 90005

Bartels and Company
3284 Ivanhoe Avenue
St. Louis, MO 63139

Becker Design
225 East St. Paul Avenue, Suite 300
Milwaukee, WI 53202

Belyea
1809 7th Avenue
Seattle, WA 98101

Big Eye Creative
101-1300 Richards Street
Vancouver, BC V68 3G6
Canadá

Blok Design
398 Adelaida West, Suite 602
Toronto, Ontario M5V 2K4
Canadá

Blue i Design
Imperial House
Lypiatt Road
Cheltenham GL50 2QJ
Reino Unido

Bob's Haus
3728 McKinley Boulevard
Sacramento, CA 95816

Brabender Cox
2100 Wharton Street
Pittsburgh, PA 15203

Choplogic
2014 Cherokee Parkway
Louisville, KY 40204

Cuppa Coffee Animation, Inc.
401 Richmond Street West, #104
Toronto, Ontario M5V IX3
Canadá

Customized Communications Group
975 Middle Street, Suite B
Middletown, CT 06457

Design Center
155119 Minnetonka Boulevard
Mound, MN 55364

Design Guys
119 North Fourth Street, #400
Minneapolis, MN 55401

Designstudio CAW
Krugstrasse 16
30453 Hannover
Alemania

DogStar Design
626 54th Sreet South
Birmingham, AL 35203

Earthlink Creative Services
3100 New York Drive
Pasadena, CA 91107

Ellis Pratt Design, Inc.
361 Newbury Street
Boston, MA 02115

Focus Design and Marketing Solutions
3800 Valley Lights Drive
Pasadena, CA 91107

Giorgio Rocco Communications
Via Domenichino 27
20149 Milán
Italia

Gouthier Design
P.O. Box 840925
Hollywood, FL 33084

Grafik Communications, Ltd.
1199 North Fairfax Street. Suite 700
Alexandria, VA 22314

Greteman Group
142 North Mosley, 3rd Floor
Witchita, KS 67209

Hamagami/Carroll & Associates
1316 3rd Street
Promenade, #305
Santa Mónica, CA 90401

Han/Davis Group
2933 North Sheridan, Apt. 1417
Chicago, IL 60567

Henderson Tyner Art Co.
315 N. Spruce Street, Suite 299
Winston-Salem, WA 98104

Iconix Group
4927 Auburn Avenue
Bethesda, MD 20814

Insight Design Communications
322 South Mosley
Wichita, KS 67202

Iron Design
120 North Aurora Street, Suite 5A
Ithaca, NY 14850

Jim Lange Design
203 North Wabash Avenue
Chicago, IL 60601

João Machado Design, Lda
Rua Padre Xavier Coutninho
125, 4150-371 Porto
Portugal

Karacters Design Group
1600-777 Hornby
Vancouver, BC
Canadá

Kirima Design Office
5F, 1-5, Park Bild, Yorikimachi
Yorikimachi, Kita-ku, Osaka-City
530-0036
Japón

Korn Design
22 Follen Street
Boston, MA 02116

Leo Pharmaceutical Products
Industriparken 55
Ballerup 2750
Dinamarca

Lima Design
215 Hanover Street
Boston, MA 02113

Lux Design
550 15th Street, #25A
San Francisco, CA 94103

Made in mouse
Moulin Priaulet BP 32
13520 Maussane
Francia

Marius Fahrner
Lastropsweg 5
20255 Hamburgo
Alemania

McGaughy Design
3706-A Steppes Court
Falls Church, VA 22041

Michael Stanard Design
1000 Main Street
Evanston, IL 60202

Mires Design
2345 Kettner Boulevard
San Diego, CA 92101

Modelhart Grafik-Design DA
A-5660 St. Johann/Pg Ing.
Ludwign Pech Str. 7
Austria

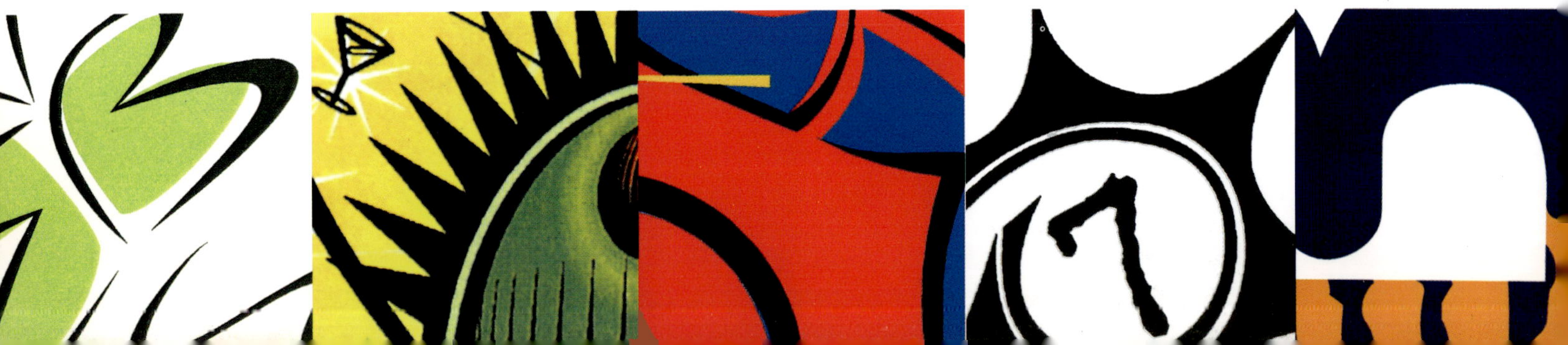

Moonlight Press Studio
362 Cromwell Avenue
Staten Island, NY 10305

Murrie Lienhart Rysner
325 West Huron Street
Chicago, IL 60607

Nesnady & Schwartz
10803 Magnolia Drive
Cleveland, OH 44106

Never Boring Design
1016 14th Street
Modesto, CA 95354

Nielinger Kommunikations design
Borsig str. 5
45145 Essen
Alemania

Oakley Design Studio
519 South West Park Avenue, Suite 521
Portland, OR 97205

Odeon Zwo
Odeonstr. 2
D-30 59 Hannover
Alemania

Parachute Design
120 S. 6th Street
Minneapolis, MN 55402

Patricia Bruning Design
1045 Sansome Street, Suite 219
San Francisco, CA 94111

Patten Design
55 Queensberry Street
Boston, MA 02215

Pham Phu Design
Hohenzollernstr.97
Munich 80796
Alemania

Philips Design Group
25 Drydock Avenue
Boston, MA 02210

Planet Design Company
605 Williamson Street
Madison, WI 53703

Plum Notion Design Laboratory
140 Huyshope Avenue
Hartford, CT 06106

Prime Studio
326 7th Avenue
Nueva York, NY 10001

Q Design
Neuberg 14
65193 Wiesbaden
Alemania

revoLUZion
Uhlandstr. 4
78579 Neuhausen
Alemania

Richards Design Group
5616 Kingston Park
Knoxville, TN 37919

Riordan Design Group
131 George Street
Oakville, Ontario
Canadá

Robert Bailey, Inc.
0121 South West Bancroft Street
Portland, OR 97201

Roslyn Eskind Associates
471 Rchmond Street West
Toronto, Ontario
Canadá

Rusell, Inc.
119 Spadina Avenue, Level 5,
Toronto, Ontario, M5V 2L1
Canadá

Sametz Blackstone Associates
40 W. Newton Street
Boston, MA 02118

Sayegh Design
24734 Independence Drive, #3111
Farmington, MI 48333

Sayles Graphic Design
308 8th Street
Des Moines, IA 50309

Scott Stern
8 Minerva Way
Glasgow G38AU
Reino Unido

Segura, Inc.
1110 N. Milwaukee Avenue
Chicago, IL 60622

Seltzer Design
30 The Fenway
Boston, MA 02215

Shook Design Group
2000 South Boulevard, Suite 510
Charlotte, NC 28204

Slover and Company
584 Broadway, Suite 903
Nueva York, NY 10001

Spin Productions, Inc.
620 King Street West
Toronto, Ontario
Canadá

Square One Design
970 Monroe Avenue Nothwest
Grand Rapids, MI 49503

Steven Curtis Design, Inc.
1807 West Sunnyside
Chicago, IL 60640

Stewart Monderer Design, Inc.
10 Thacher Street, Suite 112
Boston, MA 02213

Stoltze Design
49 Melcher Street, 4th Floor
Boston, MA 02210

Studio Bubblan
7:E Villagatan 28
50454 Boras
Suecia

Studio Hill: Design Ltd.
417 Second Street SW,
Ald. NM 87102

Synergy Design
600 Nottingham Oaks, Suite 279
Houston, TX 77079

Teviot
7 Dublin Street Lane South
Edinburgh EH1 3PX
Reino Unido

That's Cadiz! Originals
3823 14th Avenue West
Seattle, WA 98101

The Point Group
5949 Sherry Lane, Suite 1800
Dallas, TX 75225

Vanderbyl Design
171 2nde Street
San Francisco, CA 94109

Vestígio
Av. Sidónio Pais, 379,
Salas 4-5 P-4100 Oporto
Portugal

Visual Dialogue
429 Columbus Avenue #1,
Boston, MA 02116

Vrontikis Design Office
2021 Pontius Pilot Avenue
Los Angels, CA 90025

Walker Pinfold Associates London
17, The Ivories 6 Northampton Street
London NI 2HY
Reino Unido

Walker Thomas Associates
Top Floor, Osment Buildings
Maples Lane Prahran 3181
Australia

Warren Group
622 Hampton Drive
Venice, CA 90231

Werk-Haus
71-3 Medan Setia 1 Bukit Damnansara
50490 Kuala Lumpur
Malasia

what!design
119 Braintree
Allston, MA 02134

Woodworth Associates
151 Newbury Street
Portland, ME 04101

X Design Company
2525 West Main Street
Littleton, CO 80120

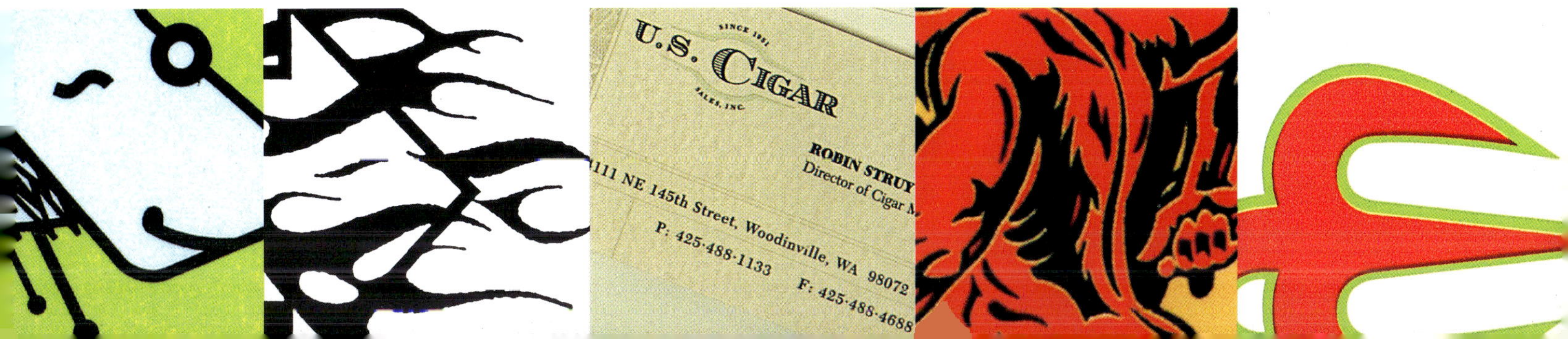

índice alfabético

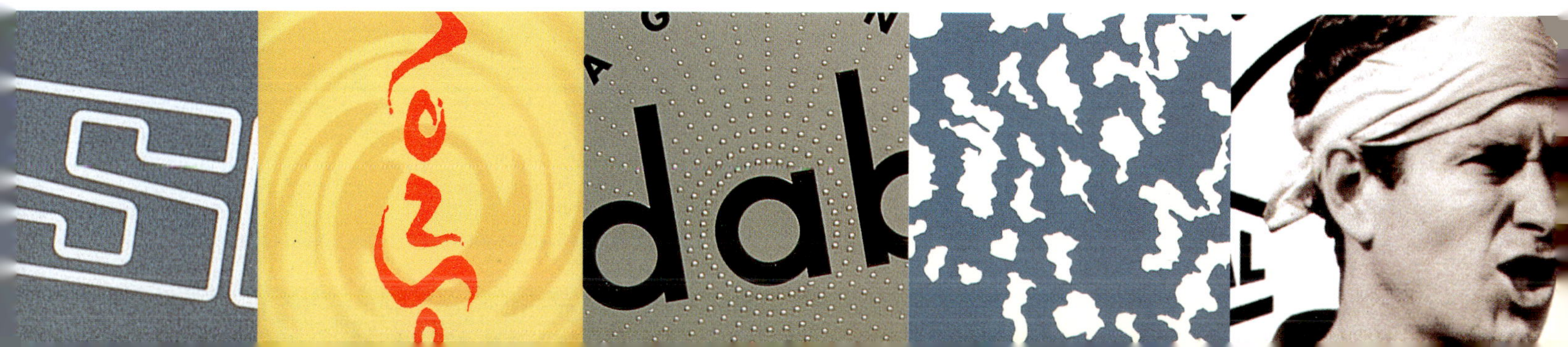